货殖春秋

（第三版）

中国历史上的商业智慧

李晓 著

华夏出版社
HUAXIA PUBLISHING HOUSE

图书在版编目(CIP)数据

货殖春秋：中国历史上的商业智慧／李晓著． -- 北京：华夏出版社有限公司，2024.6
　　ISBN 978-7-5222-0685-1

Ⅰ.①货…　Ⅱ.①李…　Ⅲ.①商业史—研究—中国—古代　Ⅳ.①F729.2

中国国家版本馆 CIP 数据核字（2024）第 058137 号

货殖春秋：中国历史上的商业智慧

作　　者	李　晓
责任编辑	赵　楠

出版发行	华夏出版社有限公司
经　　销	新华书店
印　　装	三河市万龙印装有限公司
版　　次	2024 年 6 月北京第 1 版　2024 年 6 月北京第 1 次印刷
开　　本	710×1000　1/16
印　　张	26.75
字　　数	246 千字
定　　价	128.00 元

华夏出版社有限公司　　地址：北京市东直门外香河园北里 4 号　邮编：100028
　　　　　　　　　　　　网址：www.hxph.com.cn　电话：（010）64663331（转）
若发现本版图书有印装质量问题，请与我社营销中心联系调换。

作者简介

李晓,现任中国政法大学商学院教授、博士生导师,中国政法大学金融不良资产研究中心主任,《企业史评论》主编。曾任中国政法大学商学院党委书记、副院长、学术委员会主席、中国政法大学学术委员会委员、学位委员会委员。兼任中国商业史学会副会长、北京大学历史研究所研究员、日本北九州大学经济学部客座教授、多家上市公司董事和顾问等。主要研究领域为经济史、企业史、企业家理论。出版《中国封建社会经济史》《宋代工商业经济与政府干预研究》《宋朝政府购买制度研究》《商贾智慧》《〈史记·货殖列传〉商道智慧解读》《货殖春秋》等专著,在《历史研究》《日本研究》等国内外期刊发表学术论文近百篇。教育部马克思主义理论工程教材《中国经济史》主要撰稿人之一。主持国家社科基金课题《企业家职能——基于经济思想史的研究》等。

目 录

新版前言
  弘扬中华优秀传统商业文化 / 1

二〇一九年版前言
  《史记·货殖列传》——企业家的必读书 / 8

二〇一一年版前言
  领略本土商业智慧　弘扬传统商业美德 / 16

第一章　商人出世 / 1

第二章　贩夫治国 / 23

第三章　管鲍之交 / 42

第四章　儒商子贡 / 63

第五章　致富宝典 / 82

第六章　陶朱教子 / 102

第七章　商祖白圭 / 120

第八章　啼笑因缘 / 143

第九章　卜式捐资 / 164

第十章　盐铁官营 / 185

第十一章　富无经业 / 212

访谈三则 / 282

商贾智慧，传统的才是时尚的 / 282

商道：真正的财富是内心的富贵 / 293

相对于父辈，我们都是富二代 / 305

文章三篇 / 311

新时代中国企业家精神：特点与培育 / 311

守正创新的内在关系与文化渊源 / 323

中国古代究竟有没有企业、企业家、企业家精神？/ 336

《史记·货殖列传》原文及译文 / 350

主要参考文献 / 389

新版后记 / 391

新版前言

弘扬中华优秀传统商业文化

中国传统商业文化是中华优秀传统文化的重要组成部分

我们的祖先并非唯擅农耕、拙于工商。中华民族不仅创造过人类历史上辉煌的农业文明，而且创造过发达的工商业文明，进行过繁荣的国际贸易，其代表就是从中国出发、连接亚欧非的陆上丝绸之路和海上丝绸之路。在工商业经济长期领先于世界的基础上，中华民族创造了独具特色、自成一脉的商业文化。

中国传统商业文化是中华优秀传统文化江河水系的一脉支流，是中华优秀传统文化良田沃土孕育滋养的瑰丽结晶。中华优秀传统文化讲仁爱、重民本、守诚信、崇正义、尚和合、求大同等特质，塑造着商业文化的价值取向、事业追求、职业态度、行为规范、得失标准。商业文化以工商业者为传承主体，以行规业俗为载体，以金谷细务为对象，以国计民生为旨归，特别强调足履实地，格外注重行动实效，是知行合一的实践舞台、经世致用之笃行原野。

中国古代的商品交换出现于旧石器时代，专业化商业起源于夏朝后期。较早从事职业性商贸活动的是居住在今河南东部的商族部落，后世的商业、商人、商品等概念均与商族部落有关。春秋战国时期，民营工商业空前繁荣，管仲、鲍叔牙、子贡、范蠡（陶朱公）、白圭、吕不韦等一大批士大夫出入商海，具有很高的社会地位、思想水平和政治影响。他们不仅在商界长袖善舞，也注重从理论上探究商业本质和规律。范蠡赖以致富的《计然之策》、白圭提出的为商四德"智勇仁强"等，都以商人自己的话语展现工商业者的理论探索成果，标志着已经形成研究工商业经济以"富国""富家"的专门学问。孔子称这种专业知识和能力为"货殖"。《史记·货殖列传》集先秦与秦汉商业文化之大成，在世界商业文化史上的地位长期无出其右。秦汉以降，虽然历代王朝奉行重农抑商政策，但实质并非摒弃工商业，而主要是把利润丰厚和关系国计民生的重要物品如盐、铁、铜、酒、茶、醋、香药、矾等纳入官府专卖制度，服务于国家财政。事实上无论是私人著述，抑或历代正史《食货志》载录的官方政策，都主张工商业是社会经济不可或缺的有机组成部分。与之相伴发展的商业文化也薪火相传，绵延至今。

中国古代工商业经济的持续发展及其长期居于世界前列的经济成就，与商业文化和商业精神同频共振，相互激荡，从一个侧面展现了中华优秀传统文化经邦济世、富国裕民、利以和义、守信践诺等价值取向和行为准则。坚定文化自信理应继承和弘扬中华优秀传统商业文化。

中国传统商业文化的精神意蕴

中国传统商业文化积淀丰厚、绚丽多姿。其中战国时期白圭提出的为商四德"智勇仁强"，总括了中国商业文化史上的基本原则和重要理念，与儒家推崇的君子三达德"智仁勇"、兵家倡导的为将五德"智信仁勇严"等有共通耦合之处，以中国式话语体系构建了中国商业文化的主体框架，是工商业者传承数千载的群体性共识。

"智足与权变"的求是创新精神。进行商业活动，既要对事物本质和规律有深刻正确的判断，掌握经商的基本规律，还要能够根据时势变化采取适当对策，主动应变、积极创新。司马迁在《史记·货殖列传》总结的"诚一"之道，揭示了洞悉事物本质和规律的基本方法。

所谓"诚一"就是聚焦和精进，只有聚焦主业、全力以赴、专心致志、持恒精进，才能对事物本质和规律认识透彻、达到超越群侪的高度。正是本着"诚一"之道，我国古代商人经过长期观察和深入思考，阐明了世界上最早的经济周期理论，这就是《计然之策》，白圭根据周期性变化来判断年景丰歉和粮价涨跌，并通过认识供求关系变化预判出价格波动。识变为应变，求新以创新。中国商业史上的创新案例层出不穷，例如信用制度从汉代以来不断发展创新，北宋前期四川成都出现的世界上最早的纸币"交子"，就是这种信用制度高度发展的产物。

"勇足以决断"的稳健进取态度。勇敢无畏、决策果断、积极进取是抓住商机发展事业的必备品质。中华优秀传统文化推崇的"勇"绝非不计后果的单纯胆大，"决断"更非不惜代价的一味蛮干。勇敢是有前提的，决断是有依据的，勇而有谋、断而有据才是真正勇者。这方面中国传统商业文化积累了三个有效方法。一是有备而战。如《计然之策》提出"旱则资舟，水则资车"，就是大旱之年要备好船只，大涝之年要备好车辆。二是审时度势。如汉景帝时爆发吴楚七国之乱，金融借贷业者无人敢借钱支持朝廷，唯独无盐氏对局势有清醒判断，勇贷千金，一年获利十倍。三是利用波动。如白圭的经营原则是"人弃我取，人取我与"，逆向思维，反向操作。

"仁能以取予"的和谐共赢追求。取予以仁对内的表现是不以雇主为本位，而是崇尚雇主与员工的合作与和谐。白圭能"与用事僮仆同苦乐"，就是对内和谐的实践表率。正是基于休戚与共的企业组织理念，晋商很多合约强调企业乃"东、伙养生之资"，从而设计出了"银股""身股"等合伙协作、利润分红时权利相等的制度安排。取予以仁对外的表现是强调企业必须对交易者、弱势群体、国家民族承担社会责任。坚持伦理道德、体现人文关怀、批判见利忘义、鄙夷不义之财，是中国传统商业文化贯穿始终的高扬旗帜。从弦高退秦师、卜式捐家财，到近代工商巨擘张謇、范旭东、卢作孚等"实业报国""实业救国"，商人们不计个人得失、报效国家、毁家纾难的感人壮举史不绝书。

"强能有所守"的自律诚信原则。"胜人者有力，自胜者强"，征服别人只是有力量，战胜自己才是真强者。但如何"自胜"呢？中国传统商业文化提供的方案是"能有所守"，就是坚持信念、严守纪律、服从原则。落实到商业活动中，就是律己、制贪、守信。律己，即强化自我管理。白圭是这方面的典范，他"能薄饮食，忍嗜欲，节衣服"。制贪，即自觉节制对利润的贪欲。刻意贪多，反而可能少赚；主动让利，或许获益更广。守信，即对承诺的信守和对诚信经营理念的坚守。《管子·乘马》云："非诚贾不得食于贾。"不讲诚信者根本就没有资格从事工商业。信守承诺、讲究诚信是中国传统商业文化的重要内容，也与现代市场经济制度水乳交融。

中国传统商业文化的现代价值

中国传统商业文化中这些打着深深民族烙印的理念和原则，充分反映了中国传统商业文化对商人职业和商业特点的深刻理解和思辨高度，既随着世事变迁与时俱进，又保持连续性和稳定性，迄今仍具有重要的时代价值。

2020年7月，习近平总书记在企业家座谈会上的重要讲话，从爱国、创新、诚信、社会责任、国际视野五个方面，系统阐述了企业家精神的内涵及培育要求。任何国家的企业家精神都是自身特定社会形态、文化传统、经济条件、时代风尚的综合产物，中国传统商业文化为新时代中国企业家精神提供了直接的得天独厚的文化资源。新时代中国企业家精神的五个方面，都能从中国传统商业文化中的家国情怀、求是创新、守信践诺、博施济众、周流天下等理念中找到根和魂。只有大力挖掘传统商业文化的丰富内涵，对其进行创造性转化和创新性发展，才能为新时代中国企业家精神培基固本，使之生机盎然、神气完备。

中国传统商业文化的"诚一"之道为高质量发展提供了规律性启迪。在我国经济从高速增长转向高质量发展、从要素驱动转为创新驱动的进程中，培育"专精特新"企业是重要举措。广大企业要坚守主业，致力于专业化、精细化、特色化，贯穿创新灵魂，掌握独门绝技。"诚一"这个被无数历史事实证明有效的规律性经验，迄今仍是取得成功的不二法门，值得特别重视。

中国传统商业文化的"仁能以取予"为共同富裕提供了优良传统和实践榜样。实现共同富裕是社会主义制度优越性的体现，是实现民族复兴和社会主义现代化的重要标志。收入分配是促进共同富裕的关键，在此过程中，政府固然责无旁贷，企业家作为社会主义的经济力量亦发挥重要作用。在初次分配环节，企业家应摒弃资本主义制度的股东主权论，继承和弘扬中国传统商业文化精神，充分肯定人力资本和劳动者尤其是高级劳动、复杂劳动的价值地位，使之在人格上受尊重、贡献上得认可、报酬上有体现。在第三次分配环节，企业家更是生力军。正如习近平总书记指出的："广大民营企业要积极投身光彩事业和公益慈善事业，致富思源，义利兼顾，自觉履行社会责任。"习近平总书记的殷切期望是有历史根据的，我国这方面的优良传统也正由新时代企业家们发扬光大。

当今世界迫切需要构建基于人类命运共同体理念、以互利共赢为主旨的新商业文明，中国传统商业文化中取予以仁的思想、博施济众的精神，与守望相助、四海一家的胸怀相得益彰，必将随着"一带一路"建设推进和中国企业成长壮大产生日益广泛的世界影响，为人类商业文明的新发展贡献中国智慧，为中华民族伟大复兴增光添彩。

二〇一九年版前言

《史记·货殖列传》
——企业家的必读书

"我告诉你们诸位老板，读书首先要读《货殖列传》！""司马迁第一个提出来商业的哲学，写了一篇《货殖列传》。"

这是2007年7月28日、12月15日，国学大师南怀瑾先生给专程到太湖大学堂学习的北京大学光华管理学院EMBA学员、（当时的）中国银保监会官员讲座时一再强调的。

南怀瑾先生说：

> 诸位千万注意《货殖列传》这一篇。
> 这篇《货殖列传》介绍了经济、工商业的发展。中国传统的文化，儒家、道家都看不起工商业，看不起做生意的。只有司马迁不同，他提出了工商业的事。

> 他写书的时候距离我们两千多年了，但如果你把它读懂了，就会发现它同现在的思想，同国外来的经济思想、理论、商业观念，很多是相同的。
>
> 《货殖列传》里面，每一个故事都告诉你管理的道理。
>
> 他中间提了很多怎么样做生意发财，怎么致富。不一定专指做生意，乃至做人，怎么帮助社会、国家。
>
> 司马迁这一篇文章读完了，你差不多就懂了人生。不过你只读一次两次不行，要读很多次才可能懂。①

事实上，南怀瑾先生一直十分重视《货殖列传》。据上海斯米克集团总裁李慈雄回忆，早在1977年，李慈雄在台湾大学攻读物理学时拜南怀瑾先生为师，南怀瑾先生教他学习的第一部经典，就是《货殖列传》。后来他投身商界，33岁创办斯米克集团，始终深受《货殖列传》的影响。②

南怀瑾先生学贯古今，独步天下，于儒释道诸家皆有当世罕见的卓越造诣，在中华优秀传统文化振颓起衰

---

① 南怀瑾：《漫谈中国文化——金融、企业、国学》，东方出版社2008年版，第12、第89、第90、第95-96、第106、第111页。
② 李慈雄：《南怀瑾老师与我》，2013年1月5日，网络文章。

的伟大复兴中，厥功至伟。那么，古代文献汗牛充栋，为什么南怀瑾先生独独对《货殖列传》如此看重呢？

这或许与南怀瑾先生的人生经历有一定关系。他在一次面向企业家讲《货殖列传》时说："我的兴趣有多方面，我也做过生意，也发过财。可是有个经验你们没有，我一夜之间，一万条黄金都没有了，要卖衣服吃饭。如果失败的经验没有，你不要和我谈生意，不要和我谈经济学，因为你不懂。我说我的经济学不是书本上读来的，是实际中来的。"随后他说，做生意要效法几个人，即《货殖列传》开篇讲述的姜子牙、管仲、范蠡、子贡。①

当然，南怀瑾先生的身份主要是一位大学问家。如果没有南怀瑾先生那么博学，没有他那样对于中华民族的优秀传统文化毕其一生的精研覃思，随便一个生意人，即使破产再惨痛、失败再频繁，亦未必懂得《货殖列传》的价值、领悟《货殖列传》之精妙。

我曾经在某地方讲课，将近千人的听众都是企业家，我说："各位朋友，听说过《货殖列传》的，请举手。"结果举手的没有几个人。我又问："读过的请举手。"几乎就没有人了。很多人知道《史记》，最起码对书里面的一些人物故事并不陌生。但是，了解《货殖列传》的人，委实不多。

那么，《货殖列传》究竟是一部什么样的经典呢？

---

① 南怀瑾：《做生意要效法的祖师爷》，网络文章。

《货殖列传》,是伟大史学家司马迁在其皇皇巨著《史记》中,专门记述商人传记、经济现象的一篇文献。《史记》总共一百三十卷,《货殖列传》排在倒着数的第二卷(最后一卷,就是司马迁的自传《太史公自序》了)。也就是说,如果我们从头至尾地阅读《史记》,差不多快读完了,才能读到《货殖列传》。

但在中国商业史上,乃至人类商业史上,司马迁的这篇《货殖列传》地位之非凡、影响之深远,突出表现在以下四个方面:

第一,它是中国历史上第一部专门为商人树碑立传、为商业正名言理的著作。此后除了班固的《汉书》仿其体例有《货殖传》(而且不少内容照搬了《史记》)之外,在二十四史中再无续篇。从这个意义上说,《货殖列传》不仅空前,亦可谓绝后。

第二,在欧洲的历史上,古希腊、古罗马轻视工商业,工商业者没有公民资格。而文艺复兴之前的漫长的中世纪,天主教会主宰着社会生活,教义禁止为谋利而借贷,反对商业贸易,甚至认为"生意是罪恶的需要"①。与此相比,《货殖列传》的历史价值愈发非同凡响。

第三,《货殖列传》通过上自西周、下迄汉武帝的商人事迹,商品生产、商业贸易、商业地理、经营原则

---

① 丹尼尔·A. 雷恩著,李柱流等译:《管理思想的演变》,中国社会科学出版社,1997年版,第29页。

等的史事敷陈，深刻揭示了商业经营、企业管理的本质和规律，属于南怀瑾先生所说的"商业哲学"层面的经典，是对人类商业文明的巨大贡献。

第四，如同所有军事家都必须学习《孙子兵法》一样，《货殖列传》也被历朝历代的商人、企业家奉为必读书，对于近现代的工商企业管理实践发挥了深远影响。例如，荣毅仁的父亲荣德生称："凡吾所管，即得此旨。"再如《货殖列传》记载了战国巨商白圭的原则"人弃我取，人取我与"。近代著名爱国华侨商人领袖陈嘉庚总结毕生经验"人弃我取，人争我避"与之一脉相承；当代李嘉诚的许多重大决策亦遵循此原则。又如，司马迁记载商业经营有"贪贾""廉贾"之别，范蠡属于廉贾典范，经商只求"什一之利"，现在华为坚持的"深淘滩，低作堰"亦与之异曲同工。

南怀瑾先生之所以谆谆告诫当今的企业家们"读书首先要读《货殖列传》"，原因就在于《货殖列传》深刻揭示了商业经营、企业管理的本质和规律。

那么，从事商业经营、进行企业管理，为什么必须认识事物的本质、把握其发展规律呢？

近几年来，有一句话比较流行："世界上唯一不变的，是变化。"

这种说法，貌似深刻，实则大谬不然！

诚然，世界上很多东西在变。每天，日升日落；每年，花落花飞。随着技术进步一日千里，很多东西瞬息万变。

但是，我们千万不要忘记，世界上有变，也有不变！

每天，日升日落。但是，太阳一定是东方升起，西边落下。没有一天是倒着来的！每年，花落花飞。但是，一定是春夏秋冬，四季轮回。哪有一年是反着过的？

《老子》第十六章有云："知常，曰明。不知常，妄作，凶。"

何谓"常"？永恒不变的规律也。只要事物的本质不变，规律是永远发挥作用的。只有懂得事物的本质，自觉按照其固有的规律办事，才称得上是富有智慧的明白人。"不知常"，就可能胡变、乱变、瞎变，别人变，我们跟着盲目地变，此即所谓"妄作"。其结果就是"凶"！变出灾殃，变出祸患！

管理学名著《基业长青》的作者吉姆·柯林斯说得好："诚然，世界是在变化的，而且正在以一种加速度变化，但这并不意味着我们要放弃追寻能经受时间考验的基本观念。相反，我们比以往任何时候都更需要它们。对于一个公司来说，面临的最大问题不是缺乏新的管理思想，而是不能理解最基本的原则。"[1]

因此，真正的智者，是"以不变，应万变"。也就是，通过认识和把握永恒不变的规律，理解最基本的原则，来应对世界上的千变万化。

---

[1] 吉姆·柯林斯、杰里·波勒斯著，真如译：《基业长青》，中信出版社，2009年版，再版导言第5页。

《孙子兵法》的价值就是这样。两千五百年前的春秋时代，孙武写兵法的时候，仗是怎么打的？是站在马车上，用长长的矛、戈搏击。就连火药发明以前，人类最厉害的兵种骑兵，中原内地都没有使用。直到战国时期，赵武灵王"胡服骑射"，向北方游牧民族学习骑马打仗，中原内地才有了骑兵。至于飞机、大炮、坦克，孙武更是见所未见，闻所未闻了！

尽管现在的仗，已经打到了看不见、摸不着的信息化战争，《孙子兵法》依然是全世界所有战争指挥员的必读书，甚至成为美国西点军校的重要参考读物，它的很多思想都收进了军事学教科书之中。

为什么这样？就因为《孙子兵法》深刻地揭示了战争的本质和规律。我们甚至可以断言：无论将来的战争怎么打，即使是星球大战，只要战争的本质不变，《孙子兵法》照旧大有用武之地。

战争如此，商业何尝例外呢？过去，卖东西是摆摊开店，现在很多都转型为电商了。近几年，每年的"双十一"都在刷新销售纪录。但是请问，卖东西的办法变了，形式改了，手段换了，卖东西的本质有没有变呢？没有！不管是卖什么、怎么卖、在哪儿卖，都必须为客户创造价值吧？都不能搞假冒伪劣、坑蒙拐骗、伤天害理、违法乱纪吧？如果不认清事物的这些本质，不按客观规律做事，那就属于"妄作"，其结果必然是"凶"！

因此，虽然司马迁写作的时候，商品交换方式落后、货币形态原始、市场经济不发达、企业组织较简单，但是，这丝毫不妨碍司马迁对于商业经营本质的洞察，丝毫不影响他对于企业管理规律的揭示，丝毫不遮蔽他理性智慧的光辉！而尽管现在互联网、大数据方兴未艾，电子商务、新零售眼花缭乱，只要商业经营、企业管理的本质不变，《货殖列传》依然不会因为时间流逝而褪去光芒，也不会因为事过境迁而失去价值！

2014年11月29日，中央外事工作会议上，习近平总书记发表了重要讲话，他说："我们看世界，不能被乱花迷眼，也不能被浮云遮眼，而要端起历史规律的望远镜去细心观察。"

国际风云，变幻莫测；世界关系，错综复杂。要在这种复杂多变的局势之下，制定一个行之有效的外交政策，最大限度地维护我们的国家利益，既要研究眼前的变，更必须认识事物的本质、汲取过去的经验教训、遵循历史的规律。

同样的道理，在技术变革日新月异、商业形态变幻多端、管理概念层出不穷、新生事物五花八门的时代背景下，广大的企业家们，要想不"妄作"，避免"凶"，就必须"端起历史规律的望远镜"，悉心研读《货殖列传》，根究事物本质，遵循客观规律。

值此《货殖春秋——中国古代商业智慧》由华夏出版社付梓之际，爰志于此，以为新版前言。

二〇一一年版前言

领略本土商业智慧　弘扬传统商业美德

现如今的中国人，过得是相当的纠结。

单说吃的吧。过去穷，所以吃饭是头等大事，见了面，都要问一声"吃了吗"？现在肚子倒是吃饱了，但是你的心，吃得踏实吗？

吃饭馆，菜可能是用"地沟油"炒的。地沟油这东西，就是从饭馆、酒楼回收的厨房垃圾，"华丽转身"而来的。据说，餐桌上吃剩下的那些厨房垃圾，先是被送到养猪场，加热之后喂猪，但是里面的一些油脂，猪是不吃的。养猪的人就把这些油脂收集起来，卖给制造地沟油的"专业人士"。经过过滤、加热、沉淀、分离等程序，还要添加上脱色剂、香精等化学材料，只需要一个晚上，垃圾就摇身一变，成了晶莹透亮、香气扑鼻的"食用油"，低价卖给饭馆、酒楼，回到了我们的餐桌上。地沟油的可怕之处，不在于它曾经是连猪都不吃的东西，而在于里面含有一种叫作黄曲霉素的致癌物质，而黄曲霉素的毒性，比砒霜还要高一百多倍！

不下馆子，在自己家里吃饭就保险了吗？

在家里喝牛奶，可能有三聚氰胺。三聚氰胺是一种用尿素制成的化工原料，在木材加工、装饰板、涂料、模塑料、纸张、纺织、皮革等行业，有广泛用途。人吃了三聚氰胺，会造成生殖、泌尿系统的损害，产生膀胱、肾部结石，并可进一步诱发膀胱癌。人们之所以把三聚氰胺这种根本不能给人吃的有毒物质加到牛奶和奶粉里面，主要是因为它能冒充蛋白质。国家规定，食品都是要检测蛋白质含量的。要是牛奶里面兑水兑多了，或者奶粉里面别的假货掺多了，蛋白质的含量就会下降。三聚氰胺就是来顶这个缺的。可怕的是，这样做的还不是个别厂家，而是一度几乎成为中国乳品行业的集体"潜规则"。2008年，河北三鹿婴幼儿奶粉事件曝光后，有关部门查处的乳品企业有二十二家，其中赫然包括蒙牛、伊利等行业巨头。

在家里面吃米饭，有可能遇上毒大米。所谓毒大米，就是把发霉变质陈米，或者农药含量严重超标的有害大米，经过去皮、漂白、抛光等工序，再掺进工业原料白蜡油搅拌混合而成。这种乔装打扮过的毒大米，色泽透明，卖相好。人吃了毒大米之后，会引起乏力、恶心、头晕、头疼、肺水肿、昏迷等症状。如果是孕妇吃了，可能引起流产、胎儿畸形。

吃咸鸭蛋、辣椒酱，可能会遇上"苏丹红"；吃白糖、冰糖、粉丝、米粉、面粉、腐竹，有可能遇上"吊白块"（一种工业漂白剂）；吃猪肉，有可能碰上"瘦肉精"；吃韭菜，可能会碰上剧毒农药3911；吃蛋糕，可能会吃进去反式脂肪酸；吃蘑菇，可能会吃进去荧光增白剂；吃鸡，可能会"被"激素；吃鱼，可能会"被"避孕……

这些食品安全事件，一桩桩、一件件，无一不在挑战着人们的想象能力，无一不在考验着人们的身体承受能力，让人们在照顾肚子的同时，心惊肉跳，心惊胆战！

人们不禁要问：为什么这种食品安全事故会接二连三，层出不穷呢？

人们首先有理由问：政府干什么去了？在2008年查处的二十二家生产毒奶粉的企业中，很多头顶着"国家免检产品""中国名牌产品""中国驰名商标""消费者信得过品牌"等令人肃然起敬的光环。这些蒙骗消费者的光环从哪里来的？什么部门给他们的？婴幼儿饮用含有三聚氰胺的奶粉中毒病例，最先是2008年3月份在南京发现的。5月份，国家市场监督管理总局发布《婴幼儿配方乳粉产品质量国家监督抽查质量公告》，宣称"产品实物质量抽样合格率为99.1%"，其中，"市场占有率较高的大型生产企业在连续三次的国家监督抽查中，产品实物质量抽样合格率为100%"，"16种获国家免检产品和8种中国名牌产品"也全部合格。这种国家最权威的质量检查报告话音未落，三聚氰胺中毒病例就铺天盖地爆发了。政府"有关部门"都干了些什么？

人们还有理由问：媒体干什么去了？2007年9月2日，CCTV新闻频道《每周质量报告》播出了宣传河北三鹿奶粉先进事迹的特别节目"一千一百道检测关的背后"。节目的开头说："三鹿奶粉一千一百多道检测关，是概念炒作，还是确有其事？"记者正是带着这样的问题，深入企业十多天，对三鹿婴幼儿奶粉的生产流程进行了全面调查。得出的结论是：三鹿奶粉以其质量控制的一千一百道检测关，展示了作为"中国婴幼儿奶粉标杆企业"过硬的产品质量和科学、严谨的流程管理。节目宣称：三鹿奶粉"不仅意味着物美价廉、物有所值，更代表着安全、优质、值得信赖！"记者无比感慨地说："希望中国出现越来越多像三鹿这样视质量为生命的'中国制造'！"但实际的情况怎样呢？早在因安徽阜阳的"大头娃娃"事件而曝光的四十五种劣质奶粉黑名单中，三鹿就是里面的一员。而据时任河北省副省长杨崇勇透露，最迟在2005年，三鹿就已经开始往奶粉里掺三聚氰胺了。① 面对这些事实，媒体都干了些什么？

当然，人们最有理由诘问：那些假冒伪劣的制造者，你们为什么这样干？！

假冒伪劣，无论花样多么千奇百怪，也不管手法怎

---

① 关于三鹿毒奶粉的资料，引自张清津《两大事件对于本书的检验》，载郭丽双、曲直著《商人道德决定中国未来》第2-3页，山西人民出版社2009年版。

样丧心病狂，骨子里的东西都只有一个，无非是利用欺诈，降低成本，多赚些钱。

正当我写作这段文字的时候，电视上接连报道了家乐福、沃尔玛等超市在上海、沈阳、长春、昆明、南宁等城市的连锁店存在虚构原价、低价招徕顾客高价结算、不履行价格承诺、误导性价格标示等欺诈行为的新闻。2011年1月26日，国家发改委宣布已责成相关地方价格主管部门依法责令这些超市改正，没收违法所得，并处违法所得5倍罚款。

家乐福、沃尔玛这些名列世界500强的洋企业，在其本国市场很少听到有价格欺诈等行为。为什么到了中国就变坏了？难道说，真的应了那句"橘生淮南则为橘，橘生淮北则为枳"的古语，世界上单单中国这块土地特产假冒伪劣吗？

不是的！

如果我们放眼人类商业史，将会发现假冒伪劣的欺诈行为不止当下存在、更非中国所独有，而是贯穿商品生产与交换之古今、遍布东方与西洋之各国的顽症痼疾。

"只要商业资本是对不发达的共同体的产品交换起中介作用，商业利润就不仅表现为侵占和欺诈，而且大部分是从侵占和欺诈中产生的。"① ——这是马克思对于欧洲早期市场经济的论断。

在咸黄油上涂一层新鲜黄油当作新鲜黄油出售；将

---

① 《马克思恩格斯全集》第25卷，第369页。

制作肥皂时剩下的废弃物掺和上别的东西当糖卖；把黏土捣得很细，再用羊油搓过，掺和到可可粉里卖；茶叶里则掺上黄荆树叶，或者掺上泡过的茶叶，当作好茶叶卖——这些景象也不是出现于现在的中国，而是发生在19世纪40年代的英国。恩格斯的《英国工人阶级状况》将它们记录下来。

那么，为什么在后来西方的市场经济发达国家，家乐福、沃尔玛之流一般不敢搞欺诈行为呢？恩格斯认为：这是由于"资本主义生产愈发展，它就愈不能采用作为它早期阶段的特征的那些琐细的哄骗和欺诈手段……的确，这些狡猾手腕在大市场上已经不合算了，那里时间就是金钱，那里商业道德必然发展到一定的水平，其所以如此，并不是出于伦理的狂热，而纯粹是为了不白费时间和劳动"。①

经营者之所以不再搞哄骗和欺诈，商业道德水平有了显著提升，从不诚信转变为讲诚信，并非良心的发现，也不是出于"伦理的狂热"，而是随着市场竞争机制不断健全，法制逐步完善，消费者日益成熟，企业的生存、发展、获利的巨大压力迫使它不得不如此。

因此，中国当前包括食品安全问题在内的众多市场乱象，也无非是市场竞争机制尚不健全、法制体系尚不完善、消费者尚不成熟、企业欺诈成本不高、经营者道德水准低下等因素的产物。

---

① 《马克思恩格斯全集》第22卷，第368页。

要消除那些令人痛感"纠结"的乱象，当然需要法制健全、政府尽责、媒体监督、消费者擦亮眼睛，但是，商品和服务的生产经营者们提升道德水准、加强诚信自律，无疑承担着首要责任。

问题是，究竟怎样提升商业道德、加强诚信自律？途径大概不外三条：

其一，向自己学。也就是通过自己的摸爬滚打，明白利己先利人、害人终害己的道理。

其二，向别人学。也就是借鉴周围的人（包括外国人）的经验教训。

其三，向古人学。也就是从中华民族博大精深的传统文化当中，汲取智慧，获得启迪。

实际上，虽然中国古代的商品生产和商品交换比不上今天发达、市场关系和交易方式不如今天复杂，但是我们的祖先早已对于商品经济的基本规律有着深刻的认识，对于工商业者的经营之道、处世之德、修身之理、治家之策有过精辟的总结。那是深深植根于民族文化土壤的、历经数千载而常青不衰的、完全是中国人创造的、最容易被中国人接受的宝贵财富！

作为尚处于转型期的发展中国家，我们有很多东西需要向外国学，甚至必须向外国学。但是有很多东西，我们在学习外国的同时，还千万不要忘了我们自己的老祖宗。对于仁义、真诚、悲悯、和善等人性之美的热爱和追求，以及应该怎么赚钱？有了钱应该怎么办？如何破解"富不过三代"的魔咒……老祖宗留下来的智慧绝对不比洋人少，也绝对不比洋人差。

如果连做人的伦理规范、做事的职业道德，也都要乞灵于洋人、仰仗于外资，整个民族的灵魂都变成了人家的殖民地，那恐怕是比假冒伪劣商品更令人添堵的莫大悲哀！还夸耀什么经济崛起?！侈谈什么民族复兴?！吹嘘什么精神自尊?！遑论什么文化先进?！

就根本来说，眼下那些令人纠结的市场乱象，除了法制不健全、政府未尽责、媒体监督差、消费者欠成熟等因素，正是民族商业文化断裂、传统商业美德弃失的恶果。

因此，传承民族商业文化，弘扬传统商业美德，应该是我们提升商业道德水准、加强诚信自律的首要任务。

虽然因为长期的重农抑商，中国古代关于工商业的文献积累，在经、史、子、集当中并不占有多大比重，但是，由于源远流长，传统商业文化依然称得上是一座姹紫嫣红的智慧花园、振聋发聩的美德教堂。

两千多年以前，司马迁（公元前145年—公元前86年）《史记》中的《货殖列传》《平准书》等篇章，就是这座花园中分外耀眼的瑰丽奇葩。

司马迁的墓与祠，位于陕西省韩城市南10公里芝川镇黄河西岸的一座山冈之上。山冈虽系土质，犹不失高峻陡峭。墓祠坐南面北，右瞰黄河，左挽三秦，气势壮观。2010年8月22日，作者自西安驱车两个多小时专程拜谒。

《货殖列传》包括了经济人物传记、经济地理、经济思想等内容。《平准书》主要记载了西汉的工商业政策。

在这些篇章之中，司马迁首先从人性论的角度，探究了人究竟应该不应该赚钱的问题，他深刻地指出，赚钱天经地义，理所当然。

司马迁说："富者，人之情性，所不学而俱欲者也。"[①] 追求财富，追逐利益，是人与生俱来的一种本能，不需要学习，天生就会。"天下熙熙，皆为利来；天下攘攘，皆为利往。"全天下的人，像勤劳的蚂蚁一样，一天到晚地忙碌不已，为的都是追求自己的利益。

司马迁还列举了一系列例子，来说明这个道理："壮士在军，攻城先登，陷阵却敌，斩将搴旗，前蒙矢石，不避汤火之难者，为重赏使也。其在闾巷少年，攻剽椎埋，劫人作奸，掘冢铸币，任侠并兼，借交报仇，篡逐幽隐，不避法禁，走死地如骛者，其实皆为财用耳。今夫赵女郑姬，设形容，揳鸣琴，揄长袂，蹑利屣，目挑心招，出不远千里，不择老少者，奔富厚也……弋射渔猎，犯晨夜，冒霜雪，驰坑谷，不避猛兽之害，为得味也……农工商贾畜长，固求富益货也。此有知尽能索耳，终不余力而让财矣。"壮士在战场上，攻城时冲在

[①] 《史记·货殖列传》。本书引文除注明者以外，皆出自《货殖列传》，下同。

前面，杀入敌阵击退敌人，斩敌首级，夺敌旗帜，甘冒枪林弹雨，赴汤蹈火，为的是什么？不就是为了得到重赏吗？乡间市井的不法分子，伤人害命，抢劫财物，盗掘坟墓，私铸钱币，恃强凌弱，替人报仇，然后逃到偏远的地方躲藏起来，这样不顾法律禁令，在死亡的边缘玩命，为的是什么？不就是为了财利吗？赵国、郑国等地的妙龄女郎，打扮得花枝招展，弹着琴，挥舞长长的衣袖，拖着尖头的舞鞋，目送秋波，用心挑逗，外出飘荡不辞千里之远，接待客人不拘老少美丑，她们为的是什么？为的不就是钱财吗？打鱼射猎的人，披星戴月，早起晚眠，栉风沐雨，顶风冒雪，奔忙于幽谷深潭，不惧怕猛兽伤害，他们为的是什么？为的不就是得到可以换钱的野味吗？那些农、工、商、牧等行业的人，哪一个不是为了追求财富啊？他们只有在才尽力竭的时候，才会无可奈何地退出争财逐利的战场，是绝对不会在尚有余力的时候把发财的机会让给别人的。

总之，"夫千乘之王，万家之侯，百室之君，尚犹患贫，而况匹夫编户之民乎？"天下之人，没有不害怕贫穷、渴望富裕的。即使那些拥有兵车千辆的国君、食邑万户的列侯、受封百家的封君，也都担心囊中羞涩，何况普普通通的平民百姓呢？

人们为了获得利益，会自觉地"劝其业，乐其事，若水之趋下，日夜无休时，不召而自来，不求而民出之"。司马迁认为，所有人为了自己的利益，都会自然而然地致力于各自的事业，乐于干好自己的工作。人的这种自觉性，就仿佛水永远流向低处一样，从早到晚都没有休止。正因为所有人都有为了自己的利益而努力工作的积极性，所以不需要任何人号召，也不需要什么人督促，老百姓自然而然就会把物资财富生产出来，送到消费者的面前。

但问题是，赚钱就一定要像现在的地沟油、毒奶粉、毒大米等等那样，不择手段、伤天害理、昧心缺德不可吗？司马迁的答案是完全否定的。

司马迁在《史记》的《货殖列传》《平准书》等篇章当中，讲述了一个个富有传奇色彩的工商业者的故事：

有运用商人特有的智慧，在过了退休之年灭商兴周、开创齐国的姜子牙，就是"愿者上钩"的那位；有出身小商贩、却独具慧眼投资人才的管仲和鲍叔牙；有史上最正宗的儒商子贡；有知进知退、富有社会责任感的商圣范蠡；有集商业理论家、实践家、教育家于一身的商人祖师爷白圭；有我国历史上第一位有名字可考的女企业家寡妇清；有运用"人弃我取，人取我与"的经营秘诀大获成功的宣曲任氏；有敢于冒险的无盐氏；有善于用人的刀閒；有乌氏倮倒手致富，演绎了今天只有在股票市场上才能见到的财富神话；有卜式诚心捐款，堪称彪炳史册的爱国商人的典范……

司马迁一再强调说：这些人物，"皆非有爵邑奉禄弄法犯奸而富，尽椎埋去就，与时俯仰，获其赢利"。也就是说，这些人的赚钱致富，都不是靠着拥有爵位封地俸禄，也不是靠着违法乱纪、假冒伪劣、坑蒙拐骗。而是能推测商品流通的规律，正确判断市场形势，决定投资方向，以顺应时势需要，而获得赢利的人。

司马迁把这些人，称为"贤人"，也就是贤明能干的发家致富有道之人。

因此，司马迁用专门的篇章为这些工商业者树碑立传，不是简单地艳羡于他们的资财，倾倒于他们的智谋，而是要在肯定他们经营业绩的同时，揭示一系列发人深省的"富家"道理。

比如说，发家致富的过程中，货币资本重要，还是人力资本重要？春秋时代管仲和鲍叔牙的故事、汉代刀闲的故事，都分别证明了人才乃是头等重要的资源。

办企业、搞投资，究竟应该跟风头、随大流，还是应该逆向思维、反向操作？战国时代白圭的故事、秦末汉初宣曲任氏的故事，都阐明了丝毫不亚于当代的美国股神沃伦·巴菲特的深刻哲理。

乌氏倮的故事、无盐氏的故事，说明了创业之际，需要有随机应变的智慧、坚决果断的勇气、敢于冒险的精神。

陶朱公的故事、曹邴氏的故事，表明持家之时，必须有取予以仁的仁义之心、严于自律的坚强意志、乐善好施的社会责任感。

范蠡教子的故事，蕴含着知进知退、适可而止的高深智慧，堪称"富过三代"之法门。

子贡的故事，说的是成功的商人，只有不断学习、富而好礼，才能取得更大成功。

卜式的故事，揭示了"精"与"傻"的辩证法。

……

除此以外，司马迁还归纳了"富家"的"三部曲"："无财作力，少有斗智，既饶争时，此其大经也。"没有本钱的时候，要依靠自己的力气；略微有了积累，就要发挥自己的才智；财力雄厚了，就要善于明辨大势，捕捉时机，把家业传之久远。此乃"富家"之阳光正道。

常言道："女怕嫁错郎，男怕入错行。"行业的差别，确实是客观存在的，也往往在很大程度上决定了人们的收益。但是，司马迁用一个个活生生的事例告诉我们："富无经业。"发家致富，并不是只有一种门路，三百六十行，行行出富豪。

他列举说："田农，掘业，而秦扬以盖一州。贩脂，辱处也，而雍伯千金。卖浆，小业也，而张氏千万。洒削，薄技也，而郅氏鼎食。胃脯，简微也，浊氏连骑。马医，浅方，张里击钟。此皆诚壹（一）之所致。"种庄稼，是最没有技术含量的职业了，但是秦扬靠此成为一州的首富。贩卖动物油脂，是一般人觉着耻辱的事，但是雍伯靠它得到了千金赢利。贩卖浆水，是一种微不足道的小生意，但是张氏靠它积累了千万家财。磨刀，是一种极其平常的小技术，但是郅氏靠着它过上了像大贵族一样列鼎而食的生活。卖熟羊肚，既简单又不起眼，但干这一行的浊氏每次出门都是前呼后应的豪华车队。给马治病，不需要高深的医术，但是张里靠着它享有钟鸣而食的排场。

这些人能够成功，靠的是什么呢？靠的就是"诚壹"。所谓的"诚"，就是专注不怠，全力以赴；所谓的"壹"，就是专一不懈，心无旁骛。也就是专心致志，坚持走专业化道路。只要专心致志，臻于极致，熟能生巧，巧而出奇，达到一般人难以企及的技术高度和经营规模，任何看上去微不足道的行当都能干出一番大事业。

那么，司马迁为什么要讲这些故事、论这些道理呢？司马迁在《货殖列传》里面说："请略道当世千里之中，贤人所以富者，令后世得以观择焉。"他的目的，就是要把这些人和事流传后世，让后人有所借鉴、获得启迪。

就让我们这些生活在现代商业社会，天天忙着挣钱和花钱这两件事，并且对挣钱和花钱感到无尽郁闷纠结的人们，走进司马迁描绘的商人世界，领略那些"贤人富者"的智慧之光和道德风范吧。

而这，正是我们今天应该做的，也是太史公司马迁所期待的。

第一章　商人出世

一、《货殖列传》

话说秦始皇的时候，有一天，在那富丽堂皇的宫廷里，举行了一个隆重的迎接客人的仪式。这一次被接待的，是一位女客人。

我们都知道，秦始皇，乃是混一天下的千古一帝，能够成为他的座上之宾，这位女客人，肯定不是等闲之辈。那么这位女客人，究竟是谁呢？

她既不是国外来访的国家元首，也不是出身高贵的皇族贵妇，还不是国色天香的妙龄美人，更不是怀揣长生不老药的天上仙女。

您可能想不到，这位女人，竟然是从巴山蜀水的大山深处走出来的一位平民百姓，而且是一位寡妇，名字叫作清，人称"寡妇清"！当然，寡妇清这位女人，与一般的平民百姓也有点不太一样，因为她是一位女工商业者，也就是我们今天所说的女企业家。

您可能会感到奇怪，秦始皇是什么人？那可是唯我独尊的千古一帝啊！这位寡妇清，再是企业家，也终究是一个普通老百姓，她怎么会成为秦始皇的座上之宾呢？你说的，是不是有点天方夜谭啊？！

这个故事，还真不是我瞎编杜撰的，而是白纸黑字地记载在司马迁写的《史记·货殖列传》里面的。

那么，《货殖列传》是怎么回事呢？

"列传"的意思嘛，大家都知道，就是司马迁给各种各样的人物写的传记。例如，在《史记》里面，韩信的传记叫《淮阴侯列传》，汉武帝时候打垮匈奴的名将卫青、霍去病的传记叫《卫将军骠骑列传》，等等。

那么，"货殖"是什么意思呢？

"货殖"的"货"，指的是资财、财货，具体说呢，就是金钱、土地、粮食、矿产、牲畜等物资财富；"货殖"的"殖"呢？就是繁殖、增殖的意思。

"货殖"这两个字合起来，意思就是资财能够不断繁殖、不断增加。

当然毫无疑问，物资财富不是小鸡，它不能自己下蛋；也不是小狗，它不能自己生崽。资财是不会自己增殖的，它需要人的经营、需要人的管理。

但是，有了人的经营，资财就一定能增殖吗？那可不见得！司马迁说："富无经业，则货无常主，能者辐辏，不肖者瓦解。"（《货殖列传》）就是说，能够致富的，不是只有一种行业，三百六十行，行行出富豪；财富,也没有永远固定不变的主人。财东轮流做,明年到我家。有才干的人,即使白手起家,也能够积累万贯家财;无能的人,即使坐拥一座金山,也可能顷刻之间土崩瓦解。正所谓:你不理财,财不理你;你不会理财,财也不会理你。

讲到这儿,我们就可以明白了,所谓的《货殖列传》,就是司马迁给经营产业并且发财致富的老板、企业家们写作的传记。

《货殖列传》的里面,提到的人物总共是五十二个,其中有十几个人,记载得比较详细;另外的三十多个人,记载得比较简单,有的只是提了提名字而已。

根据他们从事的行业,可以把他们分成三类:

第一类是从事商业贸易的人,也就是专门做买卖的狭义的商人。比如,历史上非常有名的范蠡、孔子的好学生子贡、战国时的大商人白圭等,就属于专门做买卖的生意人,也就是狭义的商人。

第二类是主要从事大规模商品生产的人,比如说,前面我们提到的寡妇清,从事的就是采矿业的商品生产。另外,还有好几个靠煮盐、开铁矿、搞畜牧业等发财的人。这些都是属于大规模商品生产的经营者。

第三类是从事其他服务业的人。比如,有搞金融借贷业的,有开饭馆的,还有当兽医的,等等。

司马迁把这些各行各业的人放到一起,专门为他们写作了一篇传记,就是《货殖列传》。这些人就是我们今天的老板、企业家，或者说就是经商办企业的广义上的商人。

这些人，当然都是有钱人。但是，司马迁为他们树碑立传，并不是在搞一个司马迁版的什么"胡润富豪排行榜"，不是说谁的钱多，谁就是老大；谁钱最多，谁就最牛。司马迁的见地可不是如此。

能够被司马迁树碑立传的富豪们，可不是光有钱就行，还必须符合司马迁的条件。那么，司马迁有什么条件呢？司马迁自己写了一篇《太史公自序》，就是《史记》的最后一篇，他说：他写作《货殖列传》的出发点，有五句话，就是："布衣匹夫之人，不害于政，不妨百姓，取与以时而息财富，智者有采焉。"

这五句话是什么意思呢？实际上，这就是司马迁为商人树碑立传的条件。我们可以把它归结为三个方面。

首先，是"布衣匹夫之人"。意思是说，这些靠商品的生产和经营，赚了钱的人，都是普通老百姓，不是当官的。至少，他们在搞经营赚钱的时候身份上属于普通老百姓，不属于在朝官员。也就是说，他们赚钱靠的是自己的聪明才智，而不是政治权力，也不是搞什么权钱交易。这是第一个条件。

其次，是"不害于政，不妨百姓"。意思是这些人赚钱，靠的是合法经营；不是靠违法乱纪、违背国家法律制度，或者损害国家利益。这些人赚钱，不坑害老百姓，不搞什么假冒伪劣或是坑蒙拐骗，损害社会大众。

所谓"君子爱财，取之有道"，这钱来路很正。

第三，是"智者有采焉"。意思是这些人的经营之道、他们的赚钱办法，值得后来者学习，能够对于后世之人，有所启迪，有所帮助。

这几个方面，就是司马迁为工商业富豪们树碑立传的条件。也就是说，只有符合这些条件的工商业者，才有资格被司马迁载入史册，才有可能名垂青史，千古留名。

看过《史记》的朋友都知道，《史记》里面花费笔墨最多的当然是王侯将相之类的大人物，而专门写工商业者的《货殖列传》，在其中只占一小部分，并且是从后面倒着数的第二篇。

但是，我们千万不要小看这一小部分！因为，在司马迁之前，专门为工商业者树碑立传的历史书籍从来就没有过。司马迁写的《货殖列传》是开天辟地头一桩。司马迁之后呢？在二十四史中，除了班固写的《汉书》模仿司马迁的写法有一篇《货殖传》之外，再也找不到专门为工商业者树碑立传的历史文献了。几乎可以说是"前不见古人，后不见来者"。这也可见司马迁的卓越之处。

一部二十四史，除了《史记》《汉书》外，其他的几乎都是王侯将相的天下，再也没有工商业者的位置了。

我们今天真应该感谢司马迁，如果不是《史记》，古代那些成功企业家的故事，我们是无从知晓的。

其实，除了《货殖列传》以外，司马迁还在《史记》的其他部分，谈到了众多的工商业者。

通过这些篇章，司马迁为我们留下了一系列饶有趣味的工商业故事，也留下了许许多多发人深省的工商业者的传奇。

二、商贾传奇

司马氏的笔下记录了许多商人传奇。比如本章开头提到的秦始皇隆重接待寡妇清的故事。

寡妇清是我国历史上有文献记载的第一位女企业家。她的老家，在现在重庆市涪陵县一带。寡妇清是一个寡妇，但她却不是一个普普通通的女子，而是一个才能卓越的女强人，大概一般的男人不能入她的眼（那时候贞洁观念还没有根深蒂固），丈夫死后她一直没有再结婚，一直保持着寡妇的身份，所以司马迁称她为"寡妇清"。又因为重庆在古代属于巴国之地，所以又称她为"巴寡妇清"。

寡妇清家经营的产业是开采朱砂矿。在古代，朱砂的用处可是我们今人难以想象的。朱砂可以把丝绸、麻布之类的纺织品染成红色。大家知道，我们中国人自古以来都非常喜欢红色，因为红色喜庆啊！所以朱砂是非常重要的纺织业颜料。朱砂还可以制作水银，还可以做药材。总之，朱砂的用途很广。所以，开采朱砂矿藏是一个非常赚钱的行当。

这份产业是寡妇清的祖上开创的，传到她的时候，已经是好几代的家族企业了。可能由于家族里面男子的才干都比较差，寡妇清就挺身而出，主持家业，就好比《红楼梦》里面的王熙凤，女子当家。不过，寡妇清更胜一筹，用今天的话来说，她可是担任了本家族企业的董事长兼CEO。

寡妇清很能干，很善于经营，把企业搞得红红火火。随着生产规模的扩大，她的财富也迅速扩张，她作为女企业家的名声，也传遍天下。甚至连秦始皇，都使用接待贵宾的礼节，隆重地接见了她。那可是"普天之下，莫非王土，率土之滨，莫非王臣"的一国之君啊。秦始皇不仅接见了寡妇清，还专门为寡妇清建筑了一座高台，命名叫作"女怀清台"，以示表彰。

在中国历史上，女企业家本来就非常罕见，而受到皇帝接见和表彰的女企业家就更是凤毛麟角了。所以，寡妇清的故事颇有些传奇色彩。

那么，秦始皇为什么要接见寡妇清呢？难道说，就是因为她腰缠万贯、名气冲天吗？当然没那么简单，可是，如果不完全是这个原因，那还有什么原因呢？

姜太公用直钩钓鱼的故事，大家都很熟悉，他那"愿者上钩"的名言，雷倒了很多人。那么，说这话之前，他老人家是干什么工作的呢？我们知道，姜子牙钓鱼，是为了求见周文王。可是，他为什么要使用直钩钓鱼这种怪招呢？

我们都知道，儒家学派创始人孔子，可以称得上是中国历史上最早的民办大学校长，那时候他的学生有三千多人，可谓济济一堂。因为是民办学校，自然是没有财政拨款，那么，孔子办学的经费从哪里而来呢？孔子还赶着马车到处周游列国，虽然那个时候出国不需要办护照、办签证什么的，可是人在旅途，总要住店、总得吃饭吧？那么究竟是什么人给孔老师的教育事业，提供赞助以及支付大量的食宿出行的费用呢？

大政治家范蠡，帮着越王勾践"十年生聚，十年教训"，灭了吴王夫差，功成名就之后，他果断地拒绝了勾践的高官厚禄，突然一下子人间蒸发，他究竟干什么去了呢？

如今，有很多朋友热衷于炒股，炒股的朋友，大概没有人不知道美国的股神沃伦·巴菲特，也都了解他的投资格言："别人贪婪时我恐惧，别人恐惧时我贪婪。"他的意思是采用逆向思维，反向操作，逢低入市。其实，巴菲特的这种投资理念，一点也不新鲜，因为早在两千多年以前的战国时代，我国著名的大商人白圭就提出过完全一样的理论。而且，白圭的表述，比巴菲特还要简练，就八个字，叫作"人弃我取，人取我与"。白圭因此被后世的商人奉为宗师。那么，两千多年以前的白圭，为什么能提出这样先进的理念呢？

这些问题，林林总总，我们都可以从司马迁的《史记》中找到答案。

实际上，不仅《史记》中有各种各样的工商业故事，在整个中国古代，工商业的故事都是非常丰富的。因为，在我们五千年的中华文明史上，我们的祖先不仅曾经创造过辉煌灿烂的农业文明，而且曾经创造过最发达的工商业文明。工商业文化是中国传统文化的重要组成部分。工商业经济的发展，不仅推动了中华文明的发展和进步，也为人类文明的发展和进步做出了巨大贡献。

在中华民族的文明史上，我们的祖先留下了一笔笔丰厚的文化遗产，其中，既有丝绸之路、茶马古道之类的遗迹，也有造纸术、印刷术、指南针等伟大的发明。许多发明创造，在全世界的历史上都是独一无二的。而这些，都是工商业文明的结晶。

三、商人诞生

我们说商人、商人，那么，什么样的人，才属于商人呢？

大家知道，在我们的汉语当中，"商人"这个词是有狭义和广义之别的。狭义上的商人，指的是专门跑买卖、搞贸易的人。广义上的商人，是指所有经营工商业的企业家、老板。我们在本书中，用的就是它的广义。

而广义的概念，又是从狭义的概念引申出来的。

那么，在我们中国，商业和商人是怎么产生的呢？关于这一点，历史上有一个很有名的传说：

> 神农氏作……日中为市，致天下之民，聚天下之货，交易而退，各得其所。(《周易·系辞下》)

意思是说，神农氏在都城里面，事先投资开发，建设了一排排的店铺，每天中午的时候，四面八方的老百姓就带着各自的货物云集而来，在这些店铺里摆下摊位，互相交易。交易完成，又带着各自需要的东西满意地回家去了。

大家都知道，神农就是炎帝，在我们中国，神农他老人家可是一个了不起的大发明家！传说农业生产、打井取水的技术、耒耜等农具，还有治病救人的医药等等，都是神农发明创造的。

神农以后，又出现了一个聪明能干的领导叫黄帝。传说文字、历法、制造车船、养蚕织布、做衣服、建房子等技术，就是黄帝和他的大臣们发明的。

在神农（也就是炎帝）和黄帝的英明领导之下，我们中华民族告别了野蛮时代，跨入了文明社会的门槛。所以我们中华民族被称为炎黄子孙。

既然我们整个民族都是神农他老人家创造的，那么把我们中国的市场交换、商业贸易的起源，也说成是他老人家的专利成果，确实也不过分。

然而，这只不过是一个美丽的传说而已，就像最近流行的一首歌里面唱的："不要迷恋哥，哥只是个传说。"

其实，在人类历史上，交换不是某一个聪明人的发明，而是随着部落和部落之间建立了这样那样的联系，才慢慢出现的。

在猴子变成人以后的很长一段时间里，是没有交换的。各个部落的人集体劳动、集体生活，又由于人口数量不多，居住分散，交通不便，信息闭塞，部落与部落之间的联系很少。因此衣食住行的所有事情，都是部落内部自己解决的。

随着人口增加，部落的活动空间扩大，部落与部落之间的联系也多了起来，物品的交换也就逐渐出现了。

在现在北京市南面的房山区周口店，有一个距今大约三万年以前的山顶洞遗址。考古工作者在这里发现了作为装饰品用的海蚶壳，还有撒在原始人遗体周围的赤铁矿粉末。

这两种东西可不是山顶洞周围出产的。海蚶出产于渤海湾一带，离山顶洞有四百多里。那个时候可没有什么京津塘高速公路，更没有什么城际高铁。从山顶洞钻出来，跑到渤海边，要是步行一个来回，少说也得十天半个月的。离山顶洞最近的赤铁矿，也有二三百里远。

总之，在那个通讯基本靠吼、交通基本靠走、取暖基本靠抖的远古时代，山顶洞人自己东奔西跑，从出产地弄来这些东西，可能性不大。

那么，生活在山顶洞的原始人是怎么得到这些东西的？根据考古学家的推断，不是从其他部落抢来的，就是拿什么东西从别的部落换来的。

根据这一类考古发现，虽然我们可以说距今大约三万年以前，原始人就可能有了交换。但是，我们却不能说，有了交换，就有了商业和商人。

所谓"商人"，有两个最基本的特征：一是不干别的，专门跑买卖、做生意；二是他买东西、卖东西不是为了满足自己的消费要求，而是为了从一买一卖中赚钱。

而所谓的"商业"，指的是做买卖赚钱，是社会上一部分人不干别的专门从事的职业。

因此，我们不能说一有交换，就有了商业和商人。真正的商人和商业，是在交换的基础上，随着社会分工的扩大逐步诞生的。

那么分工又是怎么回事呢？

我们说的分工，不是生理性分工。什么叫生理性分工？就是由于生理差别引起了性别、年龄的分工。在动物世界里面，例如公猴、母猴、老猴、小猴之类的分工，就属于这种情况。这种分工是天然形成的，在人类社会和动物世界都普遍存在。

我们所说的分工，不是这种与生俱来的生理性的分工，而是人类社会内部的社会性的分工。所谓社会性分工，主要指的是不同行业、不同职能的分工。

就像猴子变成人以后的很长一段时间里，人与人之间没有交换一样，猴子变成人以后的很长一段时间里，也没有人与人之间的社会性分工。

经济学的理论认为，社会性的分工，是由三种因素引起的。第一种因素是自然环境条件的制约，第二种因素是社会生产力的发展，第三种因素是交换的扩大。

这三个因素是怎样互相作用，引起社会性分工的呢？

人是在不同的环境条件下生产和生活的，不同的自然环境条件，决定了人们的生产方式、生活方式有很大差别。尤其是在生产力水平不高的古代，人们受自然环境的影响就更大。比如说，草原上适合放牧，平原上适合种庄稼，山林里适合打猎，大海边适合捕鱼，等等。人们经常说的"靠山吃山，靠水吃水"，就是这个道理。

随着生产力的发展，各个部落生产的东西，在自己消费之外有了剩余，就把多余的东西拿出来，从别的部落那里换来自己缺少但又是需要的东西。比如，草原上生活的部落生产的肉比较多，平原上的部落生产的粮食比较多，草原上的人就拿肉来换平原人的粮食。

通过越来越多的交换，草原上的人慢慢发现，自己利用比较适合的自然条件，多放牧、多养牲畜，即使少种或者不种粮食，也可以拿肉换来需要的粮食。平原上的人也发现，自己利用比较适合的自然条件，多种粮食，也比既种粮食又放牧划算。

于是，人类历史上的第一次社会性大分工——农业和畜牧业的分工就这样发生了。

后来，在生产力进一步发展、交换进一步扩大的基础上，一些拥有特殊手艺的人，例如制作陶器的陶工、制造木器的木匠、建房子的泥瓦匠之类的，又从农业生产中分离出来，引起了第二次社会性大分工——农业和手工业的分工。

分工的扩大又反过来促进了交换的发展。再后来，由于交换的数量越来越多，规模越来越大，生产者与生产者直接见面的交换已经忙不过来了，一些专门人才就脱离了农业生产、牧业生产、手工业生产，成为跑买卖、做生意的专业户，这就引起了第三次社会性大分工——商业与农业、手工业的分工。

商人和商业，就是在这样的历史时刻正式宣布诞生的。

1990年，国外的考古学家在乌兹别克斯坦南部的一个墓葬里，发现了一些制作于公元前1700年至公元前1500年（大致相当于夏朝末年、商朝初年）的丝绸衣物的碎片。[①]

这个发现轰动一时，为全世界所瞩目。那么这个考古发现对于我们今天的话题来说有什么意义呢？

首先，它告诉我们，这些丝绸碎片是我们中国人生

---

① 《人民日报》海外版1990年8月22日。

产的。传说，蚕丝纺织的技术，是黄帝的太太嫘祖发明的。这位当时的第一夫人，发明了养蚕纺织技术之后，并没有拿到专利局申请垄断保护，而是无偿地教给了人民。根据现在比较权威的研究，至少在距今五千年以前，我们的祖先就掌握了这项技术，在适宜种桑养蚕的地方，都发展起了蚕丝纺织业，而且在长达几千年的时间里，在全世界都是独一无二的独门功夫。所以，乌孜别克斯坦出土的那些丝绸碎片，肯定是 MADE IN CHINA 的出口产品，这是确凿无疑的。

第二，那些丝绸碎片制作于公元前 1700 年至公元前 1500 年，大致相当于夏朝末年、商朝初年的时候。这表明那个时候，中国的中原内地与中亚之间，就已经存在了一条古老的丝绸之路。或者说，丝绸之路早在距今四千年左右，就已经开通了。并不是我们通常认为的是汉武帝派张骞出使西域以后才开通的。

第三，更重要的是，那些"丝路缣片"雄辩地证明，距今三四千年以前，我们国家的商人专业户不仅已经诞生，而且他们的足迹已经一步一步地迈进了欧亚大陆的深处。那里，可是我们即使坐火车从西安出发，也要花上好几天才能到达的地方啊！

我们可以想象，有一伙人，越过千山万水，穿过漫漫沙漠，不辞千难万苦，不惜冒着生命危险，靠着几匹马或者骆驼，甚至是一双脚，踏出了一条丝绸之路，从遥远的中原，把丝绸运到中亚，这伙人不是职业化的、以赚钱牟利为使命的商人专业户，又能是谁呢？

根据这个考古发现，再结合后面我们将要涉及的几个重要人物，我们基本可以认为，我国的商人专业户至少在夏朝晚期就出现了。

讲到这里，我们又遇到了一个问题。在我们的汉语当中，为什么把办企业、经商的人叫作"商人"？而不叫别的什么人呢？

"商人"这个名称的由来，和商族部落以及后来的商朝有关。

大家知道，夏朝是我国历史上的第一个奴隶制王朝，在夏朝的时候，在今天的山东省西南部，还有河南省东部一带，居住着一个部落，这个部落的名称，叫商。

商族部落的畜牧业比较发达，也很擅长做买卖，经常用他们的牲畜、毛皮等产品，与周围的部落开展贸易。并且由于做买卖、搞贸易，东奔西跑、走南闯北的，对于什么的需求最迫切呢？对交通工具需求最迫切。正好商部落畜牧业发达，商部落的人就用上了自己很擅长的调教牲口的技术，先后发生了史书上说的"相土乘马""亥作服牛"的故事。

"相土乘马"是怎么回事呢？相土是个人名，是商族部落的一个首领。据说，相土把马训练成了可以骑着跑的代步工具，人骑马，就是从相土开始的。后来，他还用马来驮东西跑运输。相土的这个功劳，使他死后被尊为"马社"（也就是马神），每到秋高马肥的时候，人们都会祭祀他。

"亥作服牛"又是什么意思呢？亥也是商部落的一任首领，又叫王亥。现代发现的甲骨文上，"核""该"等字，说的都是王亥。王亥这个人可不简单，他不仅在商族部落的历史上很重要，而且在漫长的中国历史上也是一位了不起的英雄。传说就是他驯服了比马更难驯服的牛，用牛拉车。这就是所谓的"亥作服牛"。

可能会有朋友问：牛怎么会比马还难驯服呢？牛不是很老实、很温驯吗？要不然，我们形容一个人老实肯干，怎么会说他像老黄牛一样呢？

是啊，牛，确实有它很老实的一面，但是也千万不要忘了它还有发脾气的时候。看一看西班牙斗牛的场面吧，牛要是发起脾气来，那是非常可怕的！

驯服了马和牛，让它们拉车、跑运输，这是非常伟大的发明创造。在人类历史上，它的革命性的意义也许并不亚于英国人瓦特发明蒸汽机。马的优点是速度快。牛虽然走起来慢慢腾腾的，但是牛的力气比马大，拉的东西也更多。王亥驯服了牛，用它拉车跑运输，相当于给车辆装上了马力更大的引擎，这在当时是非常先进的，对于交通运输业和商业的发展，贡献是相当的大。

但是王亥的命运却并不好，他最终在经商的过程中遭遇飞来横祸，被人杀死了。并且，他的死，引发了中国历史上最早有文字记录的、因为贸易而引发的战争。

这里面有一段小故事。

王亥驯服牛以后，就挥舞着牛鞭，亲自赶着牛车走南闯北地做买卖去了。他把一车一车的毛皮等畜牧业产品运出去，再把外地的特产买进来，不长时间，就赚了大钱。

有一次，王亥赶着牛车向北越过黄河，来到了现在河北省中部易水河流域做买卖。这一带是北方的游牧民族狄族的地盘，当时在这一带活动的是狄族的一个部落，叫有易氏。有易氏也搞一些贸易，不知何故，与王亥发生了贸易冲突。有易氏的头领看见王亥赶着牛车，他从来没有见过这种东西，感到无比新奇。他又见到王亥的牛车上装满了值钱的财宝，眼红极了，顿时起了图财害命的歹心，于是纠集族人，发动突然袭击，杀死了王亥，把他的牛车、货物，还有随行的奴隶等等全部抢走了。

王亥被杀的噩耗传回商族部落，全部落的男女老少都悲痛欲绝，因为王亥是带领他们发财致富的好领导啊！王亥的儿子上甲微更是怒不可遏，发誓要报杀父之仇。他带领着商族部落，与另一个叫河伯的部落联合起来，挥师北上，讨伐有易氏。经过几个回合的厮杀，终于把有易氏打了个大败，打死了杀人凶手有易氏的首领，把有易氏整个部落的人俘虏来当奴隶，夺回了被抢劫的牛车等财物。

商部落和有易氏的这场战争，大概是我国历史上最早有记录的因为贸易而发生的战争。王亥则是我国历史上被文字记录下来的最早的有名有姓的生意人。

王亥被他的后代尊称为"高祖",商部落以及商朝的每一任领导都要隆重地纪念他,有时候,一次祭祀就杀掉三百多头牛。直到现在,河南商丘的人民还为他塑像,用以纪念。

　　为什么后人要隆重纪念王亥呢?当然是因为"亥作服牛",他把牛驯服了,用牛拉车,对交通运输业有着莫大的功劳。到了春秋战国的时候,随着铁制农具的使用,牛又被套上缰绳拉犁,对于农业的作用就更大了。我们的祖先之所以创造辉煌灿烂的农业文明,和牛耕有直接关系。而且直到今天,我们还能经常见到老牛拉犁的景象。这些,都来自王亥的成绩。

　　但是,王亥为什么能够取得如此的大成绩呢?我认为,原因大概是王亥身上有两个非常宝贵的精神:一个是创新,第二个是勇敢。

　　所谓创新,就是驯服了牛,这是前无古人的一个伟大创举,足以与瓦特发明蒸汽机的功绩相媲美。

　　所谓勇敢,就是敢于尝试前人没有做过的事情,敢于冒着风险,亲自赶着新式的牛车去经商。这就好比冯如试飞自己新制造的飞机一样。

　　所以,人们之所以崇敬王亥,是因为他的身上,有这样两种非常可贵的精神。

　　到了王亥的七世孙汤当领导的时候,商族部落的势力更加壮大了。这个时候的商族部落,不仅商业贸易范围更广,而且农业、手工业也有了很大发展。在当时,商族部落的工商业是比较先进的。

在商汤的领导下，商族部落的实力在蒸蒸日上，但是夏朝却在夏桀的残暴统治下，日益腐朽没落。夏桀这个人在历史上知名度很高，因为他与后来的商纣王一起，都是暴君的代表。

夏桀刚登上王位的时候，很多部落都已经不再服从夏朝，纷纷地闹起了独立。夏桀就穷兵黩武，东征西讨，以显示他的权威和武力。一些弱小的部落打不过他，被迫向他进贡金银财宝，还有美女佳人。夏桀得到了财宝、得到了美女，就不再四处打仗了，整天在家里酒色笙歌。

夏桀在王宫里挖了一个巨大的人工湖，里面不是水，而是灌满了酒，谓之酒池。这个酒池无比巨大，据说在里面可以荡开小船。夏桀又在都城外建造行宫，占地方圆十余里，中间修了一座瑶台，高达十余丈，全是用洁白的玉石砌成的。夏桀的大肆挥霍，可把老百姓害苦了，搞得民不聊生，怨声载道，老百姓对夏桀恨之入骨。有一天，夏桀登上瑶台，俯瞰大地，得意忘形地说："我，是天上的太阳，要永远高高在上，享受这荣华富贵。"老百姓听他这样说，肺都气炸了，不敢公开议论，就暗中诅咒说："时日曷丧？予与汝皆亡！"（《尚书·汤誓》）你这个可恨的太阳啊，你什么时候灭亡啊，我们宁愿和你同归于尽！

商汤见夏桀不得人心，就悄悄扩充势力，做起了消灭夏桀的准备。他广施仁德，得到了广大百姓和很多部落的拥戴。

特别值得注意的是，商汤除了运用政治和军事手段以外，还采取贸易战的手法，削弱夏朝的力量。据说夏桀的王宫里从各地搜罗来的年轻女子多达上万人，夏桀让她们个个都要身穿罗绮锦绣，打扮得花枝招展。一万人，那可不是一个小数目！而且更重要的是，每个人总不可能一年到头只穿一件衣服来来往往吧？春夏秋冬，季节转换，夏天有夏衣，冬天有冬装，春秋也要换洗一下，所以每个人至少需要好几套，甚至是几十套衣服。这样算下来，光是这些年轻女子，就得好几十万套衣服。因为高级锦绣的需要量太大，所以价格一路上涨。

商汤见有机可乘，就组织本部落内的妇女，加班加点，赶制了一批又一批的高级锦绣卖给夏朝。还从各地采购来了种种珍宝奇玩，也卖给夏朝。交易时，不要别的，只要粮食。

这种贸易战收到了很好的效果。不长时间，夏朝就被搞得粮食短缺，国库亏空。而商的物资充裕，国力强盛。

商汤见灭夏的时机成熟了，就在公元前1600年，亲自带兵消灭了夏朝，建立了商朝。

商朝建立以后，立国六百多年，商业贸易得到了更加长足的发展。

我们知道，商朝后来又被周朝推翻了，商族的人上自王公贵族、下到普通百姓，很多都变成了周朝的奴隶。

商朝的遗老遗少们，特别是他们的王公贵族，过惯了养尊处优的日子，不会种地，也没有什么手艺，只好依靠祖上留下来的老传统，到处跑买卖谋生。于是，做生意、跑买卖，就成了商族的遗老遗少们的主要职业，而在周朝，以做买卖为职业的，也多数是这些商族人。

本来，商人指的是商族人或者商朝人，就像汉朝人被称为"汉人"、唐朝人被称为"唐人"、宋朝人被称为"宋人"一样。但是，无论是商朝建立以前，还是商朝灭亡以后，由于商族人主要以做买卖为职业，而且经商的技艺高超，久而久之，商人就成了买卖人的代名词。跑买卖、做生意的人，也就被统称为"商人"了。

这，就是在汉语中"商人"这个名词的由来。

现在，我们之所以把用于交换的东西称为"商品"，把专门从事做买卖赚钱的行业称为"商业"，就是从"商人"这个词沿用而来的。

总之，商人、商品，还有商业，都与商朝有着直接的历史渊源关系。

我们这一章讲的赶着牛车跑买卖的王亥，以及与夏朝搞贸易战的商汤，都是部落首领，或者说，都是高高在上的大奴隶主。但是，随着社会的进一步发展，一些原来生活在社会下层的小商小贩，也在新的历史机遇中，脱颖而出，大显身手，开创了一个商人治国的新时代。

第二章　贩夫治国

我们知道,《史记》的《货殖列传》,是司马迁专门为工商业者,或者说经营产业的老板企业家们写作的传记。《货殖列传》里面,司马迁总共提到了五十二个人物。这五十二个人物当中,司马迁最先讲到的一个人,是商朝末年西周初年的姜子牙。

在中国,姜子牙可是知名度很高的大政治家,但是,司马迁为什么要在专门为商人树碑立传的《货殖列传》里面,最先提到姜子牙呢?姜子牙和工商业有什么关系呢?

一、"姜太公钓鱼"的秘密

姜子牙,名叫姜尚,子牙是他的字。又因为他的祖先曾经被分封到一个叫吕的地方,古人有以地名为姓的,所以又叫吕尚。

一提起姜子牙,人们首先想到的,大概就是"姜太公钓鱼,愿者上钩"的故事啦。姜子牙一出手,就钓到了一条大鱼,这就是周族部落的首领姬昌,就是后来的周文王。从此,姜子牙就辅佐周文王以及周文王的儿子周武王,消灭商朝,建立了周朝。这是人们知道的一般说法。

但是,姜子牙究竟是怎么结识周文王的?历史上却有不同的说法,司马迁的《史记》就记载了三种说法。

第一种说法,是我们大家所熟悉的"姜太公钓鱼,愿者上钩"的故事。《史记·齐太公世家》说:"吕尚盖尝穷困,年老矣,以渔钓奸周西伯。"意思是说,姜子牙曾经很贫穷,穷困潦倒的,年纪一大把了,头发都熬白了,还没有熬出头,就利用钓鱼的机会,见到了周文王,继而为他所用。

第二种说法是,姜子牙年轻的时候就博学多才,曾经在商朝做过官,甚至还在商纣王身边干过,也算是中央干部了。但姜子牙眼见商纣王宠信妲己,荒淫无度,暴虐无道,朝政黑暗,姜子牙就愤而辞官不做,流落江湖,周游列国。可是所到之处,一直也没有碰到赏识他的人,最后就投奔了周文王。

第三种说法是,姜太公原来是平民百姓,隐居在海边。周文王很能干,也很贤明,引起了商纣王的猜忌,被商纣王抓了起来,囚禁在一个叫羑里的监狱里,一关好几年。有几个江湖豪杰,认为周文王是天下少有的贤明之人,这样被关下去实在可惜,就组成了一个民间的营救班子,策划搭救周文王出狱。这个班子里面,有一个人，就是姜子牙。姜子牙他们搜罗了很多美女财宝，献给商纣王，商纣王龙颜大悦，就把周文王放了出来。从此以后，姜子牙也就追随了周文王。

司马迁在写完了这三种说法之后，紧接着说："言吕尚所以事周虽异，然要之为文武师。"意思是关于姜子牙投奔周文王的说法虽然很多，各种说法也不一样，但他后来担任了周文王、周武王的军师却是没有问题的。

也就是说，在司马迁写《史记》的时候，关于姜子牙是怎么认识周文王的，至少流传着这样三种说法，究竟哪种说法对呢？司马迁也拿不准，于是，就把它们都照单记录下来了。

那么，在我们看来，这三种说法，哪种说法比较靠谱呢？我个人还是愿意相信"钓鱼"的说法。

这不仅仅是因为这种说法地球人都知道，司马迁也把这种说法放在第一位，说明司马迁似乎也认为这种说法的可能性更大一些。更重要的是，我认为这种说法更加符合姜子牙的经历。

姜子牙究竟有什么经历呢？我们先来看看"姜太公钓鱼"的故事。

话说现在陕西省的境内有一条河，叫作渭水，是黄河的支流。商朝末年的时候，有一天，来了一个花白头发、银白胡子的老人，在河边专注地钓鱼。这个老人看上去有七十岁了，他钓鱼的办法很特别。别人钓鱼，鱼钩都是弯的，而他手中的鱼钩却是直的，就好像一根针一样。而且，最让人惊诧的是，鱼钩上居然没有鱼饵。更加雷人的是，这个直的、连鱼饵都没有的鱼钩，他还不放进水里，而是悬在半空中。口里还喋喋不休地念叨着"负命者上钩来"，"负命者上钩来"啥意思呢？他的话是说，不要命的，就来上钩吧！这个老人，就是后来大名鼎鼎的姜子牙。

人们看到他这副怪模样，都觉着很滑稽、很可笑，纷纷议论道，这个人啊，不是一个疯子，就是脑子进水了。这么一个搞笑的人，搞笑的举止，引得很多人都跑来看热闹，大家都觉得很滑稽、很可笑，于是，这个可笑的人就在当地一传十十传百地传开了。

渭水一带，是周族部落的地盘。当时周族部落的首领姓姬，名叫姬昌，后来被尊称为周文王，他是一位非常贤明的领导人。他见商纣王暴虐无道，就积极发展势力，广招人才，准备推翻商朝。

周文王广招人才的办法和别人不一样。他不只是宣传说我广纳人才，有本事的人都到我这里来吧！然后坐在"办公室"里，等着人才上门。而是主动下基层，深入民间，寻访人才。

有一天，周文王访求贤才，来到了渭水边，听说了直钩钓鱼的怪事，他认定这位老者不是凡人，就在渔夫们的指点下，找到了姜子牙。周文王和姜子牙一聊，果然发现姜子牙谈吐不凡，极有见识。

周文王非常高兴，说："我听我的祖父讲，'将来一定有非凡的圣人到我们这里来，他一来，我们将托他的福而兴盛'。您老人家大概就是我们天天想、夜夜盼的那个人吧？"我猜想，这个时候，姜子牙可能会说："正是在下！"于是周文王就把姜子牙拜为军师，尊称他为"太公望"。意思是我们所期望的老人，或者说能够给我们带来希望的老人。后来，人们之所以叫姜子牙为"姜太公"，就是从"太公望"这个称呼来的。

姜子牙确实是一个满腹经纶、博学多才的人才，这没问题。但是，既然周文王求贤若渴，姜子牙也想投奔周文王，那么姜子牙来一个毛遂自荐、直接求见周文王不行吗？为什么他偏偏要跑到河边，用直钩钓鱼这样的怪招，来吸引周文王呢？

这应该与姜子牙的出身，还有他早年的经历，都有很大关系。

姜子牙早年是干什么的呢？不少文献都说姜子牙是一个普通的平民百姓，曾经在商朝的首都朝歌等地当过小商小贩，甚至还干过杀猪宰牛之类的杂活。

例如，屈原《离骚》说："吕望之鼓刀兮，遭周文而得举。"吕望，就是姜太公。"鼓刀"，就是挥舞着屠刀，杀猪宰牛。屈原的这两句话是说，姜子牙曾经当过杀猪、杀牛的，虽然身怀绝技，但是怀才不遇，直到遇见了周文王，才得到重用。按照屈原的说法，姜子牙曾经当过屠户。

但是，另外一些材料，和屈原的说法不太一样。《尉缭子》说："太公望年七十，屠牛朝歌，卖食盟津。……人人谓之狂夫。"按照这个说法，姜子牙不仅在朝歌当过杀猪宰牛的，而且在盟津摆过摊。那么，姜子牙先生还练过地摊，而且，屠牛、摆摊的时候精神还不大正常，疯疯癫癫的，所以人们称他为狂夫。

另外，《盐铁论·颂贤》："太公之贫困，负贩于朝歌也。""负贩"，就是背着东西，走街串巷，做小买卖。大概就是货郎。

这三种说法，杀猪宰牛也好，摆摊卖吃的也罢，还有走街串巷的货郎，究竟哪种说法对呢？我们也难以确定。恐怕这些活儿姜子牙都干过。这些事情虽然略有差别，但总的来说，都是属于小商小贩，性质都差不多。

姜子牙满腹经纶、博学多才。按我们今天的想法，他有那么大的本事，如果稍微用点心，应该不愁发不了大财。可是他为什么长期穷困潦倒的呢？这既有客观原因，也有主观原因。

就客观原因来说，夏商周三朝是奴隶制王朝，当时在工商业方面，实行的是"工商食官"的制度。所谓"工商食官"，就是大规模的手工业商品生产是被奴隶主贵族把持的，大规模的商业贸易也是被奴隶主贵族所控制，事实上也只有奴隶主贵族才有财力来经营大规模的商品生产和商业贸易。普通老百姓要想从事工商业，只有两条路可走。一条路是投靠奴隶主，供他们驱使，充当为奴隶主赚钱的工具。另一条路是，从事奴隶主不屑于干的小商小贩，赚一点蝇头小利。"工商食官"是当时的制度，姜子牙本事再大，也没有办法改变这种社会制度，所以只能赚点小钱了。

就主观原因来说，姜子牙的志向不是个人发财致富，而是有着远大的政治抱负，一直想着投身政治，干一番轰轰烈烈的大事业。但是，商朝末年，政治黑暗，上有昏君当国，下有奸臣当道，姜子牙不愿意与这些昏君奸臣们同流合污。结果，头发都熬白了，也没有遇到施展才华的机会。只好流落民间，受穷了。

为什么说，姜子牙在投奔周文王的时候，不直接毛遂自荐，而是用直钩钓鱼的怪招，与他的经历有关呢？原因大概有两点：

第一，他是小商小贩出身的平民百姓，又是从外地来的，可能找不到求见周文王的关系。用直钩钓鱼的怪办法，可以吸引人们的眼球，进而引起周文王的注意。这是典型的商业营销的策略，出身商人的姜子牙应该是深谙此道的。即使在今天的信息社会，采用出人意料、给人以强烈感官刺激、让人深刻印象的宣传手段，依然是商业营销的重要方式。比如，电视上两个卡通小人，一边扭一边唱"今年过节不收礼呀……"，这类广告，与姜太公钓鱼是一脉相承的。这是第一点。

第二，也是更重要的一点，姜子牙还需要试探一下周文王。当时社会上都传说周文王是一个礼贤下士的英明君主,但究竟是不是呢?姜子牙没有和他打过交道,心里没底。

在古代,有本事的人投奔好领导,是一个双向选择的过程。这种双向选择,实质上和做买卖也差不多。对于君臣关系的这种本质,后来的法家认识得很透彻。比如《韩非子》就一针见血地说:"臣尽死力以与君市,君垂爵禄以与臣市。君臣之际,非父子之亲也,计数之所出也。"(《韩非子·难一》)意思是说,臣子把性命和能力卖给君主,君主则拿高官厚禄与臣子交换。君臣之间,没有父子的血缘之亲,也没有兄弟的手足之情,这两种人凑到一块,完全是互相盘算利害得失、互相交易的结果。"计数"就是互相计算利害得失。

古代还有这样的说法:"良鸟择树而栖,良臣择君而事。"什么样的人是"良臣"呢?就是有本事、有道德、有抱负、讲原则的人。"良臣"是只有"明君"才肯投奔的,绝不能把自己随随便便就贱卖了,更不会随随便便逮住谁就卖给谁。要尽量卖出一个好价钱,要尽量卖给一个好客户。所谓的好价钱,也就是受到重视、得到重用。所谓的好客户,就是所谓的"明君"。

那么,究竟什么样的人属于"明君"呢?对"明君"的考核指标可能有很多,但是能不能认识人才的价值、懂得不懂得尊重人才,无论如何都是衡量"明君"的重要标准。

对于"良臣"来讲,究竟怎么知道买主是不是尊重人才的"明君"呢?这就需要观察一番、考验一下,必须看看买主识不识货,心诚不诚。眼见为实,光凭别人传说是靠不住的。

姜子牙用直钩钓鱼,等着愿者上钩,不是在拿什么架子,其实是在待价而沽,在讨价还价。这个讨价还价,不是说多要三块五毛的,不是争什么样的物质待遇,主要是想试探一下、考验一下周文王这个目标客户究竟识不识货。周文王的态度,还有对他的重视程度是否与自己的才干价值相称呢?能不能给他提供施展才华的平台呢?也就是说,姜子牙要判断周文王究竟是不是他理想的买主,值得不值得把自己卖给他。

很显然,虽然姜子牙做小商小贩一直受穷,但是长期的小商贩的经历,却使他积累了丰富的商业经验,使他具备了独特的商人智慧。如果没有丰富的商业经验,没有独特的商业智慧,姜子牙是想不出钓鱼怪招的。姜子牙的做法,影响了后来的很多富于智慧的政治家,诸葛亮等着刘备三顾茅庐,他的意图,不是与姜子牙如出一辙吗?

总之,"姜太公钓鱼"的故事,就是一个要把自己的聪明才智推销出去的人,在打出了很吸引人眼球的广告之后,等着买主上门,并且要考验一下这个买主是否理想,这么一个故事而已。这个故事从头到尾,都反映了商人的智慧!

但是，姜子牙的这种"愿者上钩"的推销策略，有没有风险呢？那当然有了。如果周文王不识货，看不懂钓鱼背后的潜台词，姜子牙这一招可能就不灵了。或者说，即使周文王求贤若渴，但是他坐在家里等着人才送货上门，而不是主动下基层、寻访贤才，姜子牙钓鱼的信息可能就传不到周文王的耳朵里了，姜子牙的鱼钩可能也就钓不到周文王了。这样一来，姜子牙的怪招不就失算了吗？

确实有这些问题。但是，这又有什么关系呢？姜子牙是一个商业经验非常丰富的人，他岂能不懂得做买卖的道理呢？这一招不灵，还可以换别的招啊。如果这一招、那一招地试来试去，把所有的招数都试完了，仍然碰不上识货的好买主，只能说市场形势不好。要知道，市场形势从来都是有好有坏的。市场形势低迷的时候，好东西就是卖不出好价钱，人参也可能吃喝成萝卜的价格。市场形势混乱的时候，垃圾也能被炒上了天，绩优蓝筹股反而没人问津。尽到了最大努力，仍然找不到好买主，只能说明市场形势糟糕透顶。人，生不逢时；物，难尽其用。这个时候，知难而退，或者大隐隐于市，又何尝不是商人的大智慧呢？

二、子牙创业

不过，姜子牙的运气还是不错的。他立志投身政治，虽然起了一个大早，赶了一个晚集，但是他最后赶上的市场形势还是不错的，终于找到了周文王这个识货的好买主。

周文王对于姜子牙言听计从，姜子牙也显示了经天纬地的卓越才干，立了很大功劳。司马迁说："周西伯昌之脱羑里归，与吕尚阴谋修德以倾商政，其事多兵权与奇计，故后世之言兵及周之阴权皆宗太公为本谋……天下三分，其二归周者，太公之谋计居多。"（《齐太公世家》）意思是说，周文王被商纣王从羑里城监狱里释放回家之后，就与姜子牙悄悄地谋划施行德政，积极准备推翻商朝的政权，这些谋划大都是用兵的权谋和奇妙的计策，所以后世研究用兵之道以及周王朝使用的权术，都说姜子牙是主要的谋划者。还在周文王在世的时候，就已经三分天下有其二了，这大都是姜子牙的功劳。

周文王死后，周武王即位当了家，把姜子牙尊为"师"，并称之为"尚父"，这种称呼是什么意思呢？这和现在的"干爹"差不多，说明周武王对姜子牙尊重到了极点。

后来，姜子牙辅佐周武王灭了商纣王，建立了周朝。

如果说，我们之前讲过的商朝的祖先王亥是有史以来第一位有名有姓的商人，那么，姜子牙就是有史以来第一位以小商贩的身份参政议政并获得巨大成功的人。

周朝建立以后，采取了"以亲屏周"的政策，就是把王室亲戚、功臣等分封到各地当诸侯，建立诸侯国，来保卫周朝。周天子的本家近亲分封到的，都是比较富裕、战略地位比较重要的地方。

姜子牙作为功臣，也被分封了。他被分封到了哪里呢？被分到一个叫营丘的地方，国号叫齐。

营丘这个地方，现在是山东省临淄，现在的经济比较发达了。但是，在周朝初年的时候，这一带却是非常偏远、非常荒凉、非常落后、没有得到什么开发的欠发达地区。司马迁就说："太公望封于营丘，地泻卤，人民寡。"（《货殖列传》）就是营丘这个地方靠海，土地全都是低洼的盐碱地，不长庄稼，人口也很少。

而且，齐国这个地方与别的封地相比，还有一点不同，就是因为它地处偏远，当时还没有纳入周朝的势力范围。周朝只是发给了姜子牙一张委任状，在地图上画了一个圈，告诉他：老姜啊，这个圈里的地方将来叫齐国了，是你的领地了，你就是齐国的首脑了。如此而已。虽然名义上是把齐国封给姜子牙了，但实际上还得靠他自己的力量去搞定。

总之，新诞生的齐国，在各个方面都要从头开始创业。姜子牙之所以分封的地方不太理想，可能是周朝重视血缘关系的"宗法制度"造成的，姜子牙功劳虽大，却不是周天子的自家人，只好往后排了。

所以，接到这样的任命，姜子牙心里可就老大不高兴了。他想：我功劳那么大，却把我分到了那么偏远、那么落后的地方,这是不是有点亏待我啊?他这样想着,就发生了一个有趣的小插曲。

原来,姜子牙在去往齐国的路上,快走到营丘的时候,他越想越觉着丧气,就住在途中的旅店里,磨磨蹭蹭,好几天不肯上路。到了晚上,早早地就睡下了。旅店的掌柜的看见他这副模样,就说:"吾闻时难得而易失。客寝甚安,殆非就国者也。"(《齐太公世家》)我听说时机难以得到却容易丧失,客官睡得很安稳,大概不是去封国就位的人吧?晚了,也许这么一块地都没了!

真可谓是一语惊醒梦中人啊。姜子牙一听这话,顿时意识到,自己的做法不是跟自己过不去吗?所以立即翻身起床,穿上衣服,带上随行人马,连夜赶路,快马加鞭,天亮时分,就赶到了营丘。

说来也巧,正好赶上莱夷人的头领带兵前来争夺地盘。姜子牙指挥手下人立即投入战斗,经过一番厮杀,打退了莱夷人,算是在属于自己的土地上站稳了脚跟。

但是,更大的考验摆在了姜子牙的面前,这就是必须尽快想办法改变荒凉落后的经济面貌,这个考验,比军事和政治考验更加严峻。

姜太公毕竟是姜太公,别看姜子牙当小商贩的时候,为自己赚钱谋生,他的经营业绩并不理想。但在当了国家一把手,为国家发展经济的时候,他却做得非常出色。

那么,他在齐国都具体做了哪些事呢?《史记》记载说：“因其俗，简其礼，通商工之业，便鱼盐之利。”（《齐太公世家》）意思是顺应当地的风俗习惯，简化礼仪制度，从实际出发，不搞花架子，利用当地的渔业、盐业资源，来发展工商业。

显然，采取这样的政策，是姜子牙注意对客观环境进行调查分析的结果，也和他的商业经历有很大关系。

前面说过，齐国地区因为靠海，地势低洼，土地盐碱化很严重，不适宜粮食生产，所以经济落后，人烟稀少。这样的自然条件，要硬去发展农业生产，显然是不合实际的。

然而任何事情都具有两面性，没有绝对的好事，也没有绝对的坏事。靠海、盐碱地多，固然不利于发展粮食生产，但是为发展渔业、发展盐业生产，提供了得天独厚的条件。

特别是制造海盐的技术，齐国就拥有比其他沿海地区还要独特的优势。为什么这样说呢？因为这里是最早发明制造海盐技术的地方。东汉许慎《说文解字》："古者宿沙初作煮海盐。"宿沙氏，又叫夙沙氏，传说是炎帝神农氏时候的一个诸侯，活动地点就在今山东省胶东半岛，恰好就是齐国的地盘。

古代煮海盐的办法是，把海水反复洒在细沙上，让太阳曝晒，洒了晒，晒了洒，反复多次，海水中的盐分就凝结在细沙中了。再把细沙浸泡在水里，把盐分稀释出来，就制成了卤水。最后，用柴火煎熬卤水，就得到盐了。

因为传说宿沙氏发明了这项技术，所以，后来的盐商一直把宿沙氏奉为始祖。清代的时候，江苏省的苏州、泰州等地是淮盐的主要产地和批发市场。盐商云集，盐商们在当地建设宗庙，宗庙里面供奉的就是宿沙氏。

齐国既有地理优势，又有技术优势，所以姜子牙发展盐业生产是很有成效的。

盐是人生存的必需品，无论什么人，不管有钱还是没钱，都得吃盐，家家户户离不开盐，一日三餐少不了盐，所以，盐的市场很大，自古以来，卖盐就是非常赚钱的行当。有了钱，商业贸易发展了，还愁买不到粮食吗？所以，发展盐业、渔业生产，进而发展商业贸易，是姜子牙搞好齐国经济的主要办法。

除了利用自然资源发展盐业渔业生产，姜子牙还因地制宜，发挥人的作用，发展纺织业。《货殖列传》说："太公劝其女功，极技巧。""女功"就是纺织，还有刺绣、缝纫、编织等生产，由于这些工作主要是妇女从事的，所以古代叫"女功"，又写作"女红"（红色的红，在这里不念红，而念功）。姜子牙就号召广大齐国妇女开展纺织业。而且特别值得注意的是，不光追求数量，还特别强调"技巧"。"技"就是提高技术水平，"巧"就是精美、质量高。"极技巧"三个字，就是把纺织技术和产品质量都做到了极致，推进到了当时登峰造极的地步。齐国的纺织品这样好，要想不受消费者的欢迎恐怕都不容易!

直到今天,山东的刺绣、编织等工艺仍然很发达。大家都知道,我国的四大名绣之一就有鲁绣。鲁绣是什么时候开始的呢?如果把它追溯到三千年以前的姜子牙的时代,应该是没有问题的。虽然姜子牙并不一定亲自动手搞刺绣,但他的政策,却催生了这项技术。

姜子牙号召齐国妇女发展纺织业,是一个了不起的创举。为什么说它是一个创举呢?这是因为两点:

第一点,自从人类社会从母系氏族进入父系氏族社会以后,广大妇女同胞就退出了主要生产者的行列。当时主要的生产部门,是打猎、采集,还有后来发展起来的农业,这些劳动,特别是田间劳动,需要更加强壮的体力,这时候男子汉们就有了天然的优势。女同胞只好退居二线了,主要在家里从事家务劳动,还有纺纱、织布等。因此,父系社会在经济上的标志,一是男子汉挑大梁,女同胞退居二线;二是男耕女织,纺织属于副业生产,由妇女承担,从属于农业。姜子牙在齐国,把纺织业作为比农业还重要的主要经济部门,从副业变成主业,又把原来退居二线的女同胞们动员起来,成为生产的主力军。副业变主业,配角变主角,难道说这不是一个了不起的创举吗?

第二点,动员女同胞们发展纺织业,就很好地发挥了人的主观能动性,有效地克服了自然条件的限制。齐国盐碱地多,不适宜种庄稼,但是并不妨碍种植桑麻等纺织原料。有了原料，再有了人，就可以搞纺织业了。纺织业不仅克服了土地的限制，也克服了季节、时间、地点的限制。比如说，无论是夏天，还是冬天；无论是白天，还是晚上；无论是院子里，还是炕头上，都可以纺纱、织布、绣花、编织，这就使得劳动力的利用效率，发挥到了最大限度。

由于政策到位，人民勤劳，经过十几年励精图治，齐国的经济面貌就发生了翻天覆地的变化。《史记·货殖列传》说："太公望封于营丘，地潟卤，人民寡。于是太公劝其女功，极技巧，通鱼盐。则人物归之，襁至而辐凑。故齐冠带衣服天下，海岱之间敛袂而往朝焉。"意思是说，姜子牙鼓励齐国妇女开展纺织、缝纫、刺绣、编织等生产，并且提高了她们的技术水平，提高了她们的产品质量，还发展盐业和渔业的生产和贸易。结果，别处的人民听说齐国的经济发达了，都络绎不绝地背着婴儿投奔齐国，就像车的辐条汇聚到车轴一样，从四面八方迁到齐国来了。齐国的产品则畅销天下，各国人民都穿戴齐国出产的衣服、鞋帽，当然还吃齐国出产的鱼、盐。从东海到泰山之间的诸侯们，见齐国在盐碱荒滩上迅速崛起，不由得肃然起敬，也都纷纷整理起衣袖，恭恭敬敬地到齐国朝见，表示服从齐国的指挥。

大家知道，人是第一生产力，特别是在古代的劳动密集型产业中，人的作用就更大了。齐国的经济搞上去了，吸引了四面八方的老百姓扶老携幼，纷纷向齐国移民，齐国的经济就更加发达了。

齐国就这样从一个贫穷落后的欠发达地区，一跃成为既富又强的大国。

姜子牙的成功经验，突出表现在三个方面：

第一，因地制宜，扬长避短。在中国经济史上，周朝是农业经济发展的重要阶段，周部落很早就以农业为主。这更显得姜子牙发展工商业之可贵。

第二，工商并举，生产先行。通过发展商品生产，来发展商业贸易。姜子牙的商业，不是单纯的倒买倒卖，而是以发达的商品生产做后盾。在实体经济发展的基础上，在物资财富增加的条件下，发展流通贸易。这就使商业贸易有了可持续发展的坚实基础。

第三，创新技术，注重质量。在纺织业中，这个特点尤其突出。

姜子牙的这些做法，实现了齐国的富强。其实这些经验，无论在什么时候，也不管在什么地方，都是屡试不爽的成功之道。

姜子牙，这个小商小贩出身的人，靠着自己特有的商业智慧，一辈子就干成了两件大事。一件大事是协助周文王、周武王消灭商朝，创立了周朝；再一件大事是缔造了存在时间长达八百年之久的齐国，并且为齐国奠定了富强的基础。

这两件大事，都是属于开天辟地的伟业，而且都是姜子牙在过了退休年龄之后干成的。我们看看姜子牙吧，谁敢说"小商贩"就没有"大出息"啊？又有谁能说，创业的舞台只是属于年轻人的？老年人就和创业不沾边呢？

姜子牙去世三百年以后，还是在齐国，又一个小商小贩出身的人，靠着自己的聪明才智，在中国的政治舞台上大显身手。

他是谁？他干了些什么？

第三章　管鲍之交

现在，人和人之间，什么样的关系最铁呢？社会上流传着这样一个顺口溜，叫作："一起同过窗，一起下过乡，一起扛过枪。"就是说，同学关系、同乡关系、战友关系，或者说有过同甘共苦经历的人，往往容易成为好朋友。

历史上的春秋时代，有这么两个人，也曾经一起同过窗、一起扛过枪。然而，他们成为好朋友，却主要不是因为这些。主要是因为他们一起经过商。

这两个人是谁呢？这两位在历史上的名气都很大，就是大家都很熟悉的管仲和鲍叔牙。他们的朋友关系，在我国历史上，是一个千古传颂的佳话，被称作"管鲍之交"。

管仲是春秋前期最著名、成就最大的政治家，他辅佐齐桓公长达四十多年，使齐桓公成为春秋五霸中的第一个霸主。司马迁在《货殖列传》里称赞他"九合诸侯，一匡天下"，意思是管仲多次集合诸侯，主持盟会，把天下纳入正确的轨道。

管仲为什么能够取得如此之大的成就呢？当然首先

是他个人才能卓越。但是个人的力量终究是有限的。俗话说得好：一个篱笆三个桩，一个好汉三个帮。管仲之所以能够建立如此之大的功业，就是因为自始至终都得到了他的好朋友鲍叔牙的帮助和支持。甚至完全可以说，没有鲍叔牙，就没有管仲。

不过，管仲和鲍叔牙辅佐齐桓公称霸，是后来的事了。在他们年轻的时候，他们都没有投身政治，而是当过多年的商人。

一、三大考验

管仲的祖上，据说曾经是贵族，但是传到他这一辈的时候，家道早就败落了。管仲很小的时候，父亲就去世了，管仲和母亲相依为命，日子过得非常艰难。

鲍叔牙和管仲是同乡，鲍叔牙比管仲大两岁，家境比管仲要富裕些。两个人从小在一起玩耍、读书，拿北京话来说就是"发小"，或者像南方人所说的属于"穿开裆裤的朋友"。

管仲和鲍叔牙为什么要去经商呢？司马迁在《货殖列传》里面说："用贫求富，农不如工，工不如商，刺绣纹不如倚市门。此言末业贫者之资也。"意思是说，搞工商业，赚钱要比农业相对容易些。妇女在家里织布绣花，不如到市场开一个小店赚钱。所以，从事工商业，是当时的穷人们脱贫致富的捷径。管仲家里穷得叮当响，为了脱贫致富，就和鲍叔牙合伙经商做买卖。

而"管鲍之交"之所以能够成为"管鲍之交"，并不是因为两个人儿时的感情基础，不是因为"发小"，或者说的属于"开裆裤的朋友"。而主要就是因为两个人在经商做买卖的过程中，经受住了三个重大考验。

哪三个重大考验呢？

第一个考验，多拿多占。

《史记·管晏列传》中记载了管仲的一段回忆。原文是这样说的："吾始困时，尝与鲍叔贾，分财利多自与，鲍叔不以我为贪，知我贫也。"

什么意思呢？意思是说，管仲早年穷困，和鲍叔牙一起去做买卖，赚了钱分红的时候，管仲拿走的部分，常常要比自己应该得的部分多很多，比如赚了100块钱，管仲按规定应该拿50块钱，他却故意拿60，甚至70块钱。"分财利多自与"，其中的"多"，既是指拿的数量多，也是拿的次数多，总之是管仲经常多吃多占的意思。

管仲的这种做法，有人看不下去了，对鲍叔牙说："你看那管仲，回回都占便宜，真是太不够意思了！"鲍叔牙却微微笑了笑，说："你们不知道，管仲家里穷，又有老母在堂，他需要钱，就让他多拿点吧。"

鲍叔牙并不觉得管仲贪财可恶，而是非常理解他，知道他是因为家境贫寒，更需要金钱。

根据经济史学家们的研究，管仲和鲍叔牙两个人搞的，可以说是我国历史上有文献记载最早的合伙制企业。现在非常普遍的股份公司制度，就是从这种合伙制发展起来的。

合伙制，是中小商人最常用的经营方式。人们为什么搞合伙制呢？目的主要有两个：一个目的，是可以增强资本实力，扩大经营规模。单个人的钱，数量有限，只能做些小买卖。大家一合伙，钱就多了，就可以把买卖做得更大。另一个目的呢，是降低经营风险。一个人单干，赚钱赔钱都是自己扛着。搞了合伙，就能够分散风险。什么道理呢？比如说，一个买卖，需要一千块钱的本钱，如果我一个人单干，赚了钱当然是我一个人获益。但是一旦赔了钱，这一千块钱可能就全部砸进去了。经商做买卖，从来就没有只赚钱不赔钱的，风险与收益同在。为了降低风险，可以搞合伙。例如，两个人一块干，我可以只出五百块钱，另一个合作伙伴也出五百块钱，可以利益共享，风险共担。赚了钱，可以一块分红，而一旦赔了，即使全赔进去，遭受损失的也只是这五百块。两个人分担了风险。

从具体情况来看，管仲和鲍叔牙两个人可能既出资也出力，不光当股东，还要干活当伙计。拿经济学的术语来说，属于一种"劳动与货币资本联合"的合伙制。但由于鲍叔牙的经济条件比管仲好，所以，鲍叔牙出的本钱可能更多些，管仲出的本钱要少些，甚至可能一点本钱也没有。这种情况下，如果赚了钱，按照常规，鲍叔牙是应该拿大头的，至少是应该多分一些的。结果，管仲却总是死乞白赖地回回都要多拿。

这种事，要是搁在一般人身上，早就没办法忍受了。即使忍受，一回两回还可以，长了也一定受不了。

为什么受不了呢？道理很简单啊，人们要搞合伙，不就是为了扩大资金规模，多赚些钱；降低经营风险，少受点损失吗？否则的话，自己一个人单干也完全可以啊！为什么要与别人合伙呢？现在可好，不仅没有多赚钱，反而多损失了钱。

但是，鲍叔牙忍受了。

在经商做买卖的时候，鲍叔牙对于管仲多拿多占，不仅容忍，而且很理解，这是"管鲍之交"所经受的第一个考验。

我们再来看"管鲍之交"所经受的第二个考验：越办越糟。

这个考验，仍然是两个人合伙经商做买卖时发生的。

据司马迁的记载，管仲说："吾尝为鲍叔谋事而更穷困，鲍叔不以我为愚，知时有利不利也。"（《管晏列传》）意思是我曾经为鲍叔牙办事，结果越办鲍叔牙越穷困，但鲍叔牙并不觉得我愚蠢透顶，他知道这不是我主观不努力，而是客观条件造成的。常言道：谋事在人，成事在天。"天"是什么？就是时机、机遇。时机有时有利、有时不利。时机不利的时候，人是无能为力的。鲍叔牙懂得这个道理，所以他很理解管仲，并没有横加指责。

管仲没有说他为鲍叔牙办的是什么事，但既然他办来办去让鲍叔牙更穷了，我们可以推想大概是管钱管物的事，依然和经商做买卖有关。

管仲帮着鲍叔牙经营买卖，他不管还好；越管，鲍叔牙反而越赔钱。鲍叔牙没有抱怨他无能，反而非常理解他。这是一般人难以做到的。这是第二个重大考验。

"管鲍之交"经受的第三个重大考验，叫作"负贩受辱"。这个考验还是跟两个人合伙经商做买卖有关。

《说苑·复恩》记载，管仲曾说："吾尝与鲍子负贩于南阳，吾三辱于市，鲍子不以我为怯，知我之欲有所明也。"意思是两人曾经背着东西到南阳做买卖。大概因为管仲和鲍叔牙是外地来的，当地人欺生，经常欺负侮辱他们。管仲在市场上每次受到别人侮辱之后，都忍气吞声，不敢与别人计较。有人议论说：管仲真是一个胆小怕事、没有骨气的窝囊废！但是，鲍叔牙却并不这样认为，他认为管仲不是胆小怕事，而是好汉不吃眼前亏，小不忍则乱大谋。为什么管仲不吃这个眼前亏呢？鲍叔牙认为，那是因为他胸怀大志，将来是要办大事的。

除了这些事情之外，管仲还总结了他和鲍叔牙交往中林林总总的逸事。比如，管仲曾经三次做官，三次被罢免。有人议论，说管仲太无能了，折腾来折腾去，恐怕一辈子也当不了官。但鲍叔牙并不认为他没有才干，知道是因为没有得到好的机遇，没有遇上一个好领导。

再比如，管仲曾经几次参加打仗，每次冲锋时，他都冲在最后面；撤退时，他撤在最前面，跑得比兔子还快。别人议论起来，都说管仲真是一个贪生怕死的胆小鬼。鲍叔牙并不认为这是他贪生怕死，而是因为他家里有老母在堂，万一他有个闪失，老母亲靠谁奉养终老呢？

做官被免、打仗消极，这些事情，虽然都对"管鲍之交"有考验，但我们看来，最严峻、最重大的考验，毕竟还是和经商做买卖有关的那三件事，也就是多拿多占、越办越糟、负贩受辱那三件事。我们之所以认为这几件事对于"管鲍之交"的考验最严峻、最重大，是因为做官、打仗都是别人的事，而做买卖的几件事都跟鲍叔牙自己的切身利益，有着最直接的关系。

这些事，都是管仲自己讲的，应该是真实可信的。听了这些事，你是不是会觉得管仲这个人挺龌龊的？要是放在一般人眼里，管仲早就是一个百无一用的窝囊废了。唯独他鲍叔牙，这也理解、那也忍耐，总是认为他的这些不光彩的事，事出有因，情有可原。

那么，为什么鲍叔牙的眼光跟别人不一样啊？难道说，鲍叔牙是一个是非不辨、善恶不分的糊涂虫吗？不是的。

管仲辅佐齐桓公，担任了四十年的相国，被尊称为"仲父"。管仲临去世以前，齐桓公来看望他，问："仲父病得很厉害了，一旦发生不测，您的职务由谁来担任好呢？"管仲沉默不语。齐桓公又问："您看鲍叔牙怎么样？"管仲说："鲍叔牙是一个正人君子，道德品质非常高尚。即使把一个千乘大国白白送给他，如果没有正当的理由，他也不会接受。但是鲍叔牙并不适合担任相国。因为他疾恶如仇，看到一个人犯了一次不可饶恕的错误，他就会耿耿于怀，一辈子都忘不掉。常言说：水至清则无鱼，人至察则无徒。鲍叔牙人是好人，就是气量不大，当相国对他自己不利。"

从管仲的这个评价来看，鲍叔牙应该是一个是非分明、疾恶如仇的人，不是一个只讲感情、不讲原则的人。既然这样，为什么他能够对管仲那么容忍？

鲍叔牙之所以能够理解管仲，根本原因在于他了解管仲，深知管仲的本质。在他看来，管仲的那些龌龊事，都只是表面现象。就本质来说，管仲既不贪财，也不怕死，更不是无能。管仲之所以看上去很龌龊、很窝囊，是因为没有得到机遇，一旦得到了机遇，他一定能干出一番轰轰烈烈的大事业。

正由于鲍叔牙始终不渝地理解管仲、相信管仲，管仲后来非常感慨地说："生我者父母，知我者鲍子也！"（《管晏列传》）鲍叔牙真是我的人生知己啊！

管仲出身小商小贩，鲍叔牙不也是小商小贩吗？如果说，管仲当小商贩的时候，仿佛是埋在土里的金子；那么，鲍叔牙虽然也是小商贩，却独具慧眼，看准了管仲是一个巨大的潜力股,是一个能够经天纬地、经邦济国的杰出人才,等到时来运转的时候,一定会成为一匹叱咤风云的黑马。

所以说,"管鲍之交"的故事,说的不是管仲多厉害、多伟大,实际上说的是鲍叔牙能包容、有眼光!

司马迁早就看出了这一点,他说:"天下不多管仲之贤,而多鲍叔能知人也。"(《管晏列传》)意思是说天下人议论起"管鲍之交",并不多么称赞管仲的贤能,却都称赞鲍叔牙能够识别人才。如果说管仲是千里马,那么鲍叔牙就是伯乐。千里马常有,而伯乐不常有,伯乐更了不起!我们不要以为商人只会识货,其实,他们识别人才的本事也是非凡的。鲍叔牙就是一个代表。

就这样,管仲和鲍叔牙,这两个小商人出身的人,通过他们的互相了解、互相宽容、互相信任、互相帮助,成为我国历史上所有好朋友的代表,也是所有好朋友的榜样。现在,人们每当形容两个人是关系密切、互为知己的好朋友,都好称之为"管鲍之交"。而管仲和鲍叔牙的朋友关系,就是在经商做买卖的过程中,经受考验,才建立起来的。

二、"朋友"的原义

事实上,不光是"管鲍之交"与经商有关系,而且，朋友这两个词，最早的含义，也都和经商做买卖有关系。

有人可能会感到奇怪了："朋友"不是好伙伴、铁哥们的意思吗？是人和人交情好啊，怎么能跟做买卖有关系呢？无论怎么想，朋友都和做买卖挨不上边啊！

"朋友"这两个字的原意，确确实实是跟做买卖有关系的。不信的话，先看几个古文字。

甲骨文"朋"①

请看，这就是甲骨文的"朋"字。这是一个象形字，意思是把海边出产的一种贝壳串在一起。这些海贝是干什么的？它们就是最早的钱，叫作"贝"。串起来干什么呢？是为了便于携带。

商朝的时候，货币的数量是以"朋"为单位计算的。五个海贝一串，两串分挂左右，合起来十个就是一"朋"。所以，"朋"的最早含义，就是两串钱。

钱是卖东西赚来的，也可以拿钱来买东西。所以，拿着钱到处买东西、卖东西做买卖的人，就是商人了。我们看看在金文当中，商人的"商"字是怎么写的。

下面这两个金文，是象形字，根据研究都是"商"

---

① 吴慧主编：《中国商业通史》第一卷，中国财政经济出版社，2004年版，第85页。

金文"商"

字,像是一个人挑着若干"朋"出去做买卖。

下面这个金文,像是一个人身上挂满了"朋"站在船头,旁边还有一个人在划船。他们拿着钱走南闯北,东奔西走,来来回回去做买卖。

金文"商"

根据研究,这几个字就是最早的"商"字。商人,就是拿着"朋"(也就是钱)做买卖的人。所以说,"朋友"的"朋"最早就是和经商联系在一起的。

那么,"友"字的最初含义又是什么呢?

甲骨文"友"

这是甲骨文的"友"字。根据马叙伦先生研究,"友"字是一个人的左手,与另一个人的右手相合。合起来干什么呢?难道说,我们的老祖宗,也像西方人那样见面握手,表示友好吗?不是的,而是象征着交换东西,一手交钱、一手交货,也是做买卖的意思。

于是,"朋友"两个字连起来,就是以其所有,易其所无。

没有"朋",也就是没有钱(贝),就不会成为"友",也就是不会达成交易;或者说,要想成为"友",必须得有"朋"。

讲到这里,我们就遇到了一个问题。既然"朋"的本意是两串钱,"友"的本意是交易,那么,"朋友"两个字合在一起,为什么会引申出后来我们所说的紧密无间、互相合作、彼此信赖、互相帮助的好伙伴的意思呢?

这大概是沿着两条线索发展出来的:

第一条线索是,从原来的字面意思看,"朋"是两串钱合在一起,缺了一串,就不够一"朋"了,因此就引申出了亲密无间、缺一不可的意思。

朋友嘛,两个人,或者两个以上的人凑到一起,才算是朋友,一个人单蹦,是不能叫朋友的。

那么"友"呢?"友"的本意是交易,以其所有,易其所无。两个东西一交换,我的变成了你的,你的变成了我的;我的对你有用,你的对我亦有用,这样一来,就引申出了互补互助、互利互惠的意思。

也就是说,"朋"和"友"两个字,就分别有了亲密无间、互相帮助的意思。这可以说是一条线索。

第二条线索呢?既然"朋"是钱,"友"是交易。做任何买卖,都首先要讨价还价,买卖双方在数量、价钱等方面达成一致,但同时也需要买卖双方互相建立基本的信任关系。

为什么需要双方互相信任呢？

比如说，我拿钱买你的东西，你如果害怕我给你的钱是假的，你是不会把东西卖给我的，这个买卖就做不成；或者说，我担心你给我的东西有问题，这个买卖也做不成。

一手交钱，一手交货，在很多情况下，这两种动作并不是同时发生的。多数时候，要么先给钱、后拿货，要么先拿货、后给钱。这就是一种信用交易关系，这种交易关系更必须有互相信任作保证。

再比如说，我把钱给了你，却害怕你要赖不给我东西；或者你担心你给了我东西，我掉头就跑，赖账不给你钱，那么，这个买卖也是没有办法做成的。

所以说，买卖双方的互相信赖，是做成任何买卖的最基本的先决条件。这样一来，"朋"和"友"两个字合在一起，也就有了彼此信赖的意思。

总之，"朋"和"友"两个字，从拿钱做交易的原始含义，引申出后来的好伙伴的新含义，而好伙伴的意思是亲密无间、互相帮助、彼此信赖，就是通过上面两条线索发展出来的。

在这个词义的演变过程中，卖东西的人，尤其是专门以跑买卖做生意为职业的商人，是否能够讲究诚信、诚实经营，发挥着至关重要的作用。因为，南京到北京，买的不如卖的精。卖东西的人，总比普通买者、普通消费者，更加了解商品的成本、品质。买卖双方总是存在信息不对称的。

而专门靠做买卖赚钱谋生的商人，如果不能诚实经营，专门靠欺诈、靠坑蒙拐骗发财，甚至为了赚钱，不惜搞假冒伪劣，不惜把自己的利益建立在别人痛苦甚至是生命的基础之上，您说，能从"朋友"这两个字里面，引申出好伙伴的含义吗？那是肯定不能的！谁会拿专门坑人害人的人当朋友呢？

后来，随着商品交换的发展，买卖双方的信任关系，一方面，靠契约、抵押、质押以及相关的法律制度加以保障；另一方面，靠讲究诚信、诚实经营的商业道德和商业伦理来支撑。后者，发挥着非常重要的作用。

"朋友"这两个字，后来只剩下了好伙伴的含义，它原来的拿钱搞交易的意思，反而被人们遗忘了。这种变化的背后所反映的，正是我们的老祖宗认为商人和商业就是讲究诚信、值得信赖的。

我们完全可以说，讲究诚信、诚实经营，是我国非常古老的商业伦理和商业道德。古老到什么程度呢？应该是与很多汉语词汇的形成一样古老。例如，在孔子的时代，朋友这两个字就有了与现在完全一样的词义。孔子曾说："有朋自远方来，不亦乐乎？""为友谋而不忠乎？"所以说，违背了讲究诚信和诚实经营，不仅违背了老祖宗的传统美德，而且也是法律所不允许的。最后，肯定会搬起石头砸自己的脚，只会搞得众叛亲离，天怒人怨，是得不到真正朋友的。

"管鲍之交"之所以成为"管鲍之交"，靠的就是两个商人的互相了解、互相信任。而"朋友"之所以成为"朋友"，靠的也是人和人之间互利互惠、值得信赖。

三、人才投资

如果说，鲍叔牙通过长期的了解，透过现象看本质，独具慧眼，认准了管仲是一匹潜力巨大的黑马；那么，管仲则利用政治家的远大眼光和商人的投资技巧，独具慧眼，看出了齐桓公的潜在价值。

这是怎么回事呢？

后来，管仲和鲍叔牙都不做生意了，他们来到齐国首都，做了官。

当时齐国在位的国君是齐釐公。齐釐公生了三个儿子，从大到小，分别是诸儿、纠、小白。诸儿是老大，已经立为太子。齐釐公就让管仲和另一个官员召忽担任公子纠的师傅，安排鲍叔牙当公子小白的师傅。

鲍叔牙见小白年龄幼小，母亲又早就死了，孤立无援，觉着无论怎么说，将来即位都轮不上这个小白。于是鲍叔牙就请病假躲在家里，不愿意接受这件差使。

管仲和召忽来看望鲍叔牙，问："你怎么不出来上任呢?"

鲍叔牙说:"古人讲过:'知子莫如父,知臣莫如君。'现在国君知道我无能,才让我当小白的师傅。我不愿意干这种劳而无功的事,所以我不想出来干了。"

召忽性格很耿直,一听鲍叔牙这话,说:"这好办,你如果真的不想干,就别干了。我去找国君,就说你病得快死了,他一定不会勉强你的。"

管仲摇了摇头,说:"这可不行。我们都是国家的官吏,应该为国家出力,不应该挑三拣四的。话又说回来,将来当国君的,还不一定是谁呢。你还是出来上任吧。"

召忽说:"诸儿是老大,将来最有可能即位,接下来就该轮到纠了,小白是最没有指望的。不如我们三个人都来辅佐纠吧。"

管仲又摇头说:"不对。现在齐国人都很讨厌纠的母亲,连带着也对纠印象不好。小白没有了母亲,孤苦伶仃的,大家反而都很同情他。诸儿虽然年长,但品行差。将来的事,谁也说不准。不如我们有一个人辅佐小白。"

鲍叔牙就按照管仲的意见,当了小白的师傅。管仲和召忽担任了纠的师傅。

管仲还一再嘱咐鲍叔牙,辅佐小白一定要尽心竭力。否则,就得不到他的信任;得不到信任,你说话就不灵。总之,一定不能三心二意。

管仲还和鲍叔牙私下约定，将来不管是纠还是小白当了国君，两个人都要互相推荐。

后来事情的发展，果然如管仲所料。诸儿即位当了国君，叫齐襄公，荒淫无耻，凶狠残暴，齐国政局动荡不安。管仲就和召忽保着纠跑到鲁国避难，鲍叔牙保着小白跑到莒国避难。

齐襄公荒淫无耻，凶狠残暴，激起了内乱，被人杀死。

鲍叔牙和小白捷足先登，回到齐国。管仲为了让自己的学生纠上台，企图阻止小白，在途中拦住他们，冷不防射了小白一箭，幸亏射中衣钩，小白才没有丧命。小白即位当了国君，就是齐桓公。

这个时候，鲍叔牙信守他与管仲的约定，更重要的是他深知管仲治国理政的杰出才干，就极力向齐桓公推荐管仲。齐桓公也确实不愧是了不起的大政治家，果然捐弃前嫌，挥手忘记了管仲的一箭之仇，任命管仲当了相国。

鲍叔牙则甘居管仲之下，两人同心协力，辅佐齐桓公开创了一番霸主之业。

显而易见，齐桓公、管仲、鲍叔牙几个人，能够走到一起共创霸业，是由好几个非常难得、非常不容易的因素促成的。

首先，不容易的，是管仲深谋远虑。如果不是管仲事先劝说鲍叔牙担任齐桓公的师傅，就不会有后来的故事了。管仲的做法，当然有政治家的老谋深算，但是，不也是非常符合"鸡蛋不放在一个篮子里"的投资策略吗？经商也好，投资也罢，一个很重要的原则，就是要防范风险，绝对不能孤注一掷。市场形势变幻莫测，谁也保不准哪种商品必然要涨，哪一种商品注定要跌。分散投资，留有余地，是防范风险的必由之路，也是赚钱赢利的重要办法。将来无论哪一种商品涨价，都不至于措手不及。

"鸡蛋不放在一个篮子里"，是商人的智慧。别看管仲做买卖的时候，不大顺利，吃了不少苦头，但是管仲却积累了丰富的商业经验、独特的商人智慧，并且把这种智慧成功地运用到了政治上。

其次不容易的，是齐桓公胸怀大略、宽宏大度，爱惜人才，与有一箭之仇的管仲握手言和。这一般人也很不容易办到。

但是，最不容易的还是鲍叔牙知人荐贤。鲍叔牙不仅信守与管仲的约定。更重要的是鲍叔牙能够以国事为重，知道自己的才能比不上管仲，懂得齐国的兴旺发达，离不开管仲这样的杰出人才，所以极力推荐管仲，劝说齐桓公打消了对管仲的敌意。这一点，尤其不容易！历史上有多少人嫉贤妒能啊，看到本事比自己大的人，没事还要想办法整倒呢，更何况在自己已经胜券在握、管仲又是国君仇敌的时候，鲍叔牙要是真的翻脸，除掉管仲可以不费吹灰之力。即使看在过去老交情的分儿上，不处死管仲，把他排斥在政治权力之外，也一点都不困难。但是鲍叔牙没有这样做。

我们都知道，后来的大商人吕不韦，资助秦国的落魄公子异人，使异人成为秦国国王，吕不韦成为一人之下万人之上的丞相，这是一项很成功的投资。

其实，鲍叔牙始终不渝地支持管仲，不也是一项非常成功的投资吗？鲍叔牙的这项投资，不仅丝毫没有吃亏，反而获得了很大也很长久的回报。司马迁说："鲍叔既进管仲，以身下之。子孙世禄于齐，有封邑者十余世，常为名大夫。天下不多管仲之贤而多鲍叔能知人也。"（《管晏列传》）鲍叔牙赢得了人们的广泛好评和尊重，他的子孙，世世代代在齐国享受俸禄，十几代人都得到了封地，出现了不少有名的大夫。这就是鲍叔牙获得的回报。

经济学上有一个很重要的概念，叫作"人力资本"。人、人才，是比金钱、物资更重要的资本。美国的管理学大师彼得·德鲁克说："企业只有一个真正的资源，就是人。"被誉为世界第一 CEO 的杰克·韦尔奇也说："人才是经营公司的一等任务。"现在我国不少成功的企业家认识到了："先有人才，后有钱财。"所以说，投资，不光是运用资金、物质资源获得收益。其实，培养人才、帮助人才、支持人才，发挥人才的作用，同样是投资，而且是最重要的投资。在这方面，鲍叔牙完全称得上是先行者，并且，是非常成功的先行者。

早年的贫困潦倒的生活和艰难坎坷的经商经历，使管仲深刻地认识到经济状况对于人和社会的重要性。当年如果不是贫穷，就用不着厚着脸皮多吃多占了。所以管仲说出了"仓廪实而知礼节，衣食足而知荣辱"的名言。司马迁在《史记》好几个地方引用了这句名言。

正因为如此，管仲辅佐齐桓公治理齐国期间，以发展经济、富国强兵作为头等大事，特别是在发展农业的基础上，继承了姜太公开创的政策，大力发展工商业。他的举措之一，就是把社会成员划分为士、农、工、商四个部分，让他们分别集中居住，叫作四民分业聚居。管仲实行这项政策的主要目的，是把长期形成的社会分工稳定下来，促使它们向专业化的方向发展，提高技术水平。从今天的角度看，这种职业的固定显得有些僵化，但是在二千六七百年以前却是非常先进的。因为在传统经济当中，生产技术和经营技巧主要依靠经验的积累，相同行业的人们聚居在一起，有利于形成一种良好的社会技术教育环境，有利于生产经验的继承和传播。从管仲开始，士、农、工、商的职业划分一直沿用下来，直到今天，这种分类方法还有用处。

在管仲的时代，士、农、工、商只是一种职业的分类，丝毫没有等级差别的意思。士这个词，曾经指的是下层贵族，后来主要指知识分子。管仲把工商业者和原来属于贵族的士并列，说明工商业者的社会地位还是比较高的。只是到了商鞅变法以后,随着重农抑商政策的实施,士、农、工、商的地位才逐步有了差别。

另外,也并不是说士、农、工、商之间不能串门、不能改行。在现实当中,商人变成士人,或者士人成为商人的情况,比比皆是。管仲和鲍叔牙,不就是从商人变成士人的例子吗?

今天,我们经常把有知识、有学问的商人称为儒商,这样说来,历史上的士人兼商人,也可以说是儒商了。而儒家培养出来的商人,就更属于最标准、最正宗的儒商了。实际上,儒家的创始人孔子,也确实培养了一位非常有名的大商人,称得上是史上最正宗的儒商。

那么,这个史上最正宗的儒商究竟是谁呢?他与其他商人究竟有什么不同呢?

第四章　儒商子贡

一、富而好礼

春秋时代的一天，在从陈国和蔡国通往楚国的大路上，有一群读书人打扮的人，被一伙军队，里三层外三层地围困在了路边的空地上。

这一带是荒郊野外，前不着村、后不着店的。那伙人，一个个剑拔弩张，凶神恶煞。而被他们围困的那一些读书人呢，却是垂头丧气、狼狈不堪。因为他们已经被围困好几天了，断粮断水。很多人饿得眼珠子都发绿了，有的都站不起来了。

但是，里面有一个六十多岁，像老师模样的人，却显得泰然自若，气定神闲，每天都照旧讲课念书、弹琴唱歌。

可是，念书唱歌毕竟填不饱肚子啊，那些年轻的，像弟子模样的人，议论纷纷，都很有怨言，几个性格比较急躁的，甚至发起了脾气。

这时候，有一个看上去比较精明、穿着打扮也比较体面的人站了出来，他说：这样耗下去总不是办法啊。于是，这个人就拿上了随身携带的一些值钱的东西，有金银财宝，还有丝绸锦缎什么的，悄悄地找到围困他们的军队的头，给了他一些好处，就跑出了包围圈。

这个人要干什么？莫非是抢了大家的财宝，自己跑了吗？不是，他并没有自顾自地扬长而去，而是跑到了附近村庄，用金银财宝从老百姓那里买了一些粮食和水，送了回来。他先请那位老师模样的人吃上了饭，随后，其他的那些读书人也都跟着填饱了肚子。

这之后，还是那个比较精明、穿着打扮也比较体面的人逃出重围，跑到楚国，求楚昭王派兵来，赶跑了围困的军队。这一伙狼狈不堪的读书人才得以脱身，到了他们要去的楚国。

这伙人里面，那个老师模样的人就是孔子。那些年轻的读书人，就是跟随孔子周游列国的弟子们。而那位比较精明、穿着打扮也比较体面的人，就是孔子的得意弟子子贡。

我们在前面曾经讲过，孔子可以说是中国历史上最早的民办大学校长了，他招了三千多学生，规模很大。民办大学嘛，是没有国家财政拨款的，那么孔子的办学经费从哪里来呢？孔子还赶着马车，到处周游列国，虽然那个时候出国，不需要办护照，也不需要办签证什么的，可是人在旅途，他总得要住店、总得要吃饭吧？那么这些住店吃饭的钱，又是从哪里来的呢？

原来，孔子有一位好学生，叫子贡，是一个成功的大商人，子贡就是孔子教育事业的主要赞助商。司马迁说得很明白："使孔子名布扬于天下者，子贡先后之也。"（《货殖列传》）也就是说，孔子之所以能够在当时名扬四海，和子贡的帮助有很大关系。

这一次孔子得以脱身，也多亏了子贡出力。如果不是子贡跑来跑去地买来粮食、买来水，又跑到楚国搬来救兵，孔子的这场危机，真不知道会怎样收场。

关于这次子贡解围的故事，就记载在《史记》和《孔子家语》等著作当中。例如《孔子家语·在厄》的记载是："孔子厄于陈蔡，从者七日不食。子贡以所赍货，窃犯围而出，告籴于野人，得米一石焉。"

根据这些资料，吴慧先生主编的《中国商业通史》认为，孔子也和弟子们一起兼营商业，他们在周游列国的途中，就捎带着货物，进行商业活动。我认为这种说法是有道理的。这样说来，孔子也是做过买卖的人了。而具体负责这些业务的，十有八九就是子贡。

子贡，是卫国人，名字叫端木赐，子贡是他的字。

子贡比孔子小三十一岁。《周礼》说：男子"二十而冠，始学礼。"意思是男子二十岁的时候成年，开始学习礼仪。如果按照这种说法，估计子贡跟随孔子学习的时候，至少是在二十岁以后，这时孔子已经五十多岁了。

子贡投奔到孔子门下以前，就已经是一个非常成功的大商人了。司马迁在《货殖列传》里面说：子贡"废著鬻财于曹、鲁之间。七十子之徒，赐最为饶益"。意思是，子贡往来于曹国、鲁国等地，从事的是国际贸易的大买卖。孔子弟子三千，贤者七十二人，其中，子贡属于首屈一指的大富豪。

子贡搞国际贸易，究竟买卖什么？史书上没有明确记载，但从有些迹象来看，他很可能做的是珠宝生意。

《论语·子罕》里面记载了这样一段对话：子贡曰："有美玉于斯，韫匵而藏诸？求善贾而沽诸？"子曰："沽之哉！沽之哉！我待贾者也！"据说，这段对话发生的背景是，孔子有好长时间没有出来做官了，弟子们都感到很着急，不少人来劝他，他都不听。于是，子贡也来劝孔子。子贡和一般人不一样，他是拿卖玉石来举例子："这里有一块美玉，我们是把它藏在柜子里不让别人见到，还是找一个高价把它卖了呢？"孔子说："卖了它！卖了它！我是在等待一个高价啊！"子贡明白了，老师不是不肯当官，而是要等着一个识货的好买主，卖个好价钱啊。这段对话，就是成语待价而沽的来历。我们看看这段对话，孔子对于经商也是非常在行的。

又有一次，子贡问孔子："君子之所以贵玉而贱珉者，何也？为夫玉之少而珉之多邪？"（《荀子·法行》）珉是一种像玉但不是玉的石头。珉和玉，表面上看差不多，但是，玉和珉的价格，却是相差悬殊。为什么这样呢？子贡认为，是物以稀为贵，因为受到了供求关系的影响。

子贡动不动拿珠宝玉石说事,这说明,子贡对于珠宝玉石很在行。所以,他从事的国际贸易,很可能是珠宝生意。

子贡思路敏捷,口齿伶俐,能说会道,而且非常好学。《论语》里面,记载了很多孔子和学生互相问答的对话,其中,孔子和子贡的对话基本上是最多的。有人统计过,《论语》里面,子贡的名字出现了三十七次,居于众弟子之首。

由于子贡能言善辩,又很好请教问题,有的时候,就连孔子都被他问得张口结舌、理屈词穷。"子贡利口巧辞,孔子常黜其辩。"(《仲尼弟子列传》)如果子贡参加今天的辩论赛,很有希望成为最佳辩手。

在孔子的教导之下,子贡明白了很多人生道理。

比如说,子贡在经商发财以前,可能也是比较贫穷的。靠着经商,他脱贫致富了。子贡经历了穷和富两种人生体验,于是,他就思考,一个人贫穷的时候应该采取什么样的人生态度呢?有钱了又应该采取什么样的人生态度呢?他思考的结论是:"贫而无谄,富而无骄。"贫穷的时候,没有自卑感,不低三下四地讨好别人;有钱了,没有自大感,不盛气凌人、趾高气扬、傲慢无礼。

子贡对于自己的想法非常得意,并且自信自己就是这样做的。有一次,他就自己的想法向孔子请教:"请问老师,贫而无谄,富而无骄,怎么样啊?"子曰:"可也！未若贫而乐道，富而好礼者也。"贫而无谄，富而无骄，当然已经很不错了，但是，还比不上虽然贫穷，却仍然坚持不懈地追求真理；有钱了，却喜欢学习礼仪，有意识地提升自己的道德水平。贫而乐道，富而好礼，不是更好吗？

在子贡看来，贫而无谄，富而无骄，已经很不容易了。俗话说：人穷志短啊。有多少穷人，因为生计所迫，而不得不低头弯腰呢？比如说，像后来的陶渊明那种不为五斗米折腰的人，不是没有，但是多数人难以做到。管仲说的"仓廪实而知礼节，衣食足而知荣辱"，是最基本的道理。人，要想活得有尊严、过得体面，缺乏基本的经济条件是谈不上的。

至于富而无骄，那就更不容易了。多少人，腰包一鼓，身上的很多部位就会发生变化。腰板就直了，肚子就挺了，脾气就大了，眼皮就高了。要让有钱人，特别是暴发户谦虚低调，难啊！

但是，孔子之所以说"贫而无谄，富而无骄"，不如"贫而乐道，富而好礼"，是因为，"贫而无谄，富而无骄"，所强调的是人的一种外在行为，是人对于别人的态度；而"贫而乐道，富而好礼"，强调的则是人的内在修养。人的内在修养，是要靠不断学习得到提升的。儒家主张"修己以安人"，随着人自身道德修养的提高，会自然而然地处理好人与人的关系。"修身、齐家、治国、平天下"，"修身"是第一位的，"修身"到位了，其他一切也都可以解决了。

而如果缺乏内在的修养做基础,"贫而无谄,富而无骄",就有可能只是作秀、装样子。因为,它不是发自内心的一种自觉的行为,反而会成为非常痛苦的,甚至是虚假的东西。

听了老师的话,子贡豁然开朗,懂得了内在修养更加重要、更加根本,德行的修养是没有止境的,一个人对于修养,应该不断地追求进步。他说:"老师啊,《诗经》说的'如切如磋,如琢如磨',就是道德修养必须不断精雕细刻吧。"

孔子对于子贡的进步非常高兴,夸奖他说:"赐也,始可与言诗已矣!告诸往而知来者也!"(《论语·学而》)好啊!像子贡这样的人,才可以和他谈论《诗经》啊!因为告诉他一件事,他能悟出一种道理来。

其实,作为一个成功的大富豪,子贡曾经是非常自大、非常自命不凡的,甚至刚开始的时候,并不把孔子的学问放在眼里,也不把跟着孔子学习当回事。他对孔子的敬仰经历了一个过程。东汉王充《论衡·讲瑞》记载:"子贡事孔子一年,自谓过孔子;二年,自谓与孔子同;三年,自知不及孔子"。子贡跟着孔子学习不到一年的时候,自认为学问已经超过了孔子。学到第二年的时候,虽然不再自以为已经超过孔子,但也觉着自己与孔子差不多。等到学到第三年的时候,子贡才真正认识到了自己比孔子差得远。越学习,越感受到了孔子思想的博大精深。

子贡曾经对别人说："夫子之不可及也，犹天之不可阶而升也。"（《论语·子张》）孔子的水平是不可能达到的，就仿佛登天无路一样。

子贡的变化，反映的就是一个有知识又爱好学习的商人的进步。

子贡不仅崇拜孔子的道德文章，而且对于孔子有非常深的感情。孔子去世以后，弟子们在孔子坟墓旁边，按照礼节，守墓三年。三年期满以后，弟子聚到一起大哭了一场，就互相作了一个揖，各奔东西了。唯独子贡，哀思不尽，送走了其他师兄弟之后，又返了回来，在孔子墓边建了一间小屋，自己一个人又住在那里守墓三年。所以，子贡守墓总共六年。直到今天，山东曲阜孔子墓的旁边，还有三间房子，外面竖着一块碑，上面写着"子贡庐墓处"。当然，子贡当年守墓住的小屋，早就荡然无存了。这几间房子，是后人为了纪念此事而建的。

孔子也对子贡非常欣赏。有一次，孔子问子贡："汝与回也孰愈？"你和颜回比哪个强啊？颜回是孔子最喜欢的学生，让子贡自己和颜回做了一个比较，说明孔子也在某种程度上认为两人是有可比性的。子贡却很谦虚："赐也何敢望回！回也闻一以知十，赐也闻一以知二。"（《仲尼弟子列传》）我怎么敢与颜回师兄相比呢？颜回听到一件事可以推知十件事，我听到一件事，只能推知二件事。

孔子本人对于这两位学生的比较是："回也其庶乎，屡空。赐不受命而货殖焉，亿则屡中。"（《论语·先进》）颜回很有希望能有所成就，却常常受穷。子贡不服从天命，做买卖赚钱致富，对于市场行情的预测常常是准确的。言辞之中所表露出来的，是对颜回受穷的惋惜，对子贡经商才能的赞赏。

二、儒商智慧

现在，我们经常称有学问的商人叫儒商，子贡是由孔子亲自教育出来的商人，那就应该是有史以来最为名副其实的儒商啦。那么子贡，这位史上最正宗的儒商，究竟和别的商人有什么区别呢？

有一个故事，很好地反映了子贡这个儒商的水平。在这个故事当中，子贡为了保护鲁国的利益，站在国际关系的高度，充分显示了他作为国际贸易商人的卓越才干，把商业营销技巧发挥到了淋漓尽致的地步，成功挑起了好几个国家的连环战争，改变了春秋后期的国际政治格局。

事情的经过是这样的：齐国有一个掌权的大夫，叫田常，几次向齐国国君要求增加自己的封地，都没有得逞，就阴谋在齐国发动叛乱，但是他又害怕国内的大臣高氏、国氏、鲍氏、晏氏等会反对，就调集齐国的军队，准备攻打比较弱小的鲁国，企图通过对外战争取得胜利，抬高自己在齐国的地位，以便叛乱能够成功。

大家知道，孔子就是鲁国人。所以孔子听到这个消息后，非常焦急，就把众弟子找来，说："鲁国，是我的祖国。祖国的危难到了这种地步，你们有谁能够挺身而出啊？"子路说："我去！"孔子摇了摇头。紧接着，子张、子石等也请求前去，孔子都不答应。这时候，子贡站了出来。孔子看了他一眼，点点头说："嗯，你去是可以的。"

于是，子贡临危受命，担当了挽救鲁国的重任。子贡是怎么做的呢？

子贡根本不在鲁国待着。他先是跑到了齐国，求见田常，对田常说："听说你要讨伐鲁国，这种想法可是大错特错了！"田常忙问："为什么？"子贡说："鲁国是很难对付的。鲁国国都的城墙，又矮又薄，鲁国的护城河又窄又浅，鲁国的君主又愚蠢又不仁义，鲁国的大臣又虚伪又无能，鲁国的老百姓也都害怕打仗。这样的国家是不可能把它打败的。你应该到南方去打吴国，那个吴国，城墙又高又厚，护城河又宽又深，军队数量很多、装备精良，大臣又贤明又能干。这样的国家最容易打了！"

田常一听，火了，骂道："你的脑子是不是进水了？你把容易的说成困难的，把困难的说成容易的。你什么意思啊？"

子贡不慌不忙地说:"您别急。我听说过这样的话:'忧在内者攻强,忧在外者攻弱。'内部有忧患的就攻打强大的对手,外部有忧患的就攻打弱小的对手。如今,你的忧患是在内部啊。你几次要求增加封地,都没有办成,不就是因为有些大臣不服吗?你要打鲁国,打败鲁国是很容易的。但是,你考虑过打败鲁国之后会有什么后果吗?"

田常问:"有什么后果啊?"

子贡说:"打败了鲁国,齐国虽然有好处,但对于你个人却很不利。因为,打败了鲁国,齐国的国土会增加,国君会更加得意,大臣们看到打胜仗这么容易,就会争权夺利。这叫作'上骄则恣,臣骄则争'。这样一来,你上面有得意忘形的国君,下面有如狼似虎的大臣,别说想办什么大事了,只怕要想立足都很困难了!"

田常心想,有道理啊!就问:"那么打吴国有什么好处呢?"

子贡说:"打吴国,肯定要失败的。可是国家失败了,对你来说却恰恰是最大的好处。因为一旦失败了,齐国大臣们的力量就会被削弱,君主就会被孤立。那个时候,齐国能依靠的,就只有您了!"

田常听了很高兴。但他还有点顾虑:齐国的军队已经向鲁国进发了,转而去打吴国,师出无名啊。我无缘无故去打吴国,又肯定会打败仗,打败的责任,不是完全由我一个人承担吗?

子贡说:"别担心,我有办法。你只管让军队按兵不动,不要打鲁国。我去吴国,劝他们救鲁而伐齐。这样一来,你就是被迫防御,即使打败了,也没有任何责任的。"

田常一听,好啊!就采纳了子贡的意见。人啊,有时候就是利令智昏。子贡的这些主意,我们今天听了,怎么听,怎么觉着别扭。可是田常听了,却觉着太有道理了。原因在于,他满脑子只考虑自己的私利,丝毫不管能给国家带来什么后果。所以说,极端自私自利的人,一定是低能儿,不管他地位多高、权力多大,都和傻瓜白痴差不多,最容易被人忽悠了。

子贡紧接着就离开齐国,南下到了吴国。这时候,吴国的国王就是著名的夫差。

子贡来到吴国的首都苏州,见到了吴王夫差,说:"我听说,实行王道的人不灭绝别的国家,实行霸道的人没有强大的对手。现在齐国正要灭亡鲁国,下一步就要来和你吴国争霸了,我很为大王您担心啊!"

夫差急忙问:"那可怎么办呢?"

子贡说:"办法倒是有,那就是大王出兵,救鲁伐齐。'救鲁,显名也;伐齐,大利也'。道理何在?因为鲁国弱小,正面临灭顶之灾。大王出兵相救,此乃扶危济困之义举也!天下人哪个不敬仰大王的仁义呢?所以大王肯定能扬美名于天下。齐国虽然强大,但是无端欺负弱国,不得人心,失道寡助,正是打败它的良机。所以说，救鲁伐齐，是'名存亡鲁，实困强齐，智者不疑也'。挽救行将灭亡的鲁国，可得美名；削弱强大的齐国，可得实利。这是聪明人坚信不疑的好办法啊！"子贡又分析说，北方的强国，主要是齐国和晋国，如果吴国打败了齐国，一定要乘胜前进，向晋国挑战。晋国人服气了，大王您就可以称霸天下了！

夫差早就有称霸天下的野心，听了子贡的一番说辞，非常高兴，拍着巴掌说："你说得太好了！我早就对齐国飞扬跋扈欺负别人看不下去了！不过，过去被我打败的越王勾践，正在卧薪尝胆，我担心他会报复。等我先把越国收拾妥了，没有后顾之忧了，再去教训齐国，你看怎样？"

子贡说："越国的力量和鲁国差不多，齐国却比吴国强大。大王如果不赶快动手，齐国就会消灭鲁国，力量会更大。同时，大王打着扶危济困的旗号，却不敢与齐国交锋，反而去打弱小的越国，这不是欺软怕硬吗？不仅丧失了大好时机，名声也搞坏了。如果大王有后顾之忧，我可以去越国，让他们派兵随大王出征，大王还有什么可担心的？"

夫差大喜，派子贡去越国。

越王勾践听说子贡来了，赶紧把道路打扫干净，亲自到郊外迎接，然后亲自驾车把子贡送到国宾馆。勾践说："鄙人这里可是没有开化的蛮夷之地啊，先生怎么屈尊到这里来了？"

子贡说:"我正在劝说吴王救援鲁国、讨伐齐国,他虽然愿意去,但是还有后顾之忧,担心越国会从后面报复他。他说打算把越国彻底收拾了,再北上。看来,你们越国要有灭顶之灾了!"

勾践说:"我哪里敢有复仇之心呢?"

子贡冷笑一声,接着说:"如果没有复仇之心,却被别人怀疑,那是很愚蠢的。如果有复仇之心,却被别人发觉了,那肯定会失败的。如果事情还没有发生,就走漏了消息,那就危险了。这可是办大事之大忌啊!"

勾践听了,吓出一身冷汗,连忙叩头再拜:"请问先生,应该怎么办好呢?"

子贡说:"吴王为人凶暴,臣民不堪忍受。常年战争,士兵百姓怨声载道。伍子胥是一个贤臣,却因直言进谏而死。伯嚭是一个自私小人,却获得重用。这都是亡国之相。大王如果支持吴王讨伐齐国,他就不会担心你了。他只要一出兵北上,无论打败还是打胜,都会受到削弱,你的机会可就来啦!"

子贡随后又去了晋国,说吴国和齐国要开战了,吴国一旦取胜,一定会来打晋国的,因为晋国是中原霸主,夫差为了称霸,一定会来打晋国的。劝说晋国做好准备。这一圈忽悠完了之后,子贡就回到鲁国,向孔子复命,然后坐等时局变化了。

勾践果然按子贡的计策行事,他派文种向夫差献上一大批宝贝,说大王即将是天下霸主了,我们越国预祝大王成功，并派去几千军队，随从夫差出征。

夫差没有了后顾之忧，果然浩浩荡荡来讨伐齐国，把齐国派去攻打鲁国的军队打了个大败。夫差非常得意，就乘胜向晋国进军。晋国听了子贡的话，早有防备，在黄池把夫差打了个大败。

越王勾践闻讯，乘机从背后偷袭吴国。夫差得报，慌忙返回，与勾践厮杀，三战三败，被勾践杀死。从此，勾践成了东南霸主。

子贡的这一圈忽悠，是我国外交史上非常成功的案例。《史记·仲尼弟子列传》说："子贡一出，存鲁，乱齐，破吴，强晋而霸越。子贡一使，使势相破，十年之中，五国各有变。"子贡的一次出使，保全了鲁国，使齐国大乱，使吴国灭亡，使晋国强大，使越国称霸。子贡一次出使，完全打破了各国的形势格局，十年之中，五个国家都发生了巨大变化。

拿我们今天的眼光来看，子贡为了保全鲁国，挑起这么多国家的连环战争，是不是不大厚道啊？其实，孟子曾经说过"春秋无义战"（《孟子·尽心下》）。春秋的时候，并没有正义非正义的战争。所以，不存在厚道不厚道的问题。从当时的局势看，这些战争的发生，只是早晚的问题。子贡的忽悠，只是加速了这些战争的发生而已。

子贡通过挑起多国连环战争，挽救了鲁国。表面上看，子贡靠的是能说会道的三寸不烂之舌，但实际上，背后起作用的，仍然是子贡娴熟的国际贸易技巧，以及孔子培养出来的儒商的高素质、高水平。

那么，子贡的国际贸易技巧和儒商的高水平表现在哪些方面呢？

一是国际视野。子贡不是就鲁国论鲁国，而是把鲁国的问题放到国际大背景之下来看。然后，他采用了商业竞争中经常使用的"借刀杀人"的策略，借用自己以外的力量，巧妙地把祸水引到别处，达到自己的目的。

二是洞察时事。子贡追随孔子周游列国十几年，所到之处，都是与各国的王公贵族打交道。而且，子贡做的是珠宝生意，他的客户，也肯定多数是有钱有势的王公贵族。这使得子贡对于各国政治情况有非常清楚的了解。实际上，做任何生意，都必须首先了解客户的需求，适应客户的需求，也都需要懂得政治情况。政治和经济是密不可分的。历史上几乎所有成功的企业家，都具有高度的政治敏锐性，都具有相当敏锐的政治头脑。这方面，子贡就是一个代表。

三是诱之以利。为什么那么多的国君，个个都愿意相信子贡的意见呢？就是因为子贡对于人的本性有非常深刻的认识。人的本性是什么？利己啊。利己是人与生俱来的一种本能。虽然不少人能够利他，有毫不利己专门利人的品德，这种人是非常可敬的。但是社会上的多数人是利己的，无利不起早，没有好处的事不干。司马迁在《货殖列传》里面有一段名言："天下熙熙，皆为利来；天下攘攘，皆为利往。"天下所有人，都为着自己的利益最大化而奔忙。子贡作为成功的商人，要比一般人更能深刻地认识人的这种本性。所以，他在游说各国君主的时候，首先站在他们的立场上，从他们自身利益出发，激发起他们的利己之心，并且巧妙地利用了他们的利己之心。让他们觉着，按照我的意见办，就能够得到最大利益。

四是名门高足。同样的话，从不同人嘴里说出来，它的影响力就大不一样。子贡是孔子的高徒，这个身份本身就非常有号召力。别看很多诸侯国的君主不能采用孔子的主张，也不愿意重用孔子，但是对于孔子的道德文章还是非常尊重的。子贡又跟随孔子学习多年，接受了系统规范的教育，拥有很高的素质和修养，举止斯文，彬彬有礼，能言善辩，谈吐不凡。他的意见所产生的说服力和可信度，自然是一般商人所不能比的。

从孔子门下完成学业以后，子贡先是回到卫国当了几年官。不久，就辞官不做，重操旧业，成了一个影响更大的国际贸易商人。《货殖列传》说："子贡结驷连骑，束帛之币以聘享诸侯，所至，国君无不分庭与之抗礼。"分庭抗礼，是我们现在经常使用的一个成语，就是从这里来的。它本来的意思是主人和客人相见的时候，分别站在院子的两边，相对而立，互相行礼。表示双方平起平坐。子贡率领庞大的豪华车队，在诸侯国之间穿梭，与各国达官显宦互相往来。所到之处，国君们也都与他行平等的礼节，说明子贡这一介儒商做到了何种显贵的地步。

子贡所到之处，除了做买卖，还有一项重要工作，就是不遗余力地宣传自己的恩师，到处讲孔子的道德风范是多么高尚，孔子的学术思想是多么博大精深。司马迁说："使孔子名布扬于天下者，子贡先后之也。"（《货殖列传》）意思是，孔子之所以能够在当时名扬四海，和子贡的宣传有很大关系。子贡不仅在孔子生前向他提供赞助，而且在孔子死后，仍然不遗余力地宣传他的言行事迹。

后来，子贡"家累千金，卒终于齐"（《史记·仲尼弟子列传》）。

自古以来，名师出高徒，高徒也造就名师。孔子和子贡即如此。在这个过程中，并不是孔子作为老师，单方面地沾了子贡的光；另一方面，子贡也是巨大的受益者。经过多年的学习，子贡不仅在道德、学识、能力上都有了脱胎换骨的长进，很好地做到了富而不骄，富而好礼。而且，顶着孔门高徒的招牌，他在商业竞争中的软实力和无形资产，也是一般的土财主商人所没有办法比的。

为什么那么多的国君与子贡分庭抗礼，与他平起平坐，把他待为上宾呢？主要原因，应该是出于对子贡综合素质的尊重，并不是仅仅因为他有钱，财大气粗。单纯有钱，而没有高尚道德、优良修养、健全人格，是绝对不可能真正赢得别人尊重的。因为，在这个世界上，钱，固然很重要。但是，钱，不是万能的，并不能摆平一切。

子贡，这位史上最正宗的儒商，靠着他的良好修养，不仅在他的时代受到了人们的广泛尊重，而且，也被后来历朝历代的商人奉为楷模。

过去，不少商店里面挂着这样的对联："陶朱事业，端木生涯。""经商不让陶朱富，货殖当属子贡贤。"这些对联中的"端木"，就是子贡，因为子贡的名字叫端木赐。那么，"陶朱"又是谁呢？这位"陶朱"又有哪些商业故事呢？

第五章　致富宝典

一、《计然之策》

我们很多人喜欢读武侠小说。我们都知道，不少武侠小说的故事情节，错综复杂的恩怨情仇，都是围绕一部武林秘籍展开的。什么《九阴真经》《葵花宝典》《武穆遗书》啊，据说，只要得到了这样一部武林秘籍，无论什么人，都可以练成盖世武功，独步武林，横扫江湖。

历史上，有这么一部奇书。虽然不能教人们练成盖世武功，却能够指导人们发财致富。一个国家得到它，便能富强安邦；一个人得到它，便能富甲天下。

那么，这部奇书，叫什么名呢？这部书啊，叫作《计然之策》。靠着《计然之策》实现富强的，就是春秋时期的越国。而靠着《计然之策》成为天下首富的呢？就是曾经帮着越王勾践消灭吴王夫差的大政治家范蠡。

越王勾践被吴王夫差打了个惨败，被围困在会稽山上，差一点就亡国了。越王勾践被迫屈膝投降，带着妻子来到吴国，为吴王夫差养马牵马，当了三年奴隶。为了讨好吴王夫差，勾践甚至还尝过夫差的大便。真是奇耻大辱，耻辱到了极点！越王勾践被放回来之后，就卧薪尝胆，发愤图强，十年生聚，十年教训，终于反败为胜，彻底打败了比自己强大很多倍的吴国，迫使吴王夫差自杀。然后，勾践挥兵北上，成为春秋时期的最后一位霸主。而指导勾践咸鱼翻身、反败为胜的，就是《计然之策》。

司马迁在《货殖列传》里面记载了这段故事，原文是这样说的："昔者越王勾践困于会稽之上，乃用范蠡、计然。"按照《计然之策》，"修之十年，国富。遂报强吴，观兵中国，称号五霸"。

范蠡是楚国人，老家的地名叫宛。范蠡年轻的时候，深受道家思想的影响，非常狂放不羁。楚国有个官员叫文种，在宛这个地方任职的时候，认识了范蠡。文种也是一位富有政治才干的杰出人物。他发现，范蠡虽然外表狂放不羁，实际上是一位具有大智慧的旷世奇才。两个人惺惺相惜，遂结为莫逆之交。后来，文种就邀请范蠡一起到越国做了官。越王勾践落难期间，范蠡和文种一直忠心耿耿地追随在他身边，同心协力，出谋划策，终于帮助越王勾践反败为胜，成为霸主。随后，范蠡被越王勾践拜为上将军。

正当他功成名就、位极人臣之际，范蠡却做出了很多人想象不到的举动。他果断地辞去了所有的高官厚禄，要急流勇退，转而从事新的人生追求。

《货殖列传》记载说："范蠡既雪会稽之耻，乃喟然而叹曰：'计然之策七，越用其五而得意。既已施于国，吾欲用之家。'"就是说，范蠡在帮助越王勾践反败为胜、报仇雪恨之后，长叹了一声，说："啊！计然之策，总共有七条，越国只使用了其中的五条，就能消灭吴国，扬眉吐气。既然这个计然之策能够帮助一个国家取得这样大的成功，我也可以拿它来经营自己家的产业啊！"

听说范蠡要走，越王勾践怎么也想不通，他对范蠡说："全越国的大夫最敬佩的就是你了，全越国的百姓最感激的也是你啊！本王正要更加重用你，你却要离我远去了？这难道是上天要抛弃我越国吗？本王告诉你：如果你愿意留下，本王可以分割国土，与你共享；如果你执意要离去，你的妻子儿女就会被杀头！"

但范蠡丝毫不为所动，他匆忙收拾了一点金银细软，带上老婆孩子还有几个仆人，连夜悄悄乘坐一艘很不起眼的小船，扯满风帆，向着北方，疾驶而去。范蠡肯定是把自己的老婆孩子带在身边的。至于说他的那艘船上，是否还载有传说中的西施，那可就不得而知了。

范蠡一路向北，来到了工商业十分发达的齐国，最后在海边定居下来。范蠡改名换姓，起了一个很奇怪的名字，叫"鸱夷子皮"。

"鸱夷子皮"是什么意思呢？"鸱夷"这两个字，在古代有两个意思，一个意思是用皮革做的像鸟一样形状的小船，也就是皮筏子。另一个意思是用皮革做的盛酒的器具。

范蠡为什么要取这样一个奇怪的名字呢？历史上有两种说法。

一种说法是，吴国的大臣伍子胥因为多次向吴王夫差进谏，要求提防越王勾践报仇，结果惹恼了夫差。夫差就赐给伍子胥一把宝剑，勒令他自杀。伍子胥临死之前，悲愤交加，说道："我死后，把我的眼睛挖出来，挂在东面的城门上，我要亲眼看着越国军队打进来！"夫差大怒，说不能让你看见任何事情！就下令把伍子胥的遗体装在鸱夷也就是用牛皮制作的袋子里面，投到了江里。范蠡取名叫"鸱夷子皮"，意思是自己也是负罪亡命之人。

另一种说法是，鸱夷是用皮革作的盛酒的器具。使用的时候，可以容纳很多东西。不用的时候，可以卷起来揣在怀里。范蠡取这样一个名字，意思是能进能退，能屈能伸。

有的现代学者提出了新的观点，认为，鸱夷子皮，是齐国的一个古老的商号。范蠡到了齐国以后，为了便于经商，也像现在搞企业并购一样，买下了这个商号，变成了自己的名字。

不管怎么说，"鸱夷子皮"是范蠡跑到齐国以后起的一个新名字。

范蠡带领家人，在齐国的海边，开荒种地，开始了新的艰难创业。范蠡除了亲自种地生产粮食，还利用海边的渔业、盐业资源，开展商业贸易活动。经过全家人辛勤劳动，只用了几年的时间，范蠡就发家致富了。

《史记》上记载说，范蠡"耕于海畔，苦身戮力，父子治产。居无几何，致产数十万"（《越王勾践世家》）。积累了数十万的家产。

范蠡的这番新的创业，几乎可以说是白手起家，从零干起。他之所以能在很短的时间积累起来数十万的家产，靠的首先是他和全家人埋头苦干、辛勤劳作。但是，海边土质贫瘠，盐碱化严重，农业生产条件较差。所以，范蠡经营的产业，估计主要是利用当地的渔业、盐业资源，开展商品生产和商业贸易。

而在从事这种商品生产和商业贸易的过程中，范蠡所依靠的，并不仅仅是自己的力气，更重要的是，他还运用了一套理论知识作为指导。这个理论知识，就是所谓的《计然之策》。

那么，我们一再提到过的这个使得越国实现富强，又使范蠡快速致富的《计然之策》，究竟是一部什么样的奇书宝典呢？

关于"计然"，《货殖列传》里面提到了三次。第一次是"昔者越王勾践困于会稽之上，乃用范蠡、计然"。第二次是"计然曰"如何如何。第三次是范蠡说"计然之策"如何如何。

"计然"这两个字究竟是什么意思呢？历史上有很多种说法，直到今天也都没有定论。大致有两派意见：

一派意见认为，计然是一个人的名字。但究竟是谁的名字呢？分歧可就大了。有的说，计然是范蠡的老师，本来姓辛，名研，字文子。计然是北方人，祖先曾经是晋国的逃亡公子，后来计然跑到了南方的越国。计然非常擅长经商，富有智谋，范蠡拜他为老师。东汉的时候，社会上出现了一种谚语，把善于经商理财的人，称为"研桑心计"，或者"研桑心算"。其中的"研"，指的就是计然。"桑"指的是汉武帝时候的理财家桑弘羊。还有人说，计然不是范蠡的老师，实际上就是和范蠡一起辅佐越王勾践的大夫文种。

另外一派意见主张，计然不是一个人的名字，而是一部书的名字。如果是书，就应该有作者，那么，作者究竟是谁呢？分歧也很大。有人认为，这书是范蠡写的。还有人认为，越王勾践为了反败为胜，在越国组织了一个参谋班子，由范蠡领导，写成了一本书，就是《计然》，所以说，计然就是这个参谋班子的集体研究成果。

总之，"计然"这两个字，究竟是一个人的名字，还是一部书的名字呢？历史上有很多种说法。由于资料太少，这也许是永远也打不完的笔墨官司了。

但无论"计然"这两个字是什么意思，《计然之策》总归是范蠡经商所依据的理论知识。所以，我们把《计然之策》，看成是一部书，应该是没有太大问题的。

那么,《计然之策》究竟说了一些什么样的奇谋妙计呢?

《计然之策》的完整版本,已经失传了。《史记》的《货殖列传》里面,保留了它的一部分主要思想。大致上包括两个方面的内容。

一部分可以称为"富国之道",讲的是国家管理粮食市场的办法,它的要点是国家通过平价买卖,来保持粮食市场的价格稳定。

另一部分可以称为"富家之术",就是经营商业发家致富的办法。关于这部分内容,我们可以归纳为三个方面的商业原则。

第一个原则,叫作"旱则资舟,水则资车"。

《计然之策》开头就说:"知斗则修备,时用则知物。"就是说,要想在激烈的市场竞争当中取得胜利,就必须事先储备好商品,不能等到消费者急需了,市场上物资紧缺了,才急急火火地进货。而要想做好准备,就必须首先懂得在什么情况之下,消费者需要什么,必须了解货物有哪些特点,能够满足消费者什么样的需求。

在此基础上,《计然之策》提出了一个非常重要的商业原则,叫作"旱则资舟,水则资车,物之理也"。意思是说,大旱之年,要想到旱灾过后,可能会发生水灾,所以要提前准备好船只。大涝之年,要想到涝灾过后,可能会发生旱灾,所以要提前准备好车子。同样的道理，夏天要准备好冬天用的皮衣，冬天要准备好夏天用的麻纱。

这个原则，在商业经营中被称为"待乏"。也就是预测市场行情，提前做好准备。因为市场行情变幻莫测，商机可能稍纵即逝，只有提前做好了充分准备，才能及时捕捉住商业机会。才不至于在行情到来的时候，手忙脚乱，顾此失彼。

"旱则资舟，水则资车"的"待乏"原则，在我国工商业史上得到了非常广泛的应用。例如，我国近代的著名实业家，人称"面粉大王"和"棉纱大王"的荣德生，就是已故国家副主席荣毅仁的父亲，就非常推崇"待乏"原则，他说："凡吾所营，即得此旨。"

《计然之策》提出的第二个原则，叫作"贵出如粪土，贱取如珠玉"。

《计然之策》指出：物价从来都像波浪一样起伏波动。"贵上极则反贱，贱下极则反贵"。就是说，物价变动的规律是，价格高到了一定极限，就一定会下跌；下跌到了一定极限，就一定会上涨。

商品的买卖，必须踏准价格波动的这种节奏。由此，《计然之策》提出了又一个非常重要的商业原则，叫作"贵出如粪土，贱取如珠玉"。当价格涨到一定程度的时候，要把货物像粪土一样毫不吝惜地抛售出去。而当价格下跌到一定程度的时候，要把货物像珍宝一样毫不犹豫地买进来。

第三个原则，叫作"务完物，无息币，无敢居贵"。

什么是"务完物"呢？所谓"务完物"，就是在商业经营中，要严格注意商品的质量，务必使商品保持完好。

那么，"无息币"又是什么意思呢？"息"是停滞的意思。所谓"无息币"，就是不要让货币滞留在手中，必须使货币像流水一样不断地流动起来。在古代，钱又叫"泉"。泉水是流动的，并且泉水只有流动，才会越聚越多，从涓涓细流，汇成大江大河。

"务完物，无息币"，这两个方面有一个共同的目的，就是尽量加快商品和资金的周转速度。而要达到这个目的，必须做到"无敢居贵"。所谓"无敢居贵"是什么意思呢？就是绝对不能太贪心，绝对不能把价格高昂的货物居为奇货，在手里压着，捂盘惜售，而应该在价格相对理想的时候，果断脱手。这样做，虽然商品没有卖到最高的价钱，表面上看似乎有点损失。但是实际上，由于资本的流通速度加快了，资本的利用效率提高了，小步勤挪，收益水平依然是非常可观的。更何况，在实际的市场操作中，最高的价格和最低的价格，都是很难把握的。（以上关于《计然之策》的引文均出自《史记·货殖列传》）

这些就是《计然之策》的主要内容。可以看出，《计然之策》讲的全部都是商业的经营之道。

虽然我们难以搞清楚计然是一个人名，还是一个书名，但是，《计然之策》不可能是范蠡的作品。从范蠡的经历来看，他从越国出走以前，并没有做过买卖。他下海经商，是从跑到齐国、改名叫鸱夷子皮以后才开始的。一个没有商业经验的人，是不可能讲出一套商业道理的。所以，我们认为，《计然之策》并不可能是范蠡的著作。同样的道理，计然也肯定不会是文种。

虽然《计然之策》不是范蠡的作品，计然也肯定不会是文种。但是，无论是越国实现富强、还是范蠡发家致富，都把《计然之策》作为理论根据，则是确凿无疑的。因此，我们把"计然之策"四个字说成是一部书的名字，应该是没有任何问题的。

《计然之策》的这些原则，在越国得到了扎扎实实的运用。比如说，越国将来要报仇雪恨，无论是发展生产，还是扩军备战，都迫切需要增加人口。人口的生产，周期很长，更加需要提前做好准备。于是越国在《计然之策》的指导下，实行了鼓励生育的政策。规定：男子二十岁不娶、女子十七岁不嫁，其父母有罪。年龄相差太大的不能结婚，像八十岁的人和二十岁的人结婚，一律禁止。如果生了儿子，国家奖励一壶酒、一条狗；如果生了女儿，国家奖励一壶酒、一头猪。如果生双胞胎，国家另外奖励粮食；如果生三胞胎，国家给提供奶妈。

至于范蠡在《计然之策》的指导之下，成为很成功的大商人，在历史上更是有着明确的记载。

二、陶朱事业

话说范蠡在《计然之策》指导下，白手起家，很快就发财致富了。并且他的买卖做得规模很大，在齐国的上层贵族中都产生了不小的影响，引起了他们的注意。

有的贵族就提议说，鸱夷子皮这个人，经商做买卖那么成功，他也肯定能管理好国家，我们不如就把他推举为相国吧。

贵族们一合计，都同意，甚至还怕范蠡不干，直接派人把齐国的相国大印都送到了范蠡家里。

范蠡看着这方大印，感叹说："经营自家的产业，能获得千金，做官能做到卿相，对于一个布衣百姓来说，已经达到了人生的顶点。但是，长期享有尊崇的名声，未必是一件好事。"

于是，范蠡婉言谢绝了齐国贵族，归还了相国大印。又把家产分成若干份，分别赠送给一些朋友和邻里乡亲。自己只带着一部分贵重的家财，悄悄地离开了齐国，来到了一个他早就看中的、更加适宜做生意的地方。这个地方叫作陶。

陶这个地方，位于现在山东省定陶区境内，在春秋后期，曾经是一个比较繁华的商业城市。范蠡认为，陶这个地方，位于天下的中心，交通四通八达，南来北往的物资汇聚于此，是一个经商致富的理想宝地。

范蠡一家就在陶定居下来。范蠡再一次改名换姓，不叫鸱夷子皮了，而自称朱公。古人称呼某个人的时候，都习惯把他所在的地名加在姓名的前面，所以人们就称呼他为"陶朱公"。

这个时候的范蠡，不仅名字又换成了新的，而且他的事业，也又一次从头做起，开始了全新的默默创业。他带领儿子耕地种田，饲养牲畜，同时开展商业贸易。

当然，这个时候的范蠡，已经不是当初那个刚刚辞官下海的书生了，而是一个积累了丰富的商业经验，并且是一个曾经有过巨大成功经历的大商人了。

那么，此时的范蠡，是否已经不再需要《计然之策》的理论了呢？不是的。从《史记》记载的资料来看，范蠡这个时候的商业经营活动，依然是在实践着《计然之策》的理论。

比如说，范蠡特别重视按"待乏"原则办事，也特别重视加快资金周转。《史记》上说他"废居，候时转物，逐什一之利"（《越王勾践世家》）。也就是按照《计然之策》的理论，收购价格低廉的物品，先储藏起来，然后等待市场价格上涨时卖出去。而且为了加快资金周转速度，并不追求高额暴利，坚持薄利多销，只赚取十分之一左右的利润。

再比如说，范蠡在陶经商的时候，还非常重视人才和时机问题。《货殖列传》说他，"能择人而任时"，"与时逐而不责于人"。

在人才和时机两个方面，范蠡的做法都非常有特点。

就人才方面来说，范蠡的做法是既"择人"，又"不责于人"。什么是"择人"呢？就是非常注意选拔和使用适当的人才。我们知道，经商也好，办企业也好，人才是非常重要的，甚至可以说是第一位的。范蠡也是这样认为的。

但是，范蠡与众不同的一点是，他既"择人"，又"不责于人"。什么是"不责于人"呢？就是对于手下为他干活的人，并不求全责备，并不过分苛求，而是待人比较宽厚。

范蠡对人比较宽厚，从不斤斤计较。然而，他对于市场时机却是高度重视，丝毫也不含糊。甚至可以说，范蠡对于市场机会的重视程度，远远超过了对于人才的重视程度。

早在越国的时候，范蠡就曾经一再强调时机的极端重要性。他曾经对勾践说："臣闻从时者，犹救火追亡人也，蹶而趋之，惟恐弗及。"（《国语·越语下》）意思是说，抓住时机，就仿佛救火一样，也仿佛是追捕逃跑的罪犯一样，必须一下子跳起来扑过去，否则，稍有迟疑，就有可能来不及了。

那么，范蠡为什么"与时逐而不责于人"呢？也就是说，对于市场时机的重视，超过了对于人的要求呢？那是因为，范蠡懂得谋事在人、成事在天的道理。什么是"天"？"天"就是时机，就是形势。形势变幻莫测，时机稍纵即逝，一旦错过了良好时机，单纯靠人力，是无力回天的。

对于人才来说，尤其是对于决策者来说，千能力、万能力，最需要具备的能力，是判断局势的能力，最需要增强的能力，是把握时机的能力！

由于经营得法，范蠡又一次在比较短的时间之内获得了巨大成功，没有多久，就积累了成千上万的资产。人们一谈起天下的富豪，首先想到的就是范蠡。所谓"言富者，皆称陶朱公"（《货殖列传》）。范蠡俨然称得上是当时天下的首富了。

但是，非常有意思的是，在这个过程中，范蠡并没有一直保有成千上万的家财，而是好几次地从零开始重新创业。

这是为什么呢？

难道说，是因为范蠡经营不善，赔得倾家荡产了吗？

不是的。《货殖列传》说，范蠡"十九年之中，三致千金，再分散与贫交疏昆弟"。原来，范蠡之所以在十九年间，一而再、再而三地重新创业，是因为他几次积累了千金之财，却又几次把财产分给穷朋友和远房亲戚。

范蠡真可以说是既会赚钱、也会分钱的人啊！他的这种做法，在我国的工商业历史上是非常罕见的，充满了传奇色彩。司马迁称赞他："此所谓富而好行其德者也。"(《货殖列传》)说他称得上是喜欢凭借财产而广施仁德的君子。

范蠡的这种做法，确实反映出他具有乐善好施的高尚品德和良好的社会责任感，也反映出他对于自己经商才干的高度自信，真是像李白的诗中所说的："天生我才必有用，千金散尽还复来。"

但是，除了这些因素之外，范蠡这样做，究竟还有没有其他一些更加深层的考虑呢？

如果我们把范蠡那跌宕起伏充满传奇色彩的人生经历，简单梳理一下，就会发现，范蠡的一生，自始至终，贯穿着一条准则，这就是知进知退、适可而止。

我们看看，范蠡一生当中的很多大事，都证明了这八个字的准则。

例如，他在越国陪着越王勾践经历了难以想象的人生磨难，十年生聚，十年教训，用了长达二十二年的时间，才从惨败的低谷爬了出来，反败为胜，快意恩仇，官拜上将军，位极人臣。正当登上这人生事业的一个巅峰的时候，他却毅然决然地抽身而退。

范蠡跑到齐国，改名叫"鸱夷子皮"，在《计然之策》的指导下，不几年就发了大财。并且引起了齐国贵族的注意，要推举他担任齐国的相国。但是范蠡再一次急流勇退。退还齐国的相印，还把家财分给乡亲朋友。

范蠡迁居到陶这个地方以后，十九年间，三致千金，又几次把家财分给贫穷的乡亲朋友。

可以说，范蠡的一生当中，每当通过艰苦奋斗，达到一个事业巅峰的时候，他都要急流勇退，自己把自己打回到起点，从零开始，重新创业。

范蠡仿佛是一个登山的人，每一次吭哧吭哧地爬到山顶，还没有顾得上歇歇脚，欣赏一下"会当凌绝顶，一览众山小"的美妙风光，就坐上了滑梯，一下子回到山脚下，再一次吭哧吭哧地向上爬。

现在有一首流行的歌曲，叫作《活着就是折腾》。范蠡的一生，几次的大起大落，大开大阖，真正称得上是大折腾啦！

历史上，无论是彪炳史册的政治家、军事家、学问家、企业家，还是普普通通的平民百姓，很多人都有过大起大落、跌宕起伏的人生经历。人生，本来就像波浪一样，有高峰，也有低谷；有涨潮，也有退潮；有得志，也有失意。

但是，很多人的起起落落、盛衰荣辱，一般来说，都不外乎是三个原因造成的。要么是社会因素，要么是自然因素，要么是自身因素。

就社会因素来说，比如说竞争激烈、有人跟我们过不去等等。就自然因素来说，比如说老天不帮忙，碰上了天灾人祸等等。就自身因素来说，比如说性格能力有缺陷，或者说年龄大了、身体差了等等。

而无论是哪个因素发挥作用，很多人的起起落落，都是被动消极的，迫不得已的，甚至是身不由己的。很少有人愿意主动地、自己给自己找麻烦。

但是，范蠡的几次大起大落，唯独离开越国的时候，是迫于社会因素。因为他认识到越王勾践只可以共患难，不可以共安乐，担心自己会兔死狗烹。其他的几次回到起点，从头创业，基本上都是他主动地、自己给自己找麻烦。放弃所有过去的荣誉，一切从头开始，是何等的勇气和豪迈。

现在，有不少成功的人士，自强不息，致力于二次创业。看看范蠡，他何止二次创业啊，简直是三次创业、四次创业！

那么，范蠡究竟为什么要一而再、再而三地自己折腾自己呢？

原因首先在于，范蠡对于《计然之策》的商业哲理，有着非常深刻的认识。

《计然之策》不是说过"贵上极则反贱，贱下极则反贵"吗？商品的价格，从来就是有涨有跌、有起有落的。价格涨到了一定极限，就一定会下跌；下跌到了一定极限，就一定会上涨。

商品的买卖，则必须根据价格波动的这种规律，进行反向操作。《计然之策》提出的商业原则就是，"贵出如粪土，贱取如珠玉"。当价格涨到一定程度的时候，要把货物像粪土一样毫不吝惜地抛售出去。而当价格下跌到一定程度的时候，要把货物像珍宝一样毫不犹豫地收购进来。

《计然之策》的这些理论，反映了商人们对于市场规律的认识，也与道家思想有着深刻而又内在的联系。甚至可以说是商人智慧与道家思想的结合。

　　《道德经》里面有一句大家都非常熟悉的名言："祸兮，福之所倚；福兮，祸之所伏。"意思是灾祸啊，恰好是产生幸福的基础；幸福啊，灾祸就潜伏在它的里面。也就是说，物极必反，任何事物，发展到了一定程度，就会向它的对立面转化。祸福是相反相成，不断转化的。灾祸可以转化为幸福，幸福可以转化为灾祸。

　　市场上的价格波动就是这样。价格上涨的时候，下跌的危险性就会越来越大；价格下跌的时候，转而上涨的概率也就会越来越高。

　　人生也是一样，一旦达到了一个高峰，如果不再继续努力，就会不进则退，遭到社会和时代的抛弃。

　　基于这样的认识，《道德经》提出了知足知止的处事原则。"祸莫大于不知足，咎莫大于欲得"。灾祸没有比不知足更大的了，罪过没有比贪得无厌更大的了。为了避免灾祸，一定要懂得满足。"甚爱必大费，多藏必厚亡。知足不辱，知止不殆，可以长久"。过于爱惜财物，一定会耗费更多的财物；收藏的多，丢失的也多。所以，知道满足，就不会受到屈辱；知道适可而止，就不会带来危险。这样才可以保持长久。

　　可以看出，《计然之策》的商业理论，和道家的这些思想是一脉相承的。

范蠡从年轻的时候，就受到了道家思想的深刻影响。他做事也好、经商也罢，无时无处不在实践着这种道家思想。

比如说，他经商的时候，薄利多销，只追求十分之一的利润，不就是遵循知足知止、不能贪得无厌的原则吗？

再比如说，他在功成名就、发了大财之后，一而再、再而三地千金散尽，急流勇退，从零开始，重新创业，不就是为了防止甚爱大费、多藏厚亡吗？不就是为了避免幸福转化为灾祸吗？

范蠡的一生，自始至终都贯穿着知进知退、适可而止的特点。靠着知进知退、适可而止，范蠡始终保持着奋发向上的创造力和激情活力，一次又一次地把自己的事业推上了巅峰，演出了一幕波澜壮阔、令人荡气回肠的传奇人生。

在我国历史上，范蠡，被誉为"商圣"。千百年来，人们之所以推崇范蠡，并不单纯因为他是当时的天下首富，买卖做得大、事业做得成功。更重要的是，在他的身上，不仅荟萃了富而好德、乐善好施、不求暴利、买卖公道、坚毅自信、宽以待人等优秀的商业美德，而且具有善于判断时势、能够知进知退的非凡智慧。而所有这些，都与范蠡深刻掌握了《计然之策》商业理论的精髓，有着直接的关系。

过去，有一种说法，叫作"富不过三代"，那么，范蠡这个曾经的首富，是否也存在这样的问题呢？

现在，关于"富二代"的话题层出不穷，人们也都非常重视培养接班人的问题。那么，范蠡在发家致富之后，在培养接班人方面，有没有遇到过什么苦恼呢？如果有的话，聪明绝顶的范蠡又是怎样处理的呢？

第六章　陶朱教子

一、范蠡丧子

范蠡总共生了三个儿子，其中，小儿子是他迁居到陶、改称陶朱公之后出生的。小儿子长大成人的时候，范蠡家遭遇了一场很大的不幸，他的二儿子到楚国做买卖，不知何故，与人发生争执，而且不慎失手，把对方杀死了，被关进了楚国的监狱里面。按照法律，杀人是要偿命的。所以范蠡的次子犯的是死罪。

范蠡可不是一般人，他是天下首富啊。范蠡的老家也是楚国。范蠡又在越国当过多年的国家领导，朋友遍天下。要是别人有这样的条件，儿子被判了死刑，自己又是首富，财大气粗，关系又多，把儿子捞出来，应该不是什么难事。即使捞不出来，免除死罪，改判个无期、有期的，似乎也问题不大。

范蠡也确实派大儿子带了一大笔钱到楚国找关系活动，但结果却是，不仅没有把二儿子救出来，反而使他死得更快、死得更难看。

当二儿子的尸体被运回来的时候，全家人都悲痛欲绝，范蠡却是哈哈大笑。

范蠡的表现太奇怪啦！这不是一件好笑的事啊，他笑什么？难道说，他经受不住这个沉重的打击，被气疯了、被气傻了吗？如果不是，他的笑声从何而来呢？

要想揭开这个谜底，还必须从故事的开头说起。

当二儿子因为杀人，被关进了楚国的监狱里面，要判处死刑的消息传来的时候，范蠡的家人都急坏了，央求范蠡赶快想办法营救。

范蠡却显得非常平静，慢慢地说："杀人偿命，理当如此。不过，我也听说，千金之子不死于市。我们家富有千金，可以不在大庭广众的市场上被处死。"

在人员密集的闹市处决犯人，是古代常用的一种刑罚。这种刑罚，早在周朝的时候，就已经出现。例如，《周礼》就有"刑盗于市"的法律。在市场上，把偷东西的贼处死，或者执行其他刑罚。这样做的目的，一方面是警示，为了震慑老百姓；另一方面也对犯人表示侮辱，意思是不仅要剥夺犯人的生命，而且还要剥夺他的尊严，让他死也没面子。清朝的时候，经常在北京的菜市口处决犯人，就是沿用这种做法。范蠡说"千金之子不死于市"，意思是虽然儿子依律当斩，但是也可以想办法让他死得体面些，不至于在大庭广众之下丢人现眼。

于是，范蠡准备打发自己的小儿子去楚国活动。范蠡拿出了千镒黄金，装在一个很不显眼的粗糙器具里面，用一辆牛车拉着。正当小儿子要上路的时候，范蠡的大儿子却站了出来，非要去不可。范蠡不答应。大儿子非常郁闷，就说："在别的人家，长子就像管家一样。现在弟弟遭了难，父亲不让我这个长子去，反而让小弟弟去，这不是明摆着认为我无能吗？既然父亲这样瞧不起我，我干脆死了算啦！"说罢，还真的要寻死觅活。

范蠡的妻子急得团团转，对范蠡说："现在让小儿子去，也不见得就能救出老二。如果老大再气出毛病来，有个三长两短的，那可如何是好呢？"

范蠡没有办法，只好改派大儿子去。范蠡写了一封信，让大儿子拿着去找一个庄先生，这位庄先生是范蠡过去的老朋友。范蠡又嘱咐大儿子说："你到了楚国，把这些黄金全都交给庄先生，他要你怎么办你就怎么办，一定要听他的安排，千万不要和他争辩什么。"老大满口答应着，就上路了。但是他又担心一千镒黄金不够，临出门的时候，自己又私下带了几百镒黄金。

老大一到楚国，就打听庄先生。楚国人倒是都知道庄先生，但是庄先生的家却不大好找。在人们指点下，老大好不容易在靠近城墙边的一片荒地里，找到了庄先生的家。拨开齐腰深的荒草，才能走到门口，房子又小又破。庄先生和老伴，穿得破破烂烂，一副穷困潦倒的寒酸相。

老大原来还以为庄先生是一个了不起的大人物呐，

一看这副模样,心里顿时凉了半截。一开始他还以为找错了人,等到弄明白了这个穷酸龌龊的老头确确实实就是父亲让他找的庄先生,就想:父亲怎么让我来找这么一个人啊?!

心里虽然嘀嘀咕咕,但是老大还是按照父亲的嘱咐,毕恭毕敬施了礼,把信和一千镒黄金交给了庄先生。庄先生看了信,收下黄金,说:"我知道了,你赶快离开楚国回家吧,千万不要逗留。即使你弟弟被放出来了,你也不要问为什么。"

老大口头答应着,心里却是越想越不踏实:就这么一个穷酸龌龊的老头,他自己都恨不得快要饿死了,能帮着我们办成什么事啊?于是,老大并没有按照庄先生的吩咐离开楚国,而是悄悄住了下来,拿出自己私下带来的那部分黄金,到处托人找关系,果然找到了一个颇有权势的楚国贵族,请他出面帮忙。

老大没有想到,人不可貌相。那位庄先生虽然身居陋巷,显得非常穷酸龌龊,但实际上却是一位非常了不起的隐士,他因为廉洁正直,在楚国非常有名。甚至包括楚王在内的王公大臣,都很尊重他,把他奉为老师。

对于范蠡大儿子送来的那一大笔黄金,庄先生实际上并不想要,就对妻子说:"这是老朋友范蠡送来的,我们暂且收下,以后有机会再还给他。所以千万不要动用。"

庄先生就找了一个机会,入宫拜见楚王。他对楚王说：“大王啊，近来我观察天象，发现某个星宿出现在了某个位置上，这可是对我们楚国不太有利啊！"

楚王非常迷信，又向来非常信任庄先生，一听庄先生的话，非常紧张，连忙问：“请问先生，我们怎么办才好呢？"

庄先生说：“办法倒是有，那就是实行德政，来消除灾祸。比如说，可以宣布大赦，少杀人，就可以感动上天了。"

楚王说：“请先生放心吧，寡人一定按照先生的教导实行德政。”庄先生告辞后，楚王就派人把储藏金银财宝的国家仓库密封起来，严加看守，准备宣布大赦了。

范蠡的大儿子找上的那位楚国贵族，听到消息，大喜，连忙跑来向范蠡的大儿子说：“好消息！好消息！国王要宣布大赦了，你弟弟马上就要释放出狱了！"

老大问：“何以见得啊？"

贵族说：“过去，国王每次要宣布大赦的时候，事先都要把仓库密封起来，以防止罪犯被放出来之后，会抢劫闹事。昨天晚上国王又派人密封金库了，说明马上又要大赦了。"

老大听了，高兴得几乎跳了起来。他认定弟弟得救已经是十拿九稳的事了，而弟弟之所以能够得救，完全靠的是这位楚国贵族出的力。那位庄先生，却丝毫没有发挥任何作用。他顿时觉着送给庄先生的那一大笔黄金，简直像白扔了一样。他心想：既然庄先生没有出什么力，就不应该得那笔黄金。不行,我得去把那笔黄金要回来!

于是,老大又来拜见庄先生。庄先生一见到他,非常吃惊,就问:"不是让你赶快回家吗?你怎么还没有走啊?"

老大说:"我是为了救弟弟而来的,事情没有办好,怎么能回去呢?现在可好了,我弟弟命大,正好赶上楚国要实行大赦,他马上就要被放出来了,我也就该回家了,所以来向您老人家告辞。"

庄先生是一个绝顶聪明的人,一听这话,立刻明白了,他来告辞是假,要回那些黄金才是真。就说:"你拿来的钱在里屋放着,原封没动,你自己进去拿吧。"老大就进屋拿上黄金走了,还为省下了这么一大笔钱而暗自得意。

实际上,庄先生既想看在范蠡老朋友的面上帮他的忙,又压根不想要范蠡的钱。现在,反而被范蠡的大儿子误会了,以为他是一个贪财不办事的人。庄先生感到被人羞辱了,非常气恼。

庄先生咽不下这口气,就再次进宫求见楚王,说:"大王啊,我上次说了某某星宿可能对楚国不利,大王决定要实行德政来逢凶化吉。这本来是一件好事。不过,我在街上听人议论纷纷,说陶朱公的儿子杀了人,被关在监狱里面,他家拿了很多钱贿赂大王手下的人,说大王实行大赦,并不是为了给楚国求福,而是为了释放陶朱公的儿子而掩人耳目。"

楚王一听，大怒，说道："我虽然德行不高，但是怎么会单单为了陶朱公的儿子而大赦呢？为了证明我不是这样的，先把那陶朱公的儿子杀了再说！"当场就下令把范蠡的二儿子推到街上砍了头。而且为了以正视听，还很有可能大张旗鼓地宣传，说被处决的就是陶朱公的儿子。然后，楚王才宣布大赦。

范蠡的大儿子白白忙活了一场，不仅没有挽回弟弟的性命，反而让他死得更惨，死得更没有面子。

范蠡的大儿子把弟弟的尸首运了回来。范蠡的家人悲痛欲绝，乡亲们听说后，也都来哀悼。想不到，这个时候，范蠡却哈哈大笑，发生了开头我们讲的那一幕。

范蠡笑罢，对妻子说："我早就知道大儿子一定会让他弟弟丧命的！不是他不爱弟弟，而是他舍不得花钱。为什么当初我不愿意用大儿子，愿意用小儿子呢？因为大儿子从小和我们一起受苦，整天为生计奔忙，汗珠子摔成八瓣，他知道挣钱不容易，所以把破财看得很重。小儿子不一样，他出生的时候，我们家已经很有钱了。他整天只知道坐着豪车、骑着骏马，打猎玩耍，根本体会不到挣钱的艰辛，所以不会在乎破费钱财。大儿子不去则已，他一去，事情就肯定会走到这一步上，没有什么可悲伤的。我白天晚上都在等着这个结果呢！"

二、知进知退

范蠡丧子这个故事，可能不少朋友都听说过，一般是从知子莫如父的角度来分析的。这当然没有什么问题，范蠡作为父亲，确实对于大儿子和小儿子的性格特点和处事方式，有非常清楚的了解。

但是，如果我们进一步分析，就会发现，事情并没有这么简单。因为，有两个问题非常奇怪。

第一个问题是，既然范蠡事先想明白了，如果是小儿子去，二儿子或许还有活命的可能；大儿子一去，二儿子反而死定了。那么，他为什么最终要派大儿子去呢？

前面讲过，范蠡在经商时，在用人方面有一个特点，叫作"择人"而"不责于人"。就是说，范蠡很善于选择人才，很善于知人善任，同时又对人比较宽厚，不求全责备，不斤斤计较。可想而知，他的手下应该少不了有本事、会办事的人。既然他明知大儿子会把事办砸了，那么，他完全可以派上几个有本事、会办事的明白人，去帮一帮大儿子，以防止大儿子办傻事啊。为什么他不这样做呢？

也就是说，既然范蠡明明知道大儿子肯定会出问题，为什么不采取一点防范措施呢？这不是明知故犯吗？难道说，范蠡老糊涂了吗？

第二个问题是，二儿子的尸体运回家来之后，别人都悲痛欲绝，为什么范蠡哈哈大笑？这绝对不是一件可笑的事情，更不是一件可喜的事情啊！人间最悲哀的事，是白发人送黑发人，丧子之痛，不知有多痛楚，范蠡亦然。然而，范蠡的笑，究竟因何而来呢？

这两个问题，究竟如何解释？

我们说，这个故事，不仅反映了范蠡对于《计然之策》的商业哲理的深刻认识，也反映了范蠡作为一代商圣高深莫测的人生智慧。

我们可以设想一下，当范蠡得知儿子因为杀人被判了死刑的时候，摆在他面前的选择无非有这么几种：

第一种选择是，不管不问，顺其自然。

第二种选择是，不惜人财物各种代价，全力以赴，动用各种资源，把儿子救出来。

这两种情况，显然是两个极端的选择。

现代人，有很强的法制观念，懂得遵纪守法，不管是什么人，只要犯了法，都会完全听凭司法机关以事实为依据、以法律为准绳进行处理，不会干预司法程序。所以，现代人一般都会采取第一种态度。

古代的时候，法律制度不像现在这样健全，人们的法制观念也比较淡薄，有些人，特别是一些有钱有势的人，可能会目无法纪，不择手段地拉关系走后门，可能会采取第二种做法。

范蠡是怎么做的呢？从前面讲过的故事可以看出，

范蠡走的是一条中间路线，也就是说，他既没有不管不问，也没有全力以赴。

这样一来，就使我们看到了一个非常矛盾的现象。这就是，一方面想救人，另一方面，又不肯尽力。

这种矛盾，发生在绝顶聪明的范蠡的身上，是非常令人不可思议的。这个错误太低级啦！它简直就不像是范蠡做的事！

对于这种矛盾现象，当然可以做出两种解释。

第一种解释是，范蠡的确是老糊涂了。或者说，范蠡起初对老大怀有侥幸心理，想着冒险赌一把，结果是智者千虑必有一失，太粗心大意了。

相应地，第二种解释是，范蠡后来说的他早就预料到了事情的结局之类的说法，纯粹属于事后诸葛亮，是范蠡为了安慰妻子，故意说的。

这些解释，当然未尝不可。因为人非圣贤，孰能无过？任何人，都难免有犯糊涂的时候；老虎尚且会打瞌睡呢，人也会犯错误。至于说在犯了错误之后，范蠡自我解嘲，说事情本来就应该是这样的，从而给自己找回一点面子，似乎也不是没有可能。

但是，我们主张的，是第三种解释：

我们的看法是，范蠡身上所发生的既想救人、又不肯尽力的矛盾现象，那种表面看上去很低级的错误，实际上，是范蠡故意犯的。范蠡是在揣着明白装糊涂，是在明知故犯！

讲到这里，有的朋友可能会更加一头雾水了。范蠡为什么要明知故犯啊？莫非他精神有毛病吗？

其实，如果我们把这个事情，与范蠡一生的特点和思想脉络结合起来看，就会发现，范蠡在儿子问题上的矛盾现象，是非常好理解的。不反常而是很正常、不矛盾而是非常合乎逻辑。

那么，范蠡的一生究竟有哪些特点呢？

前文我们曾经总结为八个字，这就是知进知退、适可而止。范蠡一生当中的很多大事，都证明了这八个字。

无论是在越国功成名就之际的弃官从商；还是在齐国，改名叫鸱夷子皮，发了大财之后，退还齐国的相印，分散家财给乡亲朋友；以及在迁居到陶这个地方以后，十九年间，三致千金，又几次把家财分给贫穷的乡亲朋友。可以说，范蠡的一生当中，每当通过艰苦奋斗，达到一个事业巅峰的时候，都要急流勇退，自己把自己打回到起点，从零开始，重新创业。

范蠡之所以要一而再、再而三地自己折腾自己，根本原因就在于，他对《计然之策》的商业哲理以及道家的思想，有着非常深刻的认识。尤其是对于"祸兮，福之所倚；福兮，祸之所伏"，有着深刻的理解。懂得灾祸没有比不知足更大的了，罪过没有比贪得无厌更大的了。意识到了"甚爱必大费，多藏必厚亡"的危害。

如果弄明白了范蠡的人生特点和思想脉络，那么再回过头来看，范蠡在儿子问题上，既想救人，又不肯尽力的那个似乎矛盾的现象,就很容易理解了。

具体地说,就是范蠡之所以想救人,是从感情出发的,是出于父亲的人之常情。父子毕竟是父子,在他那个时代,儿子面临杀头之祸,当父亲的如果无动于衷,不闻不问,没有一点表示,对于妻子和家人,是说不过去的,他自己也未必能够忍心。很想把儿子救出来,应该是范蠡作为父亲内心深处的真实想法。

而范蠡既想救人,又不肯全力以赴,则是从理智出发的。原因就在于,他懂得知进知退、适可而止的道理,为了避免贪得无厌的灾祸。

一方面,即使不惜任何代价,全力以赴,把儿子救出来,也未必一定就是什么好事。因为"福兮,祸之所伏"。

就范蠡本人来说,他已经在政治事业上,在经商赚钱中,获得了巨大成功,积累了堪称天下首富的巨额财富。如果这个时候仍然知进不知退,知得不知失,知存不知亡,就有可能招致意想不到的更大的灾祸。

范蠡自己懂得知进知退、适可而止的道理,家里人,尤其是他儿子们却不见得懂得这个道理。如果他们自以为有钱了,是天下首富,财大气粗,就可以唯我独尊了,就可以肆意妄为了,就可以违法乱纪了,就可以草菅人命了,这本身就是一个巨大的灾难!而如果救出了二儿子,也许只会更加助长这种妄自尊大的狂妄情绪,以为我们范家,什么都可以摆平,一切都可以搞定。那非得招致灭顶之灾！表面上得便宜了，说不定会引来更大的麻烦。

另一方面，儿子杀人偿命，也未必一定就是一件坏事。因为，"祸兮，福之所倚"。

儿子杀人偿命，虽然于情不忍，于心不安，但是，于理于法，却是完全理所当然的，一点也不冤枉。儿子被判了死刑，这当然是祸。但是，通过这个惨痛的事件，让家里人，尤其是子孙后代，都记住这个教训，能够引以为戒，能够老老实实地做人，能够谦虚谨慎地做事，能够明白知进知退、适可而止的道理，该退让的时候退让，该吃亏的时候吃亏。如果能这样，又何尝不是一件大好事呢？又何尝不是一件大幸事呢？

想到这里，范蠡能不哈哈大笑吗？

他的笑，既不是气傻了的傻笑，也不是气疯了的狂笑，还不是无可奈何的苦笑，而是透着一代商圣高深莫测大智慧的笑！

三、富过三代

后来的事情，证明了范蠡的笑，是非常有道理的。《货殖列传》记载：范蠡"后年衰老而听子孙，子孙修业而息之，遂至巨万"。就是说，范蠡后来年老力衰，就把经营产业的事情完全交给了子孙，自己就退休了，安享晚年。在子孙们的经营下，范家的产业有了更大规模的发展，达到了"巨万"。"巨万"是什么概念呢？大概相当于现在的亿万了。

范蠡退休以后，"陶朱公"三个字，可能变成了范家的一个商号，被范蠡的子孙后代一代一代传了下来，商号的董事长兼总经理，也被称为陶朱公。到了战国的时候，陶朱公这个商号依然存在，而且影响更大了，几乎达到了富可敌国的程度。

我们如何知晓的呢？汉代刘向写的一本书，叫《新序》，里面讲了这样一个故事：

> 战国时代，梁国发生了一个难以断定的案件，大臣们有的认为应当判有罪，有的人认为是无罪。面对这两种极端的意见，梁王也很疑惑。正当不知如何是好的时候，梁王急中生智，想起了一个人。他说："陶之朱公，以布衣富侔国，是必有奇智。"就是说，陶朱公，靠着布衣百姓的身份，却能够富可敌国，能做到这一点，肯定是因为他有超乎常人的智慧。我们就把陶朱公请来，请教一下他的意见吧。
>
> 于是，梁王就把陶朱公请来，对他说："梁国有难以断定的案子，断案的人一半认为有罪，另一半认为无罪，我也感到很棘手，请先生来判断一下这个案子，怎么办好呢？"

陶朱公谦卑地说:"大王啊,我只是一个卑贱的小民,也不懂得怎么断案子。既然大王让我说话,那么,我就举一个例子吧。我家里有两个白色的玉璧,它们的颜色、大小、光泽都差不多,但是它们的价钱,一个能卖千金,另一个只能卖五百金。"

梁王说:"大小和色泽都差不多,为什么价钱差别这么大呢?"

陶朱公说:"这是因为如果从侧面看,一个玉璧的厚度是另一个玉璧的两倍,所以,厚的那个玉璧能卖千金,薄的那个只能卖五百了。"

陶朱公的意思,实际上是说,做人要厚道,不能太刻薄了。玉璧宽厚,就能值钱;待人宽厚,就能得人心。比如说,可以定罪、也可以不定罪的,就尽量不要定罪;可以奖赏、也可以不奖赏的,就尽可能奖赏。

梁王明白了陶朱公说的道理,就把这个难以判断的案件从轻发落了。对于这个判决,梁国人果然非常高兴。

刘向在讲述了这个故事以后,评论道:由此看来,做任何事情,都应该尽量宽厚,不应该刻薄。比如说,墙,如果薄了就容易坍塌,丝织品薄了就容易撕裂，器物薄就容易毁坏，酒味淡薄了就容易发酸。薄的东西，是很难保持长久的。所以，掌握权力的统治者，应该尽量厚待百姓，只有这样，才有可能长治久安。

这个故事里面所说的陶朱公，一般认为不是范蠡，而是范蠡的后代，因为范蠡是不可能活到战国时代的。这个故事如果是真实的，那么，可以证明范蠡的后代一直没有从事政治，而属于普通老百姓，属于专业化的工商业者。而且，买卖做得非常之大，达到了富可敌国的程度。

这个现象非常值得注意。它表明，范蠡开创的家族企业当中，虽然也曾经有过儿子触犯法律的事情，但是并没有出现富不过三代的问题。可以说，范蠡在培养继承人方面，做得也是非常成功的。

那么，范蠡究竟是靠什么培养后代的呢？最主要的，大致有两点：

第一，知进知退、适可而止的人生智慧。从范蠡的一生可以看出，知进知退、适可而止，既可以始终保持着奋发向上的创造力和激情活力，也能够做到富而无骄，居安思危，有效地避免灾祸。

第二，宽以待人的处事原则。只有宽以待人，才能够照顾别人的利益，不过分追求暴利，做到买卖双方的互利互惠；只有宽以待人，才能够富而好德，周济穷人，尽到社会责任；只有宽以待人，才能够遵纪守法，不伤天害理。

从后代的表现来看，范蠡的这些人生智慧和处事原则，确确实实传给了他的后代，并且被他的后代发扬光大。

范蠡的后代，不仅继承了范蠡的人生智慧和处事原则，把范蠡开创的家族企业做大做久，富可敌国。而且，范蠡的后代，还热心于商业教育，把自己的商业经验传授给了一个贫穷落魄的年轻人，并把这位年轻人培养成了富比王侯的大富豪。

这位幸运的年轻人是谁呢？他的名字叫猗顿。

猗顿，是战国时代的鲁国人。他是一个普普通通的平民百姓。在古代平民百姓是没有姓的，猗顿也是一样，他的名字本来只有一个字，叫作顿。因为后来他在一个叫猗氏的地方定居，并且发了大财，所以人们就称他为猗顿了。

猗顿年轻的时候，穷困潦倒，基本上是干什么赔什么，一事无成。他耕地种庄稼，却经常饿肚子；他养蚕织布，却经常受冻。饥寒交迫，生活很是艰难。

猗顿听说陶朱公是天下首富，羡慕极了，就专程从鲁国赶来，向陶朱公拜师学艺。陶朱公并不因为猗顿是一个不名一文的穷小子，就瞧不起他，而是很热情地接待了他，并且根据他缺乏资金的特点，告诉他："你如果想快速致富，就应该去饲养牲畜。"

猗顿听了陶朱公的指点，就来到了西河猗氏一带，也就是现在的山西省南部。这一带土壤潮湿，草原广阔，非常适宜放牧牲畜。猗顿就在这个地方，从几只牛羊起步，开始了自己的创业。

过了十几年的时间，猗顿的牛群和羊群，经过不断繁殖，已经多得数不胜数。

猗氏这个地方，除了适宜饲养牲畜，还有一个很重要的资源，就是池盐。起先，猗顿在贩卖牲畜的时候，经常顺便用牲畜驮一些池盐，运往外地连同牲畜一起卖掉。慢慢地，猗顿发现，贩卖池盐的利润要更大些。于是，他就利用饲养牲畜掘到的第一桶金，逐步向经营池盐的生产和贸易转移。

最后，猗顿终于靠经营池盐发了大财。《货殖列传》说他"与王者埒富"，达到了富比王侯的程度。

范蠡的后人，把猗顿这个穷小子培养成了一代富豪。这反映了范蠡的后人们依然保持着乐于助人、乐善好施的优良传统。

实际上，战国时代，像范蠡的后代这样热心商业教育、乐于培养人才的企业家，还不止陶朱公一个。

有一个大企业家，在专门培养工商业人才方面，甚至还形成了比较完整的教育体系。他的这项工作，大概可以称得上是我国历史上最早的商学院了。

那么，这个大企业家究竟是谁呢？他做了什么呢？

第七章　商祖白圭

一、人弃我取

话说秦朝末年，在靠近边境有一个地方，叫作督道县。这一带因为地处边境，平时驻扎着一些军队，所以储藏了不少军需粮草，还有一些犒饷军队的金银财宝。

有一天，一个惊人的消息传到了这个边陲小县：汉王刘邦打下了秦朝首都咸阳，秦王子婴被迫投降，曾经不可一世的秦朝土崩瓦解了！

闻此讯息，地方官和驻扎在那里的军队纷纷四散而逃，这个小县立刻像其他地方一样，陷于了群龙无首的无政府状态，秦朝原来的国家仓库，也一下子没有了主。当地的一些豪强争相打开仓库，抢夺值钱的金银财宝。转眼之间，所有的仓库都被洗劫一空，唯独粮仓无人问津。

为什么没有抢粮仓的呢？因为在一般人眼里，粮食不如金银财宝值钱，即使一万石粮食也换不了多少钱。

兵荒马乱的，人们四处逃难，也带不了多少粮食。所以没有人把粮食当回事。

这时候，有一个看守粮仓的管理员，却是独具慧眼。这个粮仓管理员，也不知道他叫什么名字，只知道他姓任，人称任氏。为什么说他能够独具慧眼呢？因为，他懂得一个很简单的道理，就是民以食为天，不管什么时候，人都要吃饭，所以不管什么时候，粮食都是最重要的东西。于是，他连忙带领家人，挖了一个又一个大地窖，悄悄地把仓库里没人管也没人要的粮食，一车又一车地运了出来，埋进了自家的地窖里面。

秦朝灭亡不久，刘邦和项羽又打了起来，历史上叫作楚汉战争，而且一打就是四五年。因为长期战乱，农民没有办法种地，土地大片荒芜，粮食越来越少，粮价也越来越高。平时只卖几百个铜钱的粮食，后来猛涨到了一万多个铜钱。一时之间，饿殍遍地。过去那些抢夺金银财宝一度发了财的人，也只好拿金银财宝来换粮食。

任氏不慌不忙地把地窖里的粮食拿出来卖，卖了一批又一批，不长时间，就把当地的金银财宝差不多都收入了自己的囊中。

任氏就这样从一个普普通通的仓库管理员，摇身一变，成了远近闻名的大富豪。

任氏的发财，靠的是倒卖粮食，那么，他的做法说明了什么道理呢？

我们在前面曾经讲到过，战国时代的大商人白圭提出了一个非常有名的经商秘诀,叫作"人弃我取,人取我与"。这个经商秘诀,与美国股神沃伦·巴菲特所说的投资格言"别人贪婪时我恐惧,别人恐惧时我贪婪",是完全一样的。说的都是逆向思维,反向操作。

我们看看任氏,当别人都去抢夺金银财宝,粮食像粪土一样无人问津的时候,任氏不去跟风抢夺金银财宝,单单收藏粮食。这不是"人弃我取"吗?而当粮食短缺,价格高涨时,任氏卖出粮食,收进金银财宝。这不是"人取我与"吗?

任氏能发大财,靠的就是白圭的八字秘诀。

实际上,又何止是任氏呢?如果我们放眼全世界的工商业经济的历史,就会发现,古往今来,有很多成功的工商业者,他们的成功靠的也是白圭的这八个字。

别的不说了,单说我国近代著名的爱国华侨商人、厦门大学的创办者陈嘉庚先生吧,他就对白圭的这八个字推崇备至,并且根据这八个字,推陈出新,总结出了自己的经营之道,也是八个字,叫作"人弃我取,人争我避"[①]。

可以说,白圭的八个字,直到今天,依然闪烁着真理的光芒。但是,我们不要忘了,白圭可是两千多年以前的人物。

那么,为什么在距今两千多年以前的战国时代,白圭就能够提出如此先进的商业理论呢?他究竟有着怎样

[①] 赵靖主编:《中国近代民族实业家的经营管理思想》,云南人民出版社,1988年版,第20页。

的传奇故事呢？

白圭，名字叫丹，是战国时代的周人，也就是现在河南洛阳一带的人。

白圭是一个商人，也曾经做过官。但究竟是先经商后做官，还是先做官后经商呢？史书上没有明确记载，现在已经搞不清楚了。

白圭不仅提出了"人弃我取，人取我与"的八字商业经营理念，而且他自己也是这种理念的大力实践者。

白圭从事的生意，主要是粮食、蚕丝等农副产品的买卖。在当时，这可不是大多数富商大贾所愿意经营的业务。

那么，在当时，多数富商大贾都经营些什么样的业务呢？主要是两大类：

一类是珍宝奇玩之类的奢侈品，这些商品主要面向有钱人。有钱人买东西有什么特点啊？叫作"只买最贵的，不买最好的"。所以，经营与有钱人打交道的奢侈品买卖，利润大，赚钱多。利润率有多高呢？比如，大家熟悉的吕不韦曾经问过他的父亲："种田能获得多少利润？"父亲说："十倍。"吕不韦又问："经营珠宝玉石能获多少利润呢？"父亲说："百倍。"

实际上直到今天，各种名目的奢侈品，利润率仍是非常之高的。比如说，同样是德国产的汽车，大众汽车平均每辆车的税前利润只有300欧元，而保时捷，每辆跑车的税前利润竟然高达2万欧元。

再一类是资源性的大规模商品生产，例如像陶朱公的学生猗顿经营的煮盐业，寡妇清经营的开采朱砂矿，还有一些开采铁矿的行业，也是发家致富比较快的行业。

盐、朱砂、铁，这一类商品，需要量很大，应用面很广。比如说盐，不管是穷人，还是富豪，任何人都得吃饭，只要吃饭，就得吃盐。铁也是一样，不管是务农，还是做工，谁都离不开铁制工具。

但是这些东西的生产，却受到一些限制。首先是资源，有一定的垄断性，不是随便哪个地方都有的。这些行业还有一定的进入门槛，没有一定的资金实力不行，不是随便什么人都能干得了的。所以这种也是富商大贾比较集中的行业。

粮食、蚕丝等农副产品的买卖就不一样了。

一方面，打交道的对象，主要是普普通通的农民和手工业者，而农民和手工业者是没有多少钱的，每一笔交换的利润率不可能很高，要想赚钱，必须把贸易量做上去，靠规模取胜。

另一方面，进入的门槛不高，无论本钱多的还是本钱少的，都可以干，所以竞争也相对比较激烈。赚起钱来，要比奢侈品以及具有稀缺性、垄断性的资源类商品生产，显得更辛苦一些，多数富商大贾是不屑干的。

但是，白圭却反其道而行之，主要从事粮食、蚕丝等农副产品的买卖，他所走的，不恰恰就是"人弃我取，人取我与"的路子吗？

在具体的经营过程中，白圭更是全面贯彻了"人弃我取，人取我与"的八字秘诀。

他的做法，有两句话，叫作："岁孰取谷，予之丝漆；茧出取帛絮，予之食。"（《货殖列传》）就是说，每年秋天粮食收获的时候，粮食大量上市，价格低廉，白圭就逢低收购粮食，同时呢，又把农民在秋冬农闲季节需要的丝、漆之类的手工业原料卖出去。每年春季，蚕丝大量上市，价格低廉，白圭就逢低收购蚕丝，同时，由于这个季节粮食青黄不接，粮价上涨，就把去年积存的粮食卖出去。

我们知道，商业都是靠贱买贵卖的买卖差价赚钱的。买卖差价的由来，无非是两种情况。一种是生产者和消费者之间的空间性差价，再一种是不同季节、不同年份之间的时间性差价。在古代，虽然同一种东西，在不同的地方价格差别很大，但是，由于交通非常落后，运输成本很高，一些和老百姓日常生活关系密切的大众消费品，很难进行空间移动，从而很难赚取空间性差价。司马迁在《货殖列传》里面说的"百里不贩樵，千里不贩籴"，就是这个道理。

白圭赚的是时间差价，每一个季节，都有买有卖，有取有予。通过这种经营，白圭成为非常成功的大商人。

除了坚持"人弃我取，人取我与"的原则，赚取这种季节性差价之外，白圭还根据气候变化和农业生产波动的规律，赚取不同年份之间的年景差价。也就是，风调雨顺的丰收年份大量廉价收购粮食，到了有旱涝灾害的歉收年份高价卖出。

农业生产，自古以来就是靠天吃饭。气候变化对于农业生产的收成有很大影响，这一点没有什么问题。但是，白圭究竟怎么知道哪个年份是丰年，哪个年份是歉年呢？

现在，我们预测气候变化，都依靠气象局。尽管已经有了气象卫星帮忙，我们现在的天气预报，仍然不能说是非常准确的。那么，在两千多年以前，白圭靠什么预测呢？

白圭所依据的，是当时流行的一种天文学理论。这种理论认为，天上的木星（又叫岁星、太阴，也就是民间所说的太岁），每年换一个地方，十二年围绕太阳一周，形成一个周期。随着天上木星位置的变化，地上的气候也发生周期性的变化，有的时候大旱，有的时候大涝，有的时候风调雨顺，有的时候不好不坏。相应地，农业收成也有好有坏，有丰收、有歉收。

这种理论，最早在《计然之策》里面提出过，白圭做了更加全面、更加详细的说明。白圭就是根据木星位置的变化预测气候变化，进而预测粮食市场行情的。

非常有意思的是，这种理论竟然与19世纪后期英国著名经济学家威廉·杰文斯（W. S. Jevons）提出的"太阳黑子说"非常相似。杰文斯的"太阳黑子说"认为，太阳黑子的变化，大约11~13年一个周期。太阳黑子的这种变化，会直接影响气候的变化，进而影响农业的收成，从而使经济出现了周期性循环的特征。杰文斯的"太阳黑子说"被公认为是西方最早的经济循环理论，但是《计然之策》和白圭木星周期理论却比它早了整整两千多年。

无论是木星运动理论，还是"太阳黑子说"，都是不太科学的，与现在的气象卫星相比，就更是原始落后了。然而，它们都是人类试图揭示经济规律的智慧结晶，在历史上有着非常重要的价值。

根据这种理论，白圭能大体预测粮食丰歉的变化规律，提前做好准备，从而把"人弃我取，人取我与"的八字秘诀运用到了极致，最终成为非常成功、天下瞩目的大商人。

在我国历史上，白圭被誉为商人的祖师爷。司马迁就说："天下言治生祖白圭。"（《货殖列传》）意思是说，全天下经营产业的人，都学习白圭、效仿白圭，都把白圭奉为祖师。

白圭凭什么得到这样高的地位和声誉呢？并不单纯因为他是一个非常成功的大商人，更重要的是，白圭完全称得上是我国先秦时期商业理论的集大成者。他把当时的商人智慧和道家、儒家、兵家、法家等诸子百家的思想熔于一炉，构建了一套比较完整的理论体系。白圭还开门授徒，大力开展商业教育事业。拿今天的话来说，就是创办了我国历史上最早的商学院。

白圭集商业实践家、理论家、教育家于一身，他被奉为一代宗师，完全是当之无愧的。

白圭的商业理论，最主要的东西有哪些呢？我认为，最重要的是十二个字。这十二个字当中，除了前面说到的"八字秘诀"，即"人弃我取，人取我与"。另外还有四个字，我们可以称之为"四字箴言"。

二、"智 勇 仁 强"

所谓四字箴言，就是"智、勇、仁、强"。这四字箴言是干什么用的呢？这就是白圭开办商学院的教学内容了。

我们知道，孔子可以说是我国历史上最早的民办大学校长，孔子培养学生的教学内容包括六个方面，叫作"六艺"，就是礼、乐、射、御、书、数。

那么，白圭开办了我国历史上最早的商学院，他的教学内容，就是"智、勇、仁、强"了。

白圭曾说，如果"智不足与权变，勇不足以决断，仁不能以取予，强不能有所守，虽欲学吾术，终不告之矣"（《货殖列传》）。就是说，如果做不到智、勇、仁、强，最终是不可能学到我的经营之道的。

白圭对于自己的商业理论和商业活动，非常自信。他曾经宣称："吾治生产，犹伊尹、吕尚之谋，孙、吴用

兵，商鞅行法是也。"（《货殖列传》）就是说，我在经营产业时，就像是伊尹、姜子牙那样老谋深算，也像是孙武、吴起用兵作战那样变化无穷，还像是商鞅执行法令那样坚定明确。

白圭把自己的商业理论和商业活动，与这些著名的政治家、军事家相提并论，他不是非常自负、过度自信吗？

白圭的自负、自信其实是胸有成竹的。司马迁就评论说："白圭其有所试矣，能试有所长，非苟而已矣。"（《货殖列传》）意思是说，白圭的说教，是经过了他自己的实践检验的，并且在实践中获得了成功。白圭并不是浪得虚名，不是瞎忽悠人的。

实际情况也的确是这样。白圭的商业理论和教学内容，确确实实影响了很多商人，并使这些商人获得了巨大成功。

那么，白圭的"智、勇、仁、强"的四字箴言究竟有什么深刻的内涵，蕴藏着什么样的商业智慧，又有哪些相关的传奇故事呢？

我们先来看第一条——"智"。

所谓的"智"，按照白圭的说法，就是"权变"。什么是"权变"呢？就是随机应变的智慧。权的本意是秤砣。稍微有一点生活经验的人都会知道，卖东西的人在称东西的时候，秤砣在秤杆上的位置是不固定的，要想称得准确，一定得按照秤盘上的物品的重量，来回调整秤砣的位置。因此，所谓的"权变"，就是头脑要灵活，凡事不能一根筋，不能一条道走到黑。

在这方面，有一个很典型的例子，就是《货殖列传》记载的乌氏倮倒手致富的故事。

话说战国末年，有一个地方叫乌氏，就是今天的甘肃省平凉一带。乌氏这个地方有一个人，名叫倮，人们都称他叫乌氏倮。

乌氏倮这个人，本来是一个普通的牧民，靠放牧牲畜为生。经过十几年的艰苦努力，他所饲养的牲畜已经成群结队，小有规模了。

有一天，乌氏倮放羊。来到了一个山顶上，他四下张望，只见一座座山峦之间，漫山遍野的羊群和牛群，像云彩一样，飘来飘去。他知道，那是西域国王的财产。他很感慨，自己什么时候能有国王那么多的牛羊呢？要按照现在这样按部就班的干法，恐怕一辈子也没有指望的。唉，要是能超常规、跨越式发展，那就好啦！

可是，究竟怎么样才能打破常规，实现跨越式发展呢？乌氏倮动起了脑筋。

于是，乌氏倮就把自己所有的牲畜都卖掉，拿着钱到了中原一带，买来了一批珍奇的高级锦缎。然后他把这些锦缎运到西域，一件不留地全部献给了一个小王国的国王。这个国王平白收到了这些珍贵的高级锦缎，不由得兴高采烈。

人家虽然是国王，也懂得"来而不往非礼也"的道理。国王问：我拿什么回报你呢，我的朋友？乌氏倮说，我不要别的，只要牲畜。西域的国王一听，那就太好办了！因为我们这里，最不缺的就是牛羊了。国王就当场赏赐给乌氏倮一大批牛羊。这些牛羊多到什么程度呢？多得数都数不过来了，只能说有多少个山谷的牛羊！后来，乌氏倮算了一下，这些牛羊的价值竟然比他献给国王的锦缎多出了十几倍！

就这样动了动脑筋、一卖一买倒了倒手，乌氏倮的财富就一下子翻了若干倍。乌氏倮真可以说是头脑灵活、富有智慧的人啊。

白圭提出的四字箴言的第二条，叫作"勇"。

所谓的"勇"又是什么意思呢？就是"决断"，也就是坚决果断的勇气。白圭特别强调，在捕捉商业时机、抓住市场行情的时候，尤其要有坚决果断、敢于冒险的勇气。他说："趋时若猛兽挚鸟之发。"（《货殖列传》）就是说，抓住赚钱的时机，应该像猛虎雄鹰扑向猎物一样，毫不犹豫，迅猛果断，不怕冒险。

在这方面，《货殖列传》里面也记载了一个非常典型的例子，就是无盐氏高息放贷的故事。

话说汉景帝的时候，在现在的江苏、江西、湖南、湖北、山东、河北等地，发生了吴楚七国之乱。带头叛乱的，是吴王刘濞。刘濞是汉高祖刘邦的侄子。早在汉文帝的时候，刘濞就有了反抗西汉中央的反心。起因是刘濞的儿子来到西汉首都长安，有一次与时为皇太子的汉景帝在喝酒游戏的时候发生了争执，皇太子大怒，抡起棋盘向他打了过去，结果当场把刘濞的儿子给打死了。刘濞怀恨在心，开始积蓄力量，准备造反。他利用境内的铜矿铸造铜钱，又利用盐业资源卖盐赚钱，经过三十多年的积累，经济力量和军事力量都很强大了。

汉景帝即位以后，为了加强中央集权，采纳了御史大夫晁错的意见，实行削藩，逐步剥夺各地诸侯王的权利，西汉朝廷和诸侯王的矛盾迅速激化。刘濞就联合其他六个诸侯王，以杀晁错、清君侧为旗号，正式发动了叛乱。由于刘濞蓄谋已久，参与叛乱的诸侯王又多，一时之间，叛军声势浩大，局势十分危急。

这场叛乱，是西汉建立以来遇到的一次最严重的政治危机。汉景帝也一下子蒙了头，竟然杀死了晁错，企图与叛军妥协。但是叛军并不因此罢兵。汉景帝只好任命周亚夫为总指挥，带领三十六将军上阵平叛，同时命令居住在长安城中的列侯封君，也都要随军出征。

这些奉命上前线的列侯封君，为了准备武器行装，还有路上的开销，纷纷向富豪们借钱。富豪们心想：这些列侯封君的封地，都位于关东地区，那里几乎全都变成了战场，列侯封君们借了钱，靠什么来还呢？况且这场战争究竟谁胜谁负，还很难说呐。一旦西汉朝廷失败了，借出去的钱不就全打水漂了吗？结果，富豪们没有人肯把钱借给他们。

这个时候，只有一个叫无盐氏的站了出来，说我愿意提供一千镒黄金的贷款，但条件是要十倍的利息！也就是利息高达十倍！

无盐是复姓，这个无盐氏虽然也算是有钱人，但是在首都长安的富豪中，还数不着他。尽管他要的利息高得离谱，但是列侯封君急等钱用，也只好认了。

最终的结果是，吴楚七国之乱只用了三个月，就被周亚夫平定了。当初借钱的列侯封君们陆陆续续还上了钱，无盐氏收回的利息，比本金多出了十倍。就这样一下子，无盐氏的财富就与关中最有名的富豪平起平坐了。

很显然，无盐氏这一次能够取得成功，靠的就是有勇气、敢冒险。这不仅表现在别人都不敢放贷，唯独他敢。而且也表现在他敢于一下子要十倍的利息。平常，一倍的利息，也就是所谓的"倍称之息"，就已经算是了不得的高利贷了，无盐氏竟敢狮子大张口，一下子要十倍，他的胆量气魄和想象力，也确实是够惊人的。

当然，无盐氏要的也不是没有道理。利息的高低，通常取决于两个因素，一个因素是资金的供求状况，再一个因素是贷款的风险程度。利息的高低，是与资金多少成反比，与风险程度成正比的。也就是说，市场上的资金量越多，利息越低；贷款的风险越大，利息越高。在别人都不肯放贷的情况下，无盐氏的黄金，就成了极端稀缺的资源，物以稀为贵，利息当然应该高。战争形势前途未卜，又意味着贷款的风险很大，利息就更应该高了。任何投资，收益都是与风险同在的。风险大的时候，恰恰也是获得高收益的良机。无盐氏用超人的胆略，果断地抓住了这个良机。

这就是所谓的"勇"。

另外值得一提的是，无盐氏能够连本带利收回贷款，在客观上也得益于当时比较好的投资环境。向无盐氏借钱的列侯封君们，都不是一般的人物，而是一些有权有势的贵族。他们在借钱时，并不认为无盐氏是在趁火打劫、敲竹杠、发国难财；打了胜仗之后，也没有倚仗权势，打白条，赖账不还。这说明当时的人们，包括有权有势的人，还是比较重合同、守信用的。这一点很重要，如果有权有势的列侯封君仗势欺人，无盐氏这个连名都没有的小老百姓，无论多么有钱，也是胳膊扭不过大腿，弄不好就会血本无归。这种情况，在政治权力支配一切的中国封建社会，我们见得还少吗？

白圭提出的四字箴言的第三条，叫作"仁"。所谓的"仁"，就是仁义之心。白圭认为，商人的仁义之心，表现在一取一予的过程之中。也就是，商人必须懂得"取予"之道，必须"取予以仁"。

什么是"取"呢？"取"除了买进，还有获得的意思。什么是"予"呢？"予"除了卖出，还有付出的意思。所谓的"取予以仁""取予有道"，也就是得到应该得到的，同时，又付出应该付出的。对于商人来说，就是公平买卖，诚实经营，既得到合理的报酬，同时也要让客户得到物有所值的好处。

商人必须有仁义之心，这是白圭提出的一个非常重要的思想，非常值得我们重视。

有朋友可能会说了，商人终究是商人，商人不是民政部门，也不是社会福利院，商人是必须要赚钱的，不赚钱就不是商人了，商人赚钱，天经地义、理所应当。

白圭认为，商人赚钱，确实是天经地义、理所应当的。但是，商人有仁义之心，也是天经地义、理所应当的。为什么呢？因为世界上的一切商业活动，实际上都只跟两个字打交道，一个字是"取"，再一个字是"予"。而"取"，又是以"予"为前提的。商人之所以应该赚钱，是因为他们给客户提供了物有所值的产品或者服务。他赚的钱，是他这些付出的应该获得的报酬。要赚钱，必须先付出。天底下，没有只获得、不付出的。你要想赚大钱，就必须给客户物有所值的付出。比如说，做奶粉的不能往里面掺三聚氰胺，建房子修大桥的，不能用竹片代替钢筋。对于商人来说，仁义之心不是别的，诚实守法、公平买卖，就是仁义之心。不要以为干伤天害理的事能赚便宜，不会的，出来混，早晚要还的。

商人要赚钱，这种说法当然没有任何错误。但是，有了仁义之心，难道就不能赚钱了吗？或者说，要赚钱，就不能有仁义之心吗？

白圭用自己的实际行动证明，有仁义之心，不仅能赚钱，而且能赚大钱。

白圭是怎么做的呢？他有两个具体的做法。一个做法，是在"人弃我取，人取我与"的时候不杀跌不追涨；另一个做法，是在经营品种上，适应大多数消费者的需求。

我们先看第一种做法。就是在粮食或者蚕丝等农副产品大量上市、价格比较低廉的时候，及时买进又不过分压价；而在这些农副产品短缺、价格比较高昂的时候，及时卖出又不过分抬价。

这样做，对于广大农民和工商业者来说，也是非常有利的。常言道："谷贱伤农，谷贵伤民。"白圭在农副产品丰收价格下跌的时候，大量买进又不压价，可以一定程度上缓解农民卖粮难的问题，缓和价格下跌的趋势，对于农民是有利的。而在农副产品供不应求的时候，大量卖出又不抬价，可以缓和价格的过分上涨，对于众多需要购买粮食和手工业原料的工商业者来说，也是有利的。

这样做，对于商人来说，同样也是有利的。虽然买进卖出的价格比别人优惠一些，却仍然能够赚到很多钱。因为，"时贱而买，虽贵已贱矣；时贵而卖，虽贱已贵矣"（《战国策·赵策三》）。什么意思呢？就是当物资大量上市、市场价格的总体水平都比较低的时候，即使买进的价格稍微高一点，相比青黄不接的时候，也是便宜的；当商品供不应求、价格的总体水平在高位运行的时候，即使卖出的价格稍微便宜一点，相比大量上市、供过于求的时候，也是贵的。所以，真正了不起的商人，是不会计较毛儿八分的小利润的，只要把握好了市场变化的大形势，仍然能赚大钱。

白圭在既要有仁义之心、又要赚钱方面的第二个具体做法，是在经营品种上，适应大多数消费者的需求。

在这一方面，白圭提出了十二字的原则，叫作"欲长钱，取下谷；长石斗，取上种"（《货殖列传》）。意思是，在做粮食生意的时候，如果是口粮，就买卖质量较差的，这样可以多赚钱；如果是种子，就买卖质量较好的，这样可以增加粮食产量。

拿"下谷"，也就是质量较差的粮食当口粮，是不是在搞假冒伪劣，以次充好呢？不是的，因为那个时代，广大农民和手工业者没有钱，消费水平低，只要能吃饱饭就行，并不讲究精米细粮。所以，口粮质量差点、卖得便宜，更能适应消费者的需求。"下谷"虽然非常便宜，利润少，但是因为老百姓的需求量大，需求弹性小，薄利多销，照样能够赚到大钱。

而要增加粮食产量，就必须保证种子的质量。农民打粮食多了，商人经营的基础才会牢固。照顾了农民的利益，恰恰也就照顾了商人的长远利益。

白圭特别鄙视那种搞坑蒙拐骗、假冒伪劣、杀鸡取蛋的做法，这种做法不仅伤天害理、坑害农民，而且最终也会损害商人自己的长远利益。

可以说，白圭的"取予以仁"，"取予"有道，就是商人利益和社会利益的协调统一。

显而易见，白圭的"取予以仁"，"取予"有道，与投机倒把、囤积居奇，根本就是两码事。什么是投机倒把、囤积居奇呢？就是在商品供过于求的时候，仍然恶意杀价，持币待购，观望不买。而在商品供不应求的时候，又故意抬价，捂盘惜售。这样做，人为加剧了市场波动，虽然短期能够赚钱，却破坏了商业赖以存在的经济基础。这种投机倒把、囤积居奇的行为，从管仲的时代起，就是政府干预的打击对象。历朝历代所有负责任的政府，都以平抑物价、缓解经济波动为己任。白圭的做法，与政府干预的取向是相一致的。

我国的传统商业文化，从来就不否定商人赚钱的合理性。但是，在我国的传统商业文化当中，商人又是有好坏之分的。以白圭为代表的能够照顾社会大众利益的商人，被称为"廉贾""良贾"；与之相反的投机倒把、囤积居奇、只顾自己赚钱、不管别人死活的商人，则被称为"贪贾""恶贾"。

从长远来看，"廉贾"的经营业绩丝毫也不亚于"贪贾"，而且比"贪贾"赚钱更多。司马迁有一个很好的总结，叫作"贪贾三之，廉贾五之"（《货殖列传》）。什么意思呢？就是说，"贪贾"只能赚三分利，"廉贾"却能够赚五分利。道理在于，"贪贾"过分追求每一笔生意的利润，追涨杀跌，短期看虽然赚钱了，但实际上降低了资金周转速度，并不能真正得大利。反之，"廉贾"不斤斤计较，不求暴利，表面上虽然吃亏了，但实际上加快了资金周转，总的来看却是划算的。

司马迁还用做官做比喻，来说明"廉贾"比"贪贾"更富的道理。他说："廉吏久，久更富，廉贾归富。"（《货殖列传》）就是说，在政府机关，廉洁自律的官员，才能干得长久，他们不贪污受贿，老老实实拿工资，工资虽然看上去不多，但是因为工作时间长，总的数目还是很大的。贪官污吏虽然能够发财，但是一旦被"双规"了，就会前功尽弃，后半辈子也全搭进去了，只会受穷。所以说，不贪婪的"廉贾"，得到了消费者的信任，积少成多，终究是会富起来的。

白圭开办我国最早的商学院，用"取予以仁""取予"有道来要求商人，就是希望商人能够把自己的利益和社会的利益协调起来，让商人明白利己先利人、害人终害己的道理，把所有有智慧的商人培养成为"廉贾"。

过去，社会上有一种说法，叫作"无商不奸"。难道说，商人都是奸诈的吗？不搞欺诈，就不能赚钱了吗？让我们看看白圭吧！这位商人祖师爷的所作所为，就提供了很好的答案。

白圭提出的四字箴言，除了智、勇、仁之外，还有一项，就是"强"。"强"是什么意思呢？白圭自己的解释，叫作"有所守"。拿我们的话来说，就是有坚强的意志、严于自律。

白圭是这样说的，也是这样做的。司马迁《货殖列传》记载说：白圭"能薄饮食，忍嗜欲，节衣服，与用事僮仆同苦乐"。就是说，白圭自己的生活非常俭朴，他不讲究饮食，能克制住享受的欲望，穿衣服也很节约，常年与手下的奴仆们同甘共苦。

作为一个非常成功的大商人，白圭的这种做法是十分难能可贵的。

实际上，在古代，能够做到有坚强的意志、严于自律的商人，远不止白圭。司马迁《货殖列传》里面记载的鲁国的曹邴氏，也是其中的典型代表。

司马迁说，汉朝的时候，鲁国那一带的人，一般都是很节俭的，曹邴氏更是抠门儿。曹邴氏最初靠开铁矿冶铁起家，后来主营金融借贷业和商业贸易，他家的业务，遍布天下，"富至巨万"，也就是亿万富翁了。都这样有钱了，曹邴氏家仍然世世代代坚守着一个家规，叫作"俯有拾，仰有取"。就是一举一动都要爱惜财物，看到任何有一点用处的东西，都要弯腰捡起来。至于说随便铺张浪费、大手大脚的做法，就更是不允许了。

我们一开始提到的宣曲任氏的故事，也是其中的一个典型。

任氏，靠着"人弃我取，人取我与"的秘诀，抓住秦朝垮台的机会倒卖粮食，发了大财。一夜暴富之后，任氏又干了什么呢？

西汉建立以后，天下太平了。发了大财的任氏，就从偏远的边境小县，搬迁到了首都长安附近的宣曲，定居在那里，人称宣曲任氏。在西汉时期，任家是传了好多代的有名的大富豪。

这个暴发户搬家，要干什么呢？难道要在关中这个首善之区挥霍享受吗？不是的。司马迁记载说，关中的很多富豪确实是非常奢侈的，但宣曲任氏家的人却没有这样做。

在宣曲，任氏利用倒卖粮食掘到的第一桶金子，省吃俭用，买地置产，成了大地主和大畜牧业主。在购买土地和牲畜的时候，一般人都抢购价格低廉的东西，唯独任氏只追求优质，不买贱的、只买好的。看上了好地、好牲畜，无论价钱多高，都不惜重金买下。

在拥有了成片的良田、成群的牛羊以后，任家人是不是该享受一下了呢？没有。

任氏的祖先，从一夜暴富的那一天开始，就立下了一条严格的家规：不是自家种的粮食不吃，不是自家织的布不穿；应该承担的国家的赋税徭役没有完成，不能喝酒吃肉。

所以，从那时起，任氏家的人，就一直低调做人，谦虚谨慎，崇尚节俭。全家老小，都亲自致力于种田放牧。

靠着善于经营，特别是勤俭持家，任氏家族不仅连续好多代都富甲一方，而且成为乡里有口皆碑的表率，还曾经受到了汉朝皇帝的表彰。

由此可见，白圭提出的"智、勇、仁、强"四字箴言，是任何一个杰出企业家都必须具备的基本素质。但从很多人的故事来看，这个四字箴言，在不同的时候，又有不同的妙用。大致可以说，发家的时候靠"智、勇"，如果要持家、保持家业长久的话，就离不开"仁、强"了。

拿司马迁的话来说，就是"以武一切，用文持之"（《货殖列传》）。意思是，把勇气和计谋作为发家致富的权宜之计，而依靠守法经营、有仁爱之心，来保持家业长久发展。

这一章，我们讲的宣曲任氏、鲁国曹邴氏的故事，就证明了这一点。前面讲过的范蠡等人的故事，也证明了这一点。

但是，家家有本难念的经。就连聪明绝顶的范蠡尚且曾经遇到过儿子杀人犯罪的烦心事，再持家有方的富豪，也都难免有这样那样的苦恼。

西汉的时候，有一个靠冶铁起家的大富豪，就遇到了一件哭笑不得的尴尬事。这个人是谁呢？他又遇到了什么尴尬事呢？请看下文。

第八章　啼笑因缘

汉武帝的时候，蜀郡的临邛县也就是现在的四川省邛崃，有一个大冶铁商，叫作卓王孙。卓王孙有一个女儿，名叫卓文君。卓文君不仅长得天生丽质，十分漂亮，而且自幼受到过良好教育，非常喜欢音乐，颇有艺术气质。可是，这位兰心蕙质的女子出嫁不久，丈夫就不幸去世了。卓文君只好凄凄凉凉地搬回娘家居住。

由此，却引出了一段千古传诵的爱情喜剧、啼笑因缘。

就在这个过程中，卓王孙，这个商人世家的掌门人，却被几个年轻的毫无商业经验的人，运用高超的商业手段，彻底征服了。

这就奇怪了，一个叱咤风云的商场老手，怎么会败在了不是商人的年轻人的手上呢？

故事还得从卓家的来历说起。

一、打拉并用

话说秦始皇消灭六国统一天下以后，有一天，从原来的赵国也就是现在的河北省南部一带，通往南方的大路上，走来了一对卓姓夫妇。他们年纪在三四十岁上下，推着一辆小车，步履蹒跚，风尘仆仆地走着。

这个卓氏夫妇，本来是赵国的大铁矿主、大冶铁商，他们将被强迫移民到远在天边的巴蜀之地。和卓氏夫妇一起上路的，还有很多曾经在赵国财大气粗的工商巨富。他们的家产大部分都被秦国没收充公了，每人只随身携带着少量行李。

他们不是孤独的。因为，秦始皇统一天下以后，原来六国的工商业富豪，全都被强迫离开了祖祖辈辈生活的故土原籍，移民到了遥远的异域他乡。当时，还有很多像他们一样的人，被人押着，奔波在南来北往的路上。其中，光是强行迁移到首都咸阳的富豪，就有十二万户。

那么，秦始皇为什么要强迫这些工商富豪，搞这种全国性的空间大挪移呢？这，就与从商鞅变法开始的重农抑商政策，有密不可分的联系。

我们都知道，在中国历史上，曾经长期实行过重农抑商政策。这个政策的始作俑者，就是商鞅。

商鞅，本名叫公孙鞅，因为老家是卫国人，又称卫鞅。后来因为在秦国变法有功，被分封到了商这个地方，从此以后，人们就称他为商鞅了。

那么，商鞅这个姓商的人，又为什么要抑商呢？

商鞅在秦国的变法，是在战国七雄争霸的背景下展开的。七雄争霸，靠的是什么？靠的是实力。而那个时代的国家实力,有两样东西最关键,一个是粮食,一个是军队。粮食是农民生产的,士兵的主要来源也是农民,所以,商鞅要让秦国实现富强,就必须发展农业、重视农民。

但是,重农为什么又要抑商呢?这是出于两个方面的原因。

一方面,在士、农、工、商各个行业当中,农民最辛苦,收入却是最低的,而工商业者赚钱相对容易一些。司马迁就说过:"用贫求富,农不如工,工不如商,刺绣文不如倚市门,此言末业,贫者之资也。"(《货殖列传》)商鞅在他的著作《商君书》当中,也多次谈到过这样的看法。人,无论在什么时代,也不管在哪个国家,都有过好日子的愿望。工商业赚钱较多,而且赚钱相对比较容易,这种客观上的差别,也就吸引着很多农民弃农经商。这是春秋战国时期各个地方普遍存在的问题,秦国也不例外。因此,商鞅抑商的一个目的,就是要通过抑制工商业,刹住农民弃农经商的风气,稳定并且增加农业人口,减少非农业人口。

另一方面,工商业者,虽然不乏白圭那样的、怀有仁爱之心的"廉贾""良贾",但是,也有很多投机倒把、囤积居奇、只顾自己赚钱、不管别人死活的"贪贾""恶贾"。他们操纵市场,剥削百姓,严重危害了农民利益,对社会经济造成了巨大冲击。因此,商鞅抑商的再一个意图,就是要通过控制工商业,减轻它对农业的侵蚀。

基于这样的一些目的，商鞅变法期间，采取了一系列抑制工商业、限制工商业的措施。例如，加重工商业者的赋税劳役的负担；发展官营工商业，把一部分赚钱多的产业如冶铁、煮盐等收归官营；商鞅甚至还不允许随便开设旅店饭馆，为外出经商的活动设置障碍，等等。

虽然商鞅后来被五马分尸了，但他出台的这些政策，在秦国实行了一百多年，直到秦始皇的时候依然存在。如果说秦始皇的做法有什么特别之处，那就是强迫原来六国的工商业富豪，从故土原籍，搬迁到异域他乡。

秦始皇这样做，除了和商鞅同样的原因之外，还有一个现实的考虑，就是彻底铲除六国贵族的残余势力，防止六国的遗老遗少们，与这些财大气粗、拥有相当的财力物力人力资源的工商业富豪，勾结起来，使六国死灰复燃，威胁秦朝的统治。

我们开头讲的商人迁徙的那一幕，就是在这样的背景下发生的。

讲到这儿，有的朋友可能会产生一个疑问：既然商鞅搞的重农抑商政策，已经实行了一百多年，那么，为什么在秦国还能出现大商人吕不韦担任相国十几年的事情呢？

既然秦始皇对待商人那么狠，既没收其家产又强迫其移民，那么，秦始皇为什么又对女企业家寡妇清那么好呢？

这些现象是不是有些矛盾呢？又该如何解释呢？

我们说，虽然从商鞅到秦始皇，秦国的抑商政策是一贯的，并且开了中国古代历史上重农抑商政策的先河。但是，我们千万不能把这些政策的后果估计得过于严重，绝对不能以为随着这些政策的实施，商人就一落千丈了，工商业就一蹶不振了。实际情况并不是这样的。

因为商鞅抑商，主要目的是重农。商鞅的抑商政策实际上属于重农政策的辅助手段。商鞅抑商，只是使工商业者的活动受到了某些限制而已。

秦始皇在外商吕不韦的羽翼之下生活了十几年，他对商人怀有十分复杂的感情，就是既敬畏，又厌恶。因此，他对待富商大贾的政策也具有鲜明的两面性。就是，既打击，又利用。

打击的时候，是出于政治目的，防止他们和六国的残余势力勾结起来，重振六国，威胁秦朝的统治。

利用的时候，是基于经济需要，发挥富商大贾的聪明才智，为秦朝的经济发展添砖加瓦。

比如说，秦始皇把来自全国各地的十二万户工商富豪，移民到首都咸阳，一般的解释是为了加强对这些人的控制。这种说法不能说没有道理，但不可能是秦始皇的主要目的。你想啊，秦始皇整天在首都面对这么多专政对象、阶级敌人，愁眉苦脸，垂头丧气的，他心里多不爽啊？秦始皇把他们移民来，主要是为了利用他们的财富和智慧，把咸阳建设成繁华富裕的大秦帝国的新首都。

再比如说，秦始皇把赵国的大冶铁商卓氏夫妇，移民到巴蜀之地，客观上也是促进了西南地区的开发。

从这个角度上说，强迫移民，实际上是秦始皇式的招商引资。

况且，秦始皇打击的，只是原来六国的富商大贾，对于秦国本土的富商大贾，秦始皇是非常器重的。寡妇清受到秦始皇表彰、乌氏倮受到秦始皇重用，就属于这种情况。

我们知道，寡妇清是我国历史上第一位有名字可考的女企业家。她的老家，在现在的重庆市涪陵县一带，当时属于巴蜀之地，比较早的就是秦国的地盘了。

寡妇清家经营的产业是开采朱砂矿，生产规模很大，赚的钱也很多，寡妇清作为女企业家的名声，也传遍天下。前文我们讲过，就连秦始皇，都使用接待贵宾的礼节，隆重地接见了她。秦始皇不仅接见了寡妇清，还专门为她建筑了一座名叫"女怀清台"的高台，以表彰其功业。

那么，秦始皇为什么要这样看重寡妇清呢？

司马迁在记载寡妇清的故事的时候，提出了两个原因，一个原因是寡妇清一直守寡，是坚持了妇女的贞节；再一个原因是寡妇清有钱。原文有两句话，一句话说："清，寡妇也，能守其业，用财自卫，秦皇帝以为贞妇而客之，为筑女怀清台。"另一句话说："清，穷乡寡妇，

礼抗万乘，名显天下，岂非以富邪？"（《货殖列传》）

应该说，司马迁所讲的这两个理由，是很有道理的。

先说守寡这个事吧。一方面，秦汉时期妇女改嫁的事情非常普遍，十分平常。例如，不管秦始皇的父亲是谁，不管是吕不韦，还是秦国的落魄公子异人，他的母亲是赵姬，这一点是确定无疑的，没有任何争议，而赵姬原来就是吕不韦的小妾，后来改嫁给异人的。另外，汉景帝的皇后也就是汉武帝的母亲王娡，也是先嫁人生了孩子，后来又改嫁给汉景帝的。有意思的是，王娡的母亲也曾经在丈夫死后改嫁过。这些事例说明，秦汉时期，妇女改嫁稀松平常，不算是什么了不起的大事。

但是另一方面，秦始皇却特别主张妇女应该保持贞节，不能改嫁。秦始皇三十七年，他巡游南方，登上越王勾践和范蠡等人待过的会稽山，祭祀大禹和南海，刻石立碑，歌颂他的功德。所刻的石碑就是历史上非常有名的《会稽刻石》。其中就有号召妇女守寡的话，叫作："有子而嫁，倍死不贞。"就是说，如果妇女有了孩子，再改嫁给别人，就是背弃死去的丈夫，不守贞节。当然，秦始皇不光反对妇女改嫁，也反对男子搞婚外恋。《会稽刻石》紧接着一句话是说："夫为寄豭，杀之无罪。"意思是说，做丈夫的如果和别人通奸，杀死他不算是有罪。

正是在这样的背景之下，秦始皇把一直守寡的寡妇清树立为道德标兵、守节模范，是非常容易理解的。

如果说，秦始皇是中国历史上倡导妇女守寡的第一个皇帝，那么，秦始皇专门为寡妇清建造的"女怀清台"，就可以说是中国历史上第一座贞节牌坊了。

但是，我们再仔细想一想。当时，整天打仗，寡妇多了去了，守寡的人也不会少。那么，秦始皇为什么单单表彰寡妇清呢？这就是司马迁所说的第二个原因了，因为寡妇清有钱，是富婆，而且是有名的大富婆。树立这样的"女企业家"当模范标兵，那明星效应该有多大啊！

至于秦始皇重用乌氏倮，那就完全是因为乌氏倮有钱。

乌氏倮在现在的甘肃平凉一带放牧，他把自己所有的牲畜卖掉，拿着钱到中原一带，买来了一批珍奇的高级锦缎，献给了西域的一个国王。这个国王当场赏赐给乌氏倮一大批牛羊，价值竟然比乌氏倮献给他的锦缎多出了十几倍，多得让人眼晕，数都数不过来！

乌氏倮从此发了大财，也引起了秦始皇的注意。秦始皇特地下令，乌氏倮可以享受封君的待遇，每年春秋二季可以按时和贵族们一起进宫朝见皇帝。

司马迁评论说，这个乌氏倮，只不过是边境地区的一个大畜牧业主，他能受到千古一帝秦始皇的器重，"岂非以富邪？"（《货殖列传》）毕竟是因为他有钱啊！

显而易见，寡妇清受到秦始皇表彰、乌氏倮受到秦始皇器重，有一个共同的因素，就是因为他们手中的财富。

但是，难道说，有钱就值得表彰、值得重用吗？不是的，问题没有这么简单。有钱只是结果。寡妇清和乌氏倮这些人的钱从哪里来的？当然来自他们所经营的工商业、畜牧业。他们的钱，是靠辛苦经营得来的。通过孜孜不倦地经营，寡妇清和乌氏倮等人不仅自己富裕了，也为社会创造了财富，促进了社会经济的发展。秦始皇表彰他们，也是出于对他们经营业绩的肯定。

秦始皇表彰寡妇清、器重乌氏倮，在整个中国历史上都可以说是颇具传奇色彩的故事。这些故事，与秦朝由来已久的抑商政策是不是矛盾呢？当然不矛盾。因为秦朝的工商业政策，从来就具有两面性，既打击，又利用。这些故事，无非反映了其中的一个侧面而已。

正因为，秦朝的工商业政策是既打击又利用，强迫移民又是具有秦始皇特色的招商引资措施，所以，被秦始皇强迫移民到异域他乡的富商大贾，在适应了新的环境之后，又纷纷东山再起了。

我们前面讲到的从赵国被强迫移民到巴蜀的大冶铁商卓氏，就是其中的一个例子。

卓氏夫妇，推着小车，和赵国的一些富商大贾一起，被人押着，跟跟跄跄地走到了被强迫移民的目的地——巴蜀。

走到葭萌，也就是现在四川省北部的广元一带的时候，多数人都不愿意再往南走了。他们觉着这儿离关中不远，离老家也算是稍微近一点。于是纷纷拿出随身携带的一点钱财，争着贿赂押送他们的秦朝官吏，都在葭萌定居了下来。

唯独卓氏没有这么做。卓氏夫妇两人在葭萌附近转了转，考察了一番，商量说："葭萌这个地方太狭小了，土地也很贫瘠，不是一个理想定居经商的所在。我听说，再往南去，有一个地方叫汶山，汶山的下面是一大片肥沃的田野，地里出产大芋头，能当粮食吃，无论是旱是涝，到死都不会挨饿。那一带的人，都很擅长做买卖，商业繁荣，是一个便于经商的好地方。我们就到那里去吧。"

于是，别人都哭着喊着地留在葭萌，唯独卓氏请求走得更远一些，押送他们的秦朝官吏，还以为他们的脑子出毛病了。最后，卓氏夫妇被安排到了成都西南的临邛，也就是现在的四川省邛崃。

卓氏到了临邛之后，观察了一下地形地貌，高兴得手舞足蹈。押送他们的官吏看了，越发感到他精神不正常。

秦朝的官吏没有想到，卓氏原来是干什么的？大冶铁商啊。他一到临邛就发现，附近的山里有铁矿，这下子，自己老本行的专长又可以发挥作用了，卓氏能不兴高采烈吗？

于是，卓氏重操旧业，雇了一批人，从山中开采出铁矿石，支起了炉子，铸造铁制器具。

战国时期是我国古代冶铁业发展的重要阶段，发明并使用了很多先进技术。来自赵国的卓氏等人，就把中原地区的各种先进冶铁技术，带进了四川，从而极大地促进了四川地区冶铁业的迅速发展。

由于技术先进，管理经验丰富，卓氏制造的铁制器物，很快打开了销路，拿司马迁的话来说，就是"倾蜀滇之民"（《货殖列传》）。也就是卓家的产品，受到了现在四川、云南等地广大消费者的欢迎。

卓氏再一次毫无悬念地暴发起来了，他家的产业规模，远远超过了过去在赵国的时候，赚的钱，也多得数不胜数。光是他家里面使唤的奴仆，就多达一千多人。

卓氏还在临邛等地购置土地山林，建起了一片又一片的庄园。他家的庄园很大，能在里面骑马打猎，称得上是古今少有的奢华庄园。卓氏和家人"田池射猎之乐，拟于人君"（《货殖列传》），过上了足以与国君相比的日子。

当时，临邛还出现了一个大冶铁商人，叫作程郑，也像卓氏一样，是从北方强迫迁来的。程郑家的产品，销路也很广，尤其受到西南夷等少数民族的欢迎。程郑的富有程度，也和卓氏差不多，家里的奴仆，有好几百人。

卓氏家的产业，世世代代传了下来，传到大约第五六代的时候，卓家的掌门人的名字，被史书记载下来，叫作卓王孙。家业传到他的手上，已经是汉武帝的时候了。

一开始我们提到的那个爱情喜剧、啼笑因缘，以及卓王孙——这个商人世家的传人，被一个毫无商业经验的人运用高超的商业手段彻底征服的故事，就是在这个时候发生的。

二、翁婿商战

这个时候，临邛的县令，名叫王吉。有一天，王县令隆重地接待了一个外地来的客人，住进了县政府的招待所里面。王县令安顿客人住下后，给他配备了专车，还安排了好几个使唤的佣人，跑来跑去伺候他。

每天，王县令都抽时间，恭恭敬敬地到宾馆拜访那位客人，还时不时地亲自陪同那位客人，在临邛的大街小巷参观。每次出行的时候，好几辆车马随从，前呼后拥，招摇过市。

只见那位客人一表人才，风流倜傥，是一个标准的大帅哥。他坐在车上，举止雍容大方，神采飞扬，派头十足。临邛人看了，都感觉他仿佛神仙一般。

这位客人究竟是谁呢？他不是别人，正是因为擅长写作辞赋而在文学史上大名鼎鼎的司马相如！

司马相如，字长卿，是四川成都人。少年的时候，家境还算比较富裕。他自幼喜欢读书，爱好击剑。父母给他取了一个名字，叫犬子。拿现在的话，就是狗儿。司马相如成年以后，觉着犬子这个名字不是很雅，又因为他非常仰慕战国时代的赵国名相蔺相如，就自己改名叫司马相如了。

当时汉朝有一种制度，叫作"赀选"。这个制度规定，家产达到一定程度的有钱人，交给国家一部分钱，就可以到首都长安担任郎官。郎官是一种没有具体实权的官，跟见习官员和候补官员差不多，有机会在皇帝身边当差，但是车马、服装、生活费用等都必须自备。这种制度，实际上就是一种卖官鬻爵的办法。

父母为了让司马相如有个前程，就倾尽家产，送司马相如到首都长安当了郎官。司马相如就到了长安，有时还能陪着汉景帝打打猎。但是，司马相如不太喜欢这种差使，当然汉景帝也对辞赋没有什么兴趣。司马相如觉着待下去没有什么意思，就辞官不做，跑到梁国，当了梁王的门客，因为梁王喜欢辞赋。一晃几年，梁王死了，司马相如没有了知音，只好回到故乡成都。

这时候，司马氏的家境已经一贫如洗了。司马相如待在家里，吃了上顿没下顿，沦落成了一个穷困潦倒的无业青年。正好临邛县令王吉是司马相如的好朋友，关系很铁，就把他请到了临邛做客。

一开始，王县令每天到司马相如住的宾馆拜访，司马相如还能以礼相待。但是过了不久，司马相如就端起了架子，动不动推托有病，不肯见王县令。王县令不仅不生气，反而更加殷勤和恭敬了。

此时的司马相如还没有什么名气，况且又是在王县令的地盘上寄人篱下，他有什么资格又有什么必要摆谱端架子呢？王县令身为一方父母长官，又何必低三下四地向一介书生司马相如献殷勤呢？

原来啊，司马相如和王县令，正在合伙演出一场钓鱼的把戏。他们的所作所为，是在为钓鱼而制造声势。

钓鱼，他们要钓什么鱼呢？他们要钓的，就是卓王孙的女儿卓文君。司马相如一到临邛，就从王县令那里听说了卓文君，知道这位富家小姐，不仅人长得漂亮，而且自幼喜欢音乐，颇有艺术气质，现在正守寡在家。司马相如顿时对才貌双全的卓文君产生了仰慕之情。但是他又听说卓文君才高气傲，不容易接近，就和好朋友王县令合伙设计了这一出钓鱼的把戏。王县令也很乐意成全这种才子佳人的美事，也就配合得十分默契。

在钓鱼的过程中，司马相如和王县令，综合使用了各种商业促销的手法。比如说，王县令陪着司马相如四处游玩、招摇过市，不就是做广告吗？王县令低三下四地向司马相如献殷勤，不就是明星代言吗？由县太爷当托儿，那影响力该有多大啊。

所有这些，都是在有意识地制造气氛，抬高司马相如的身价，把一个穷困潦倒的无业青年，包装成了不得的大人物，以便钓到"大鱼"。

鱼儿很快就上钩了。王县令殷勤待客的消息，早已在临邛炒得沸沸扬扬。人们议论纷纷，都认定那位客人一定是大有来头。

卓王孙的眼球被吸引住了，特地找到程郑家的人，商量说："老程啊，听说县上来了一位贵宾，我们作为地方企业界的领袖，是不是也该出面款待一下啊？"于是，卓王孙和程家联名，郑重其事地送上了请柬，并请王县令出席作陪。

宴会的地点，就设在卓王孙家的豪华的园林里面。王县令如约前来，一进卓王孙家，不由得暗吃一惊。好家伙，卓王孙邀请来作陪的各路头面人物，竟然有好几百人。

作陪的人都到齐了，可是已经中午时分，主角却迟迟没有露面。卓王孙派人到宾馆请，司马相如推托有病，不肯前来。面对成桌子的山珍海味，王县令不敢动一动筷子，又亲自跑到宾馆迎接司马相如。司马相如装出很不情愿的样子，来赴宴了。他千呼万唤始出来，吊足了人们的胃口，司马相如一出现，全院子的人都被他的风采倾倒了。

盛大的宴会终于开始了。酒过三巡，菜换数道，王县令捧出早已准备好的道具，一把古琴，恭恭敬敬地走到了司马相如身边，施礼说："长卿先生啊，我久仰先生琴艺高超，深不可测，别人弹琴您是不会入耳的，就请先生自己弹奏一曲，自娱自乐吧。"

根据司马迁的《史记》记载，司马相如有一个毛病，就是口吃，说起话来结结巴巴的，所以他在众人面前，自始至终很少说话。对于王县令的请求，司马相如又摇头摆手地装模作样推辞了一番，好像看王县令实在真诚，盛情难却，便缓缓地操起古琴，平心静气，全神贯注地弹奏起来。

当这场司马相如的个人演奏会结束的时候，有一个人的心，就被悠悠琴声彻底征服了。这个人是谁呢？就是司马相如和王县令想钓的大鱼——卓王孙的女儿卓文君。

一开始，卓文君对于街上炒得沸沸扬扬的县令待客的新闻，还没大当回事。等到那个传说中的大帅哥光临自己家做客，尤其是司马相如的琴声响起来的时候，卓文君怦然心动了。

为什么啊？因为司马相如弹奏的曲子，弹了一曲又一曲，全都是向女孩子倾诉爱慕之情的。

别人听不出来，自幼精通音乐的卓文君还能听不出来吗？于是卓文君被琴声牢牢地吸引住了，她悄悄来到宴会厅旁边，躲在帘子后面偷听。几首曲子听完，卓文君完全被司马相如的才华征服了。她又爬在门缝偷偷一看，啊！传说中的司马相如果然是仪表堂堂，气宇非凡，"帅哥"之名不是空穴来风啊。

司马迁写到这一段的时候说，卓文君当时就对司马相如"心悦而好之，恐不得当也"。(《史记·司马相如列传》）就是说，卓文君对司马相如产生了无限的喜爱仰慕之情，甚至还自惭形秽，担心自己配不上他。

司马相如埋头弹琴的时候，担任代言人的王县令也没有闲着，他派人买通了卓文君身边的丫鬟。宴会结束后，司马相如就趁热打铁，发起了正面进攻。他通过那个丫鬟转给卓文君一封信，直截了当地向卓文君表达了爱慕之情。

卓文君还在为担心配不上司马相如而懊恼呢，一接到信，啥都不顾了，当天晚上就溜出家门和司马相如私奔了。司马相如抱得美人归，连夜赶着马车带着卓文君跑回了成都。

卓王孙忽然发现女儿不见了，一打听，才知道叫司马相如拐跑了。卓王孙这才明白，自己被王县令和司马相如忽悠了。

卓王孙顿时勃然大怒，气不打一处来。他气愤的是，上了司马相如和王县令的当，而司马相如并不是什么了不起的大人物，只是成都一个穷得叮当响、家徒四壁的无业青年。

他更气愤的是女儿卓文君的私奔。前面说过，秦汉的时候，妇女改嫁是很稀松平常的事情，但无论怎么稀松平常，也都要讲究点礼道，最起码的也要听一听"父母之命，媒妁之言"。卓家在临邛，毕竟是巨商世家，是数一数二的头面人物，越有钱，越要讲究面子。卓王孙觉着，女儿的做法，让他丢尽了面子。

卓王孙就气恼地说："女至不材，我不忍杀，不分一钱也！"（《司马相如列传》）就是说，女儿没有出息，竟然与人私奔了，我不忍心杀死她，但是一个钱我也不会给她的！

不少人来劝卓王孙，算了吧，毕竟是自己的女儿，现在卓文君掉到了一个穷窟窿里面，还是可怜可怜她，给她点钱吧。卓王孙觉着面子上过不去，说什么也不答应。

热恋的蜜月过去之后，生活的压力袭上了心头。卓文君毕竟是大财主家的千金小姐，从小不愁吃、不愁穿的，跟着司马相如，虽然每天可以弹琴唱歌、吟诗作画，非常浪漫，可是，浪漫毕竟不能当饭吃啊。

卓文君说："老公啊，我们还是回到临邛吧。父亲不认我，还有兄弟呢。哪怕是向兄弟借债，也足以维持生活，何苦这样受穷呢？"

司马相如想想，让妻子跟着自己受穷，实在于心不安，就跟着卓文君回到了临邛。

卓文君就把自己的车马全部卖掉，又从兄弟那里借了一点钱，买了一个小酒馆，做起了卖酒的生意。

每天，卓文君坐在土台子前面站柜台卖酒，司马相如则扎着大围裙，和雇来的几个打工的伙计一起，在店门口刷盘子洗碗。

临邛人听说，开酒馆的老板娘竟然是本地大财主卓王孙的女儿，酒馆跑堂的，竟然就是前不久像神仙一样招摇过市的大帅哥，而且两口子还有一段私奔的风流韵事。这个消息一出来，它的轰动效果简直不亚于原子弹爆炸。

结果，司马相如和卓文君的小酒馆，从早到晚都挤满了人，有喝酒的，也有看热闹的，天天是顾客盈门。人越多，司马相如和卓文君两口子干得越起劲。

司马相如和卓文君这两口子，一个能屈能伸，另一个敢作敢为，真可以说是珠联璧合、天造地设的一对啊。

他们为什么要这样做呢？

我想，一方面，是要放下架子，靠自己的双手，辛勤劳动，自谋生计。

另一方面，是要以自己的行动证明，面子不如里子，大胆地追求爱情，并没有错！只要夫妻恩爱，相濡以沫，完全可以堂堂正正、坦坦荡荡，没有什么见不得人的。

但是，他们也许没有想到，他们的做法，客观上竟然非常符合商战的策略。

在商业竞争当中，给对手制造麻烦，从来都是商战的常用手法。其中一个办法就是动员社会舆论的压力，迫使对方做出让步。司马相如和卓文君做法，等于是给死要面子的卓王孙，制造了更大的面子危机。

于是，司马相如和卓文君的小酒馆生意越红火，卓王孙越觉着丢人，越感到纠结。他把自己关在家里，没脸见人了。

卓家的亲戚朋友一个接一个地来劝卓王孙，说："您家最不缺的是什么？就是钱啊。可是您的子女并不算多，总共只有一个儿子，两个女儿。现在文君已经被司马相如拐去，成了他的人。司马相如虽然穷，但听说他很有才学，他又真心实意地喜欢文君，这种人还是靠得住的。况且司马相如还是县令的好朋友，怎么着也算是有点身份的人。您老人家何必太死心眼呢？"

卓王孙想来想去，想不出更好的办法，他也担心女儿女婿被逼急了，又闹出什么让他更难堪的事，就只好听了亲戚朋友的劝告，分给卓文君一百万钱、一百个家奴，出嫁时的衣服、被褥等嫁妆也一应俱全。

卓文君和司马相如拿到了这些钱财，立马就把小酒馆收了摊儿，回到成都，买房子置地，过上了富裕的生活。

后来，司马相如杰出的文学才华终于被汉武帝发现了。汉武帝把司马相如召到首都，重新任命他做了官。又后来，汉武帝为了安抚西南少数民族，提拔司马相如为中郎将，派他出使西南夷。

成都和临邛，都是通往西南夷的必经之地，司马相如作为皇帝的专使，浩浩荡荡回到四川，真可谓是衣锦还乡。蜀郡的太守带领当地官员到郊外迎接，临邛的县令等人，背着弓箭在前面开路。

成都人民奔走相告，都为他们那里出了司马相如这么一个大才子而光荣。临邛人民也喜气洋洋，都为司马相如是他们那个地方的女婿而自豪。

这个时候，卓王孙别提多后悔了。他后悔什么？后悔把女儿嫁给司马相如太晚了，后悔分给卓文君的家产太少了。

于是，卓王孙再次分给卓文君一大笔家资，其数量和留给儿子的一样多。

故事发展到这里，卓王孙这个巨商世家的传人，终于被毫无商业经验的司马相如和卓文君夫妇，运用高超的商战手法，彻底征服了。一桩啼笑因缘，也以大团圆的结局，完美收场了。

然而，包括卓王孙等在内的汉朝的富商大贾们没有想到，正是在这个时候，一场比秦始皇强迫移民还要沉重的打击，落到了他们的头上。

这，又究竟是怎么回事呢？

第九章 卜式捐资

一、商人爱国

汉武帝的时候，有一天，汉武帝正在批阅各个地方、各个部门报上来的文件，突然，一个商人的上书，引起了他的注意。上书的这个商人，名字叫卜式。

卜式这个商人的上书，究竟写了些什么，引起汉武帝的注意了呢？原来，在给汉武帝的上书里面，卜式说愿意把自己一半的家产，捐献给国家。

看着卜式的上书，汉武帝很是惊奇，商人把家产献给国家，在他的记忆里面，这种事，历史上倒确实发生过。比如说，《左传》里记载，春秋的时候，秦国派了孟明视等三位将军，带领一支军队偷袭郑国。秦军行踪诡秘，经过了晋国、周国，都没有被郑国发觉。郑国有一个名叫弦高的商人，正好赶着十二头牛、带着一些牛皮，要到东周的首都洛阳去做买卖，路上突然遇到了这支秦军。

当时郑国正与秦国发生纠纷，闹得不可开交，在离郑国不远的地方突然冒出这股秦军，弦高料定秦军十有八九是去偷袭郑国的。国家面临危难，怎么办？弦高就急中生智，一面派人赶紧回郑国报信，说秦军就要来偷袭了，快快做好准备。一面壮起了胆子，直接找到秦军带队的将军孟明视，把自己赶来的十二头牛和一些牛皮全部献上，说："我们的国君，听说贵军要路过我们郑国，特地派我来犒劳贵军。国君还让我给您带个话，如果贵军准备在我国歇歇，我们就准备提供一天的粮草；如果贵军打算只住一晚上，我们可以担任一夜的警卫。"

孟明视听弦高这样一说，大吃一惊，连忙和其他几个将军商议："不好啦，看来郑国早已发觉了我们的行踪，而且做好了防备。我们要偷袭是不成了。如果改为强攻，又没有后援。我们还是打道回府吧。"

秦军于是掉头返回，在途中遭遇了晋国的伏击，全军覆没。

郑国商人弦高在这样一个危急关头，挺身而出，不惜牺牲自己的生命财产，保卫了国家。弦高的这种爱国行动，赢得了郑国举国上下的一致称道。郑国的国君赏赐给弦高大量的金银财宝，但是弦高一概不要。弦高为了表明自己不为名不为利，竟然带领家人搬迁到了外国，再也没有回来。

汉武帝心想，自己当皇帝已经有些年头了，可是，一直没有遇到过像弦高那样不图名、不求利的爱国商人。

眼前这位卜式，声称愿意把一半家产献给国家，这究竟是真的还是假的啊？他究竟是一个什么样的商人呢？汉武帝决定派人去调查一下虚实。

汉武帝派出的官员，办事相当认真，他先是到了卜式的老家，向当地官员了解情况。

原来，卜式是河南郡人。西汉时候的河南郡，大体上是现在的河南省洛阳、郑州一带。卜式早年以放牧为业。父母死后，卜式有一个弟弟年龄尚小，卜式就一个人操持家业，抚养弟弟。等到弟弟长大成年，要成家立业了，卜式就和弟弟分家了。在分家的时候，卜式自己只留下一百多只羊，把其余的土地、房屋等家产全都送给了弟弟。

卜式赶着这一百多头羊，到山里放牧。放牧的同时，还做买卖。过了十几年，羊繁殖了成千上万，卜式也积攒了不小的一笔财富，就又买上了大量土地，置办了大批房产。

他的弟弟却坐吃山空，把家底差不多糟蹋光了。卜式虽然很生气，恨铁不成钢，但想一想毕竟是自己相依为命的亲弟弟啊，自己这个当哥哥的不管，那谁管他呢？于是卜式一面谆谆教导弟弟要勤俭持家，一面又把自己的财产，分给弟弟一大部分。

卜式在弟弟幼小的时候，既当哥哥又当娘。弟弟长大后，不务正业，卜式仍然不嫌弃他。因此，卜式在乡里，不仅是事业上很成功的商人，还是和谐家庭的模范。

汉武帝派来的官员了解到这些情况，心里仍然不踏实，就直接找到了卜式，问他："卜式，听说你愿意把一半家产捐献给国家，你这样做是出于什么动机呢？你莫非是想做官吧？"

卜式摇了摇头，回答："大人啊，我是一介草民，从小放羊为生，不懂得做官之道，也不愿意做官。"

官员不信，他认为卜式或许还有别的不可告人的目的，又问："你家里该不是有什么冤屈，要向政府诉说吧？"

卜式回答："大人啊，您可能不大了解我。我长这么大，从来就没有和别人红过脸。乡里有过不下去的穷人，我就借钱借物给他们；有不善的，我就教他们学好。乡亲们都愿意听我的劝导，我怎么会被别人冤枉呢？我确实没有什么需要向政府诉说的。"

官员越发纳闷了，又问："既然这样，你为什么愿意把一半家产献给国家呢？你总会有所求吧？你究竟希望得到什么呢？"

卜式郑重其事地回答："皇上圣明，正在出兵打击匈奴。我认为，作为大汉的子民，应该是有力的出力，有钱的出钱，只有这样，才能把匈奴消灭。我虽然体力虚弱，不能上前线为国家冲锋陷阵。但是，我也应该做一点力所能及的事啊。"

那个官员听了，不由得对卜式肃然起敬。回朝之后，把了解到的情况，一五一十地向汉武帝做了汇报。

但是汉武帝听了，依然有些迟疑不决，就把这件事说给丞相公孙弘听。

公孙弘听了，头摇得像拨浪鼓一样，说："这不是人之常情，这不是人之常情。世界上怎么会有做好事而不求回报的人呢？太不靠谱了，该不是作秀吧？这个卜式啊，恐怕是动机不纯，另有所图。不能把这种人树为榜样，扰乱了法令，陛下最好不要搭理他。"

听了公孙弘的意见，汉武帝更犹豫了，就把这件事情搁了下来。

二、贱商抑商

那么，汉武帝、公孙弘等人为什么对于卜式的做法疑虑重重呢？这里面啊，既和西汉的传统政策有关，也和汉武帝等人的直接感受有关。

西汉的建立者汉高祖刘邦，年轻的时候就受到过有钱人的刺激。刘邦的老家是沛县，沛县的县令有一位老朋友，姓吕，人称吕公，因为躲避仇人搬家到了沛县。吕公为了在沛县站住脚，就摆下酒席，设宴招待沛县的一些有头有脸的头面人物。沛县的这些头面人物听说吕公是县令的贵客，也都愿意来捧场。

萧何在县政府当官，被县令派去主持宴会。看见来的客人挺多，萧何就宣布："送礼超过一千钱的，请到堂上就座；不满一千钱的，只好委屈在院子里就座了。"

刘邦当时担任一个小亭长，平时游手好闲，毛病却不少，最突出的毛病，一是酗酒，二是好色。他听说有酒喝，也来了。一听萧何这样说，立即傻眼了。他哪来的钱啊？他平时到人家的酒馆喝酒，从来都是赊账的，到了年底仍然赖着不还，人家只好自认倒霉。这一次，刘邦是甩着十个指头来的，弄不好连坐在院子里的资格都没有。

但是刘邦毕竟是刘邦，他在门外高声喊道："我送的是一万钱的礼！"

吕公在里面，一听说有人送这么重的厚礼，也不敢怠慢，亲自跑到门口迎接，把刘邦请到堂上。刘邦也不客气，大摇大摆地坐到了上席。

宴会结束以后，吕公示意刘邦留下，竟然当场做主，把女儿许配给了他！吕公的这个女儿，就是后来大名鼎鼎的吕后。

这件事，对刘邦的刺激可是不小。使他对于金钱产生了很复杂的心态。从此，刘邦除了酗酒、好色的毛病之外，又添了一个新的毛病，就是贪财，另外还有一点仇富心理。

刘邦的这些毛病，在当时是尽人皆知的。比如说，鸿门宴之前，项羽的谋士范增就说：刘邦这个人，"贪于财货，好美姬"（《史记·项羽本纪》）。这说明在别人眼里，刘邦的贪财比好色还要厉害。

更重要的是，汉朝建立以后，由于秦朝多年残暴统治和长期战争的破坏，社会经济一片凋敝，物资匮乏。司马迁描写的景象是："自天子不能具钧驷，而将相或乘牛车，齐民无盖藏。"（《史记·平准书》）意思是，给皇帝拉车的马，都凑不齐四匹颜色一样的。有不少王侯将相甚至坐不上马车，只能坐牛车。皇帝和王侯将相都是这么寒碜，老百姓更是穷得一无所有了。

但是，一些商人却乘机囤积居奇，哄抬物价，米一石卖到一万钱，马一匹卖到黄金一百斤。西汉的时候，一斤约合现在的二百五十克。一百斤约合现在的二十五公斤。二十五公斤黄金，即使在今天也都是超级天文数字！

所以，汉高祖刘邦对此非常愤怒，他心想，我贵为皇帝，都坐不上四匹一样颜色的马拉的车子，你们这些富商大贾却乘机大发国难财，过着花天酒地的生活，实在是太可恶！

于是，刘邦继承了秦朝实行的重农抑商政策，颁布了所谓的"贱商令"。这个"贱商令"规定：商人不能穿丝绸衣服；不能坐车骑马，不要说马车，连牛车也不行；商人不能佩带宝剑，因为在古代，佩带宝剑是贵族的特权，也是贵族身份的象征，商人即使再有钱，也没有资格享受这种待遇；商人及其子弟还不能做官；对于商人征收重税。

我们知道，历史上有一种说法，叫作"汉承秦制"，就是说汉朝虽然是推翻秦朝而建立的，但是秦朝的很多制度却被汉朝继承了下来。其中的一项，就是重农抑商政策。

从此以后，士、农、工、商的说法，就从社会职业的划分，变成了社会等级的概念，工商业者变成了社会地位低下的"贱民"。

不过，刘邦毕竟是一个非常务实的政治家，他虽然继承了秦朝的做法，实行重农抑商政策，但是他搞的"贱商令"，主要侧重于从政治上贬低商人、从人格上侮辱商人，目的是打压商人的社会地位，形成鄙视商人的社会风气。

在经济上，刘邦不仅没有像秦始皇那样剥夺富商大贾的家产，限制商人的经营活动，反而比较注意发挥工商业者的创造力和活力，让他们为恢复经济出力。

其中非常重要的一项措施，就是改变了秦朝对于主要经济活动实行干预的政策，把铸钱、冶铁、制盐等容易赚钱的生产部门，准许私人经营，国家不加以控制。同时，为了促进商品交换的发展，还撤销了各个交通要道上的关卡、收费站。

司马迁在《货殖列传》里面，高度赞扬了刘邦的这些做法，原文说："汉兴，海内为一，开关梁，弛山泽之禁，是以富商大贾周流天下，交易之物莫不通，得其所欲。"

也就是说，刘邦的抑商政策，面子上的成分比较多，而在促进工商业经济发展方面，却是比较实的。这种现象，反映了西汉的商业政策也像秦朝一样，具有既抑制、又利用的二重性特征。

刘邦死后，清静无为的黄老哲学成为西汉前期占主导地位的治国思想。这种治国思想主张，秦朝灭亡，就是统治者自以为自己很能干，瞎折腾出来的；现在要实现天下太平，就应该让老百姓休养生息，不能再瞎折腾了。这种思想，体现在工商业政策上，就是自由放任的色彩越来越浓厚，政府的干预和限制越来越少。甚至，刘邦时代实行的一些贱商政策也陆陆续续被撤销了。

例如，吕后掌权的时候，就不再限制商人穿丝绸衣服，也不再限制商人骑马坐车。

到了汉武帝即位以前，除了禁止商人及其子弟做官的禁令依然有效之外，其他的禁令都相继失效了。

对于工商业的限制虽然越来越少，但是既抑制又利用的基本政策并没有改变。这就导致了汉武帝对于卜式要求捐献家产的事情将信将疑。

而汉武帝的时候发生的一些事情，就更是让汉武帝对于商人充满不信任了。汉武帝的时候发生了一些什么事呢？

这就是西汉朝廷遇到了巨大的财政困难。而随着财政危机的不断加深，西汉朝廷和富商大贾的矛盾也在日益尖锐。

汉武帝刚即位的时候，经过数十年的休养生息，特别是"文景之治"的积累，西汉朝廷的财政状况，曾经非常好。当时首都长安的国家仓库里面堆满了钱，由于长时间不用，穿钱的绳子都腐烂了，已经数不清究竟有多少钱。国家粮仓里面的粮食也是陈粮压着陈粮，仓库里面盛不下，只好露天堆放，以至于发霉变质了不能再吃。

在这样的物质条件之下，雄才大略的汉武帝，改变了汉初以来实行的清静无为的政策，以积极有为的姿态处理国家事务。其中，最主要的工作，就是对匈奴发动了大规模的反击战争。

现在有一句话说得好："大炮一响，黄金万两。"古代也是一样，与战争联系在一起的，是财政开支的急剧增加。出征将士的武器战马、盔甲粮草、有功的赏赐、伤亡的抚恤、边境上的筑城防御、敌人投降后的安置，等等，都必须由国家财政出钱。一二十年的战争打下来，曾经堆积如山的国库，变得空空荡荡了，西汉的财政严重入不敷出。有的时候，竟然连军饷都发不出来。汉武帝不得不减少宫廷开支，拿出自己的私房钱，充当军费。后来，甚至发展到了汉武帝要减少膳食的地步。比如说原来每顿饭要吃一百道菜，现在只能吃五十道菜、三十道菜了。

堂堂的大汉朝廷，也面临着迫切需要脱贫致富的问题了。

要增加财政收入，钱从哪里来呢？羊毛出在羊身上，无非是向老百姓征收。但是，由于连年战争，老百姓已经疲于奔命；再加上不断发生严重自然灾害，很多老百姓已经流离失所。这个时候如果加重税收，老百姓只有逼上梁山一条路可走了。

既然不敢再过分盘剥老百姓，西汉统治者就不约而同地盯上了富商大贾。实际上，早在汉文帝、汉景帝的时候，社会上就开始响起了压制富商大贾的呼声。曾经入选高中语文课本的晁错的《论贵粟疏》，就是这种主张的代表。现在，西汉朝廷的财政状况极端恶化，朝野上下更是一致认为，该让那些富得流油的人出出血了。

当然，当时的人们之所以认为应该拿富商大贾开刀，并不单纯是怀着仇富心态，嫉妒他们有钱，而是有着更深层次的原因。这个原因是，富商大贾虽然通过自己的经营，创造了物资财富，促进了社会经济的发展，但同时，既和当时的政治走向有矛盾，也和当时的经济结构有冲突。

当时的政治走向是什么呢？简单说，就是专制主义中央集权不断强化。也就是地方的权力在越来越多地集中到中央，中央的权力在越来越多地集中到皇帝，形成君主专制独裁的体制。从秦汉到明清，虽然中间有很多波折和反复，但是，这个大的趋势、大的潮流、大的方向，一直没有改变。如果说，整个中国古代的历史是一条路的话，那么，汉武帝在位的五十四年，恰恰就是这条道路上的一个非常醒目的站牌。

这种政治制度，就是政治权力大于一切，它不能容忍在专制独裁的体制之外，存在任何不受约束的强大力量，包括经济力量。富商大贾势力的膨胀，是与这种政治走向相矛盾的。

那么，当时的经济结构又是什么呢？简单说，就是农业经济占主导地位，社会经济最主要的任务，就是首先要解决吃饭的问题。工商业经济不是不重要，更不是可有可无，但它毕竟是副业。

既然是副业，就不能冲击了主业。但是，工商业经济的发展，特别是富商大贾力量的膨胀，却恰恰与以农业为主的经济结构有冲突。

一方面，当人们发现"用贫求富，农不如工，工不如商，刺绣文不如倚市门"（《货殖列传》）的时候，搞工商业赚钱多、挣钱容易，大家都跑去打工、做买卖，没有人种地了。这样一来，少数人虽然挣钱了，但是整个社会经济却有可能受到不利的影响，老百姓就有可能饿肚子，社会就有可能不稳定。

另一方面，如果搞工商业发了大财的人，都去买土地、建房子，"以末致财，以本守之"（《货殖列传》），把农民赖以为生的土地夺了去，农民流离失所，同样会破坏社会经济的稳定。

也就是说，富商大贾势力的膨胀，既和当时的政治走向有矛盾，也和当时的经济结构有冲突，在这种情况之下，汉武帝能不拿他们开刀吗？

于是，汉武帝就安排了一个叫张汤的人，在这个张汤主持之下，一场针对富商大贾的战争，拉开了序幕。

张汤这个人，在历史上是非常有名的酷吏。"酷"，这个词，我们都很熟悉，现在是一个不错的褒义词，追求时尚的俊男靓女们，都很欣赏"酷"，都以"酷"为美。但是，在古代，"酷"这个词，却是一个不折不扣的贬义词。它所形容的是手段毒辣、残忍、没有人味。总之，在那个时候，在一般人看来，很"酷"的人，十有八九不是什么好人。

张汤给汉武帝出了一个主意，建议向工商业者征收财产税。汉武帝采纳他的意见，颁布了一个"算缗令"，向富商大贾发起了正面进攻。

"算缗令"究竟是什么意思呢？

缗，是穿钱的绳子，古代的铜钱是一个一个的，为了便于携带和记数，就用绳子穿起来。一千文铜钱穿成一串，称作一贯，也叫作一缗。所以在古代，铜钱习惯上又被称为"缗钱"。"缗"在这里指的是财产。

"算"是征税的意思。因此，所谓的"算缗"，就是向工商业者征收财产税的法令。

汉武帝以前，西汉政府早就有财产税。不管是土地、房屋这些不动产，还是货物、现金之类的动产，都要征税。但是，不同的人，税率不一样。当时的规定是：地主和农民按1.2%的税率交税，商人的税率略微高一点，是2%。这种税率的差别，体现了重农抑商的政策取向。

汉武帝按照张汤的建议颁布的"算缗令"，地主和农民的税率不变，依旧是1.2%。工商业者的税收却是大大加重了。其中，商人的税率，从2%提高到了6%，手工业者的税率是商人的一半，即3%。

张汤还建议，商人不仅要交纳财产税，还要单独交纳车船税。每辆车子的税率是2.4%。现在，私家车越来越多，有车的人都知道，每年都得交纳车船使用税。2010年开始，北京市为了方便纳税人，车船税是和保险一起交的。但是人们可能不了解，在中国历史上，车船税这个税种，就是张汤这个很"酷"的人发明的。

工商业者不仅交税的项目多，而且税率提高了好几倍，这说明，汉武帝通过税收政策打击富商大贾的意图是非常明显的。

我们看，"算缗令"征税，是按照百分比来计算的，意思是财产多的交税也多。从公平税负的角度看，这样做当然是合理的。但随之而来的一个很大的问题是，怎么知道谁家的财产多，谁家的财产少呢？如果不掌握人家的财产数目，根据什么去征收百分之几的税呢？

张汤早就想到了这一点，他建议汉武帝颁布了一个法令。规定：纳税人都要主动向政府申报自己的家产；如果隐瞒不报，或者申报不实，要罚他戍边一年，并没收其全部家产。

可是，"算缗令"颁布好长时间了，主动申报家产的人并不多，即使申报，也大大缩水。更多的富商大贾千方百计地装穷，隐藏家产，偷税漏税。

眼看"算缗令"遇到了巨大阻力，怎么办好呢？

三、树立榜样

正当汉武帝为"算缗令"推行受阻而犯愁的时候，一张名单报到了他的手上。这份名单又是怎么回事呢？

原来，黄河下游地区发生了特大水灾，灾民成群结队，流离失所。官府打开各地的粮仓来救济，都还不够，只好把七十多万的灾民，迁移到沿边地区安置。这些灾民的粮食、衣服、被褥等所有的救济安置费，都是由国家财政负担，西汉的财政危机更是雪上加霜。一些地方政府，就号召当地的有钱人捐款救灾，并把捐款者的名单上报朝廷。汉武帝手上拿的，就是河南郡报上来的名单。

汉武帝拿着名单随手翻着。突然，一个似曾相识的名字让他眼前一亮。卜式！而且这个卜式捐款的数量还不少，一下子就是二十万钱！

汉武帝拍着桌子说："这个卜式，不就是以前坚决要求把一半家产献给国家的那个人吗？"

汉武帝派人一查，果然就是那个卜式。汉武帝说：看来卜式是真心实意想帮助国家的，以前怀疑他动机不纯，恐怕是冤枉他了。

汉武帝想，既然卜式是真心实意帮助国家，就应该加以表彰，于是决定赏赐给卜式十二万钱。

没有想到，卜式拿到这十二万钱以后，又全部捐献给了国家。

汉武帝听说以后，不由得感慨万端：那么多的富商大贾，趁着国家政策宽松，发了大财。到了国家危难的关头，不仅不伸出手，帮助国家渡过难关，反而千方百计地偷税漏税，忙不迭地隐藏财产，拼命"装穷"。相比之下，卜式真不愧是一个忠厚长者，他的精神，太可贵了！太可敬了！他认为，像卜式这种忠贞爱国的商人，必须大张旗鼓地尊重和表扬，"尊显以风百姓"（《史记·平准书》），用他的事迹来教育其他商人。

汉武帝特地派出专车，把卜式接到了首都长安，在朝廷上举行了隆重的仪式，任命他为中郎，赐给左庶长的爵位，还赏赐给他十顷土地。然后，让有关部门把卜式的事迹写成宣传材料，布告天下，号召全国的老百姓，尤其是富商大贾，以卜式为榜样，向卜式学习。

一个爱国商人的先进典型，就这样诞生了。随着卜式的重用，汉高祖刘邦确立的商人及其子孙不能做官的规定也被打破了。

面对这些纷至沓来的荣誉，卜式是怎么想的呢？卜式把家财献给国家，确确实实是真心实意的，不是为了作秀，也不是要得到什么回报。所以，对于汉武帝的任命和赏赐，卜式百般辞谢。

但是，他越推辞，汉武帝越觉着他可敬，越觉着迫切需要他这个模范典型。汉武帝就对他说："卜爱卿啊，你不是会放羊吗？我在皇家猎场上林苑里面，养了不少羊，你去给我放羊怎么样啊？"

卜式一听说让他当一个羊倌，就不再推辞了，很爽快地接受了任命。他穿起了粗麻布做的衣服，脚上穿着草鞋，高高兴兴地放羊去了。

过了一年多，汉武帝到上林苑打猎，偶然碰上了卜式。只见他挥舞着羊鞭，正在放羊。他赶的羊，一只只膘肥体壮，数量还增加了不少。

汉武帝非常高兴，不住嘴地夸奖卜式，说："卜爱卿啊，看来你真是一个放羊高手！"

没有想到，卜式的回答，把汉武帝给"雷"倒了。卜式说什么了？他说："陛下啊，放羊的道理其实很简单，让它按时起居，按时吃草，有病的就立即除掉，不要让它拐带坏了一群，羊就能放好了。实际上，何止是放羊呢？管理老百姓也是这样的。"

听了卜式的回答，汉武帝觉着他太有才了！卜式不仅道德品质高尚，还非常有政治头脑，真是一个难得的人才啊！

汉武帝当场决定，不让卜式当羊倌了，派他担任了缑氏县的县令。卜式上任以后，处理县上的事务，一切顺其自然，很少骚扰老百姓。缑氏县的群众，都感到非常轻松。

接着，汉武帝又调卜式当了成皋县的县令。成皋这个地方，是水路运输的要道，每年有大批物资运往首都长安。年终考核的时候，卜式取得了管理水路运输排名第一的好成绩。

汉武帝更加高兴，就提拔卜式担任了齐国太傅。

一开始表彰卜式的时候，汉武帝还以为榜样的力量是无穷的，一个英雄树起来，就会有千万个英雄跟上来。可是，过去好长时间了，富商大贾们仍然在千方百计地偷税漏税，仍然在忙不迭地"装穷"。汉武帝不由得纳闷了，为什么都是商人，人和人的差别怎么就那么大呢？

汉武帝实在忍不下去了，就授意张汤，拿出"酷"的一手，毫不留情地推行"算缗令"。

于是，张汤就推荐了一个比自己还要"酷"的人，名叫杨可，主持这件事。

杨可不再等着富商大贾自己上门申报财产，而是号召人们互相检举揭发。他大张旗鼓地宣传，凡是举报属实的，立刻就把被告人一半的家产奖励给举报者，当场兑现，决不含糊。杨可的这个做法，历史上叫作"告缗"。

这一手果然厉害。群众的眼睛是雪亮的，谁家有钱，谁家没钱，老百姓了解得最清楚，"穷"是装不了的。而且，重赏之下，必有勇夫。赏给富豪们一半的家产，这个诱惑，实在是太大了，它意味着可以一夜暴富啊，有多少人能够抵挡这个诱惑呢？

就这样，一场声势浩大的检举揭发运动，迅速在全国各地轰轰烈烈地开展起来。司马迁记载说："杨可告缗遍天下，中家以上大抵皆遇告。"(《史记·平准书》) 不要说是富商大贾了，就连中等人家也都跑不掉。

朝廷派遣了一批又一批的官员，下放到全国各地，组成"专案组"，专门负责收缴没收来的财产。没收来的财物数以亿计，没收来的奴婢数以万计，大的县没收的田产有好几百顷，小的县也不下一百多顷，没收的住宅也大致如此。

这场告缗运动，仿佛秋风扫落叶一般，使富商大贾被洗劫一空。司马迁亲身经历了这场运动，他说："商贾中家以上大率破。"(《平准书》) 中等以上的工商业者，几乎都破产了。大商人、大企业主，更是荡然无存。曾经过着像国君一样日子的卓王孙等人，也都一蹶不振了。

而正在这个时候，卜式却得到了更大的提拔，他被封为关内侯，升任御史大夫，在朝廷中，成了仅次于丞相的大人物。

讲到这儿，我突然有一种感觉，就是卜式这个人，似乎越看，越像是美国大片里面的那个傻呵呵的阿甘。

那么多心眼倍儿精、脑筋倍儿活的富商大贾倾家荡产了，而看上去似乎傻呵呵的卜式，却依然横刀立马、岿然不倒。人生的辩证法，大概就在这一精一傻之间了。

与众多倾家荡产的富商大贾相比，卜式无疑是幸运的。但是卜式的幸运，难道是偶然的吗？如果没有真诚的爱国之心，没有社会责任感，没有商人的祖师爷白圭所倡导的仁义之心，卜式能这么幸运吗？

　　但是，卜式后来还是得罪了汉武帝。他之所以得罪汉武帝，不是因为他办错了事，而是因为他出于仁义之心、出于商业之正道，说了实话。那么，卜式究竟说了什么话呢？

　　原来，在利用算缗告缗运动打击富商大贾的时候，汉武帝又实行了盐铁官营的政策，也就是把过去富商大贾控制的制盐、冶铁等产业，收归官办，由政府安排官员负责经营。

　　担任御史大夫的卜式发现，很多地方的人都不赞成盐铁官营，因为官府销售的盐，涨价很多，官办的工厂生产的铁器，更是质量差、价格高，老百姓都不愿意买。有的地方官府为了完成销售任务，就动用政治权力强买强卖。征收车船税，也使经商的人少了，商品流通受到阻碍，物价更加昂贵。

　　卜式就把这些情况反映给汉武帝，希望加以改正。

　　但是，这些政策都是汉武帝直接推行的，卜式的意见，等于是批评汉武帝失策。汉武帝能高兴吗？

　　司马迁记载说："上由是不悦卜式。"（《平准书》）意思是从此以后，汉武帝就不喜欢卜式了。

　　不久，卜式被罢了官，被降职为太子太傅。

从卜式的这一段经历来看，卜式显然不是一个只知道拍皇帝马屁的阿谀奉承之徒，也不是一个善于见风使舵的投机分子。决定他言行的，只有一种东西，那就是爱国之心，那就是仁义之心，那就是非常可敬的社会责任感。

不久，关中等不少地方发生了旱灾。汉武帝派出一些官员，到名山大川祭神求雨。

这个时候，卜式又说了一句雷人的话："烹弘羊，天乃雨！"（《平准书》）

弘羊，可不是卜式放的什么羊，而是一个人的名字，叫作桑弘羊。卜式是说，把那个叫桑弘羊的人下油锅给炸了，老天爷就下雨了！

那么，桑弘羊究竟是谁呢？卜式又为什么对他那么恨呢？

第十章　盐铁官营

唐朝的大诗人白居易，写过一首诗，叫作《盐商妇》①，讽刺一个盐商的妻子不种地、不织布，却过着奢侈生活。诗很长，最后几句是这样说的：

> 盐商妇，有幸嫁盐商。
> 终朝美饭食，终岁好衣裳。
> 好衣美食有来处，亦须惭愧桑弘羊。
> 桑弘羊，死已久，不独汉时今亦有。

白居易的这几句诗，如果换成顺口溜，可以这样说：

> 盐商的妻子啊，你可真是好运连连！
> 你知道你为什么这样幸运吗？因为你嫁给了一个卖盐的大款。
> 自从你嫁给了这个大款，你吃的是山珍海味，穿的是绫罗绸缎。
> 可是你知道

---

① 《白居易集》卷四《盐商妇》，中华书局，1979年版，84页。

这山珍海味和绫罗绸缎是从哪里而来？

它来自桑弘羊搞的官府垄断。

你家的老公真会赚钱，

即使桑弘羊见了也要惭愧得流汗。

桑弘羊已经死了八百多年，

可是，像他那样的人物，仍然还在不断出现。

白居易诗中一再提到的桑弘羊，究竟是什么人呢？

桑弘羊，是汉武帝时候的人，他本来是一个商人的儿子。在中国经济史上，桑弘羊可是一个非常重要的大人物。他不仅是汉武帝最倚重的财政大臣，主持西汉朝廷的财政工作长达二十三年；而且他的所作所为，影响了中国历史两千多年。

那么，桑弘羊这个商人的儿子，为什么会有这么大的能量、这么大的影响呢？

这是因为，桑弘羊帮着汉武帝搞了盐铁官营，建立了一套专卖制度，使得中国古代的工商业政策发生了重大转变，从自由放任，转变为国家控制。

盐铁是什么？盐是我们老百姓日常生活的必需品，千家万户，不管是有钱，还是没钱，只要张嘴吃饭，一日三餐，都离不开盐。铁也是一样，无论是务农的农具，还是务工的工具，包括当兵的武器，这些东西大部分都是铁制作的。盐属于重要的生活资料，铁属于重要的生产资料。盐和铁都是关系国计民生的重要物资。

而如果我们放眼中国古代的历史，就会发现，中国古代的盐铁政策，可以归纳为三种模式，第一种模式叫完全民营，第二种模式叫全部官营，第三种模式叫官商合营。

这些盐铁政策的变化，都对中国古代的工商业经济产生了重大影响。而桑弘羊搞的就属于全部官营，在中国古代历史上，有着十分重要的地位。

一、完全民营

前面我们已经讲过，从刘邦当皇帝开始，西汉虽然实行了在政治上打压商人、在人格上侮辱商人的"贱商令"。但是，在经济方面，国家对商人的限制却很少。包括铸钱、冶铁、制盐等容易赚钱的部门，也都放手让私人经营，国家基本上不管。

我们知道，货币的制作和发行，这在今天，无论哪个地方，都是国家或者政府当局管的事情。比如说，在我们国家，人民币的制作和发行，就是中国人民银行说了算；在美国，美元的制作和发行，是美联储说了算。如果什么人胆敢私下印刷钞票，那可是非常严重的犯法行为。

在我国古代，多数时候，货币的制作和发行也是归国家管的。但是，在西汉前期，从汉高祖刘邦开始，到汉景帝为止的这段时间，货币的制作和发行，国家是根本不管的。

国家不管，什么人管呢？私人。

当然，所谓的私人，也不是随随便便什么人。因为，当时使用的钱是铜钱，要铸造铜钱，是需要很大的人力物力财力的。没有金刚钻，揽不了瓷器活。没有相当的人力物力财力，是没有办法铸造铜钱的。当时有能力的人，要么是诸侯王国的国君，例如汉景帝的时候挑起吴楚七国之乱的吴王刘濞，就是一个铸钱能手。此外呢，就是富商大贾了。

西汉前期，就连铸钱这样的事情，都放手让商人去干，你说，当时的工商业政策还不够自由放任吗？

钱是什么？是真金白银啊！是财富的象征啊！造出一个铜钱，就有了一个铜钱的财富，而且，铸造铜钱本身，也是非常赚钱的买卖。宋朝的时候，有人算过一笔账，铸造一贯铜钱，刨除各种成本，利润率可以达到185%！如果再搞一点小动作，掺杂使假，那利润率就更是无比丰厚啦！

铸铜钱，就像是开银行一样，成了很多富商大贾攫取暴利的产业。

我们已经讲过了大冶铁商卓王孙这个人物。其实，卓王孙除了开铁矿铸造铁器之外，也曾经开采铜矿、铸造过铜钱。

卓王孙的铜矿从哪里来的呢？不是他自己家的，而是从汉文帝的宠臣邓通的手上租来的。那么，邓通的铜矿又是怎么来的呢？说来很有意思，来自汉文帝偶然做的一个梦！

我们知道，汉文帝是一个比较出色的皇帝，历史上有名的"文景之治"，就是汉文帝和他的儿子汉景帝缔造的。但是，再好的皇帝，也有干荒唐事的时候，汉文帝宠爱邓通的故事，就是其中的一个例子。

邓通是四川人，因为善于划船，当上了在皇帝身边服务的一个叫作黄头郎的小官。他的发迹，全靠汉文帝偶然做的一个梦。

有一次，汉文帝梦见自己正在往天上爬，爬啊爬啊，爬到半空的时候，怎么爬也爬不上去了。正着急的时候，突然有一个人从后面推了他一把，他终于爬到了天上。站在天上往下一看，只见推他的那个人是一个黄头郎，衣服上的带子后面有一个洞。

汉文帝醒来之后，感到非常蹊跷，回忆梦中的情景呢，已经记不清那个黄头郎长什么模样了，只记得那个人衣服带子后面有一个洞。汉文帝就来到黄头郎所在的地方，暗中察访。果然看见一个年轻人似曾相识，更奇怪的是，这个年轻人衣服的带子后面竟然也有一个洞，和梦里一模一样。这个年轻人，就是邓通。

这样，汉文帝梦见自己上天的梦，就成了改变邓通命运的天上掉下来的大馅饼。汉文帝认定邓通能帮助自己上天，从此之后，对他宠爱有加，提拔他当了大官，还不断地给他大量赏赐。

邓通除了会划船以外，没有任何本事，他得到汉文帝宠爱之后，唯一做的事情，就是小心谨慎地讨皇帝的欢心。

有一次，汉文帝派了一个据说会相面的人给邓通看相。那个人说："邓大人最后会穷得饿死。"汉文帝说什么也不相信，他说："我让邓通享受这样大的富贵，他怎么会被饿死呢？"

于是，汉文帝特地把四川的一座铜矿赏赐给了邓通，让他自己铸造铜钱。他坚信，邓通自己能铸钱，财富源源不断，无论如何也不会被饿死的。

从那以后，在西汉流通的五花八门的铜钱当中，就多了一个品种，叫作"邓氏钱"。而且这种"邓氏钱"的铸造量很大，流通于全国各地。

大概汉文帝赏赐给邓通的铜矿资源很多，邓通自己开采不过来，就把其中的一部分，以每年一千匹丝绸的价格转租给了卓王孙。卓王孙也可以铸造铜钱了。

除了铸钱，冶铁、制盐也是产生超级富豪的部门。

西汉前期的大冶铁商，除了卓王孙、程郑之外，还有南阳的孔氏，大盐商则以齐国的刀闲为代表。

孔氏的祖先，是战国时代的魏国人，早年靠冶铁发家。秦始皇消灭六国以后，孔氏的祖先也像卓王孙的祖先一样，被强迫移民，到了南阳。

在这里，孔氏的祖先也重操旧业，成了规模更大的大冶铁商。孔氏的商业贸易，做得也很大。他家的商队，车马连着车马，在各个地方穿梭往来。

孔氏做买卖有一个很大的特点，就是慷慨大方。无论跟什么地方的商业伙伴打交道，都很慷慨，从来不斤斤计较。正因为如此，人们都愿意和孔氏做买卖。结果，孔氏不仅没有吃亏，反而赚了更多的钱。按照司马迁的说法，就是"其赢得过当，愈于纤啬"（《货殖列传》）。就是说，孔氏的赢利要比让出去的利多得多，慷慨大方反而比吝啬小气更赚钱。

齐国因为靠海，有渔盐之利，所以也是诞生大盐商的地方。春秋时代，范蠡从越国跑到齐国，改名鸱夷子皮以后，就是靠着经营盐业发家致富的。刀间则是西汉时期的齐国的大盐商。

刀间做买卖有一个特点，就是特别会用人，并且专门使用别人不敢用的奴隶出身的人。齐国有一个风俗，就是把奴隶看成贱民，尤其是看上去有点狡猾或者脾气暴躁的奴隶，人们都像防贼一样躲着他们。

刀间却不这样，他专门招收奴隶出身的人，派他们出去卖鱼贩盐，或者做别的生意。

刀间招收来奴隶，是不是要残酷剥削、无情压榨呢？也不能这样说。因为，这些奴隶在刀间的手下，个个成了独当一面的人才。他们带领庞大的车队，坐着豪华的车子，骑着高头大马，穿着光鲜华丽的衣服，在各个地方往来经商。所到之处，还成为地方官员的座上之宾。看到这幅光景，不了解底细的，根本就不知道他们出身奴隶。

刀閒的用人之道，就是得人之心。在别人眼里很低贱、很不可靠的奴隶，刀閒信任他们、尊重他们，给他们充分的权力，放手让他们大胆经营。这样做，不仅发挥了这些人的聪明才智，而且更重要的是得到了他们的忠诚。

司马迁记载说，刀閒手下的奴隶有一个口号，叫作"宁爵勿刀"（《货殖列传》）。什么意思呢？就是宁肯拒绝皇帝赏赐的爵位，也不背叛刀閒。

靠着这些奴隶的出色经营，刀閒积累了数千万的家产，并且成了大胆用人、善于用人的典范。

现在的很多企业家都懂得人才的重要性，都渴望得到人才，都很羡慕别的企业人才济济。然而，正如明代的大改革家张居正所说："世不患无才，患无用才之道。"世界上有的是人才，每一个时代也都不乏人才，缺乏的是用人之道。这就像人们常说的：世界上不缺少美，缺少的是发现美的眼睛。

但问题在于，怎么算是得用人之道呢？刀閒的用人之道启示我们，最根本的是得人之心。得到了人心，不仅能够得到他的聪明才智，得到他的忠诚，而且能够使他赴汤蹈火亦在所不辞。所谓"士为知己者死"就是这个道理。

那么，究竟又是靠什么得人之心呢？办法虽然很多，但是对于人才高度尊重，放手使用，为他们创造施展自己才华的条件，无论如何都是必不可少的。

但是，随着富商大贾势力的膨胀，西汉朝廷与富商大贾的矛盾也逐步尖锐。出于强化专制主义中央集权的需要和稳定农业经济的需要，西汉的工商业政策开始发生变化。从放任转向了控制，从民营转向了官办。这个变化的主线，就是把各种赚钱的行业收归国家，解决越来越严重的财政问题。

最先变化的，是铸钱政策。

汉景帝的时候，就下令不准私人铸钱了，有违犯的判处死刑。但是，私人的铸钱活动并没有停止，而是变成了地下工作，偷偷摸摸地进行，这叫作"盗铸"，也就是我们现在所说的制作假币。

汉武帝即位以后，货币制度变了好几次，折腾来折腾去，私人制作假币的热潮也一浪高过一浪。结果，引起了通货膨胀，物价飞涨，不仅祸害了老百姓，而且为富商大贾提供了囤积居奇、哄抬物价的机会。

很多人因为制作假币落入了法网。一开始，凡是抓住制作假币者一律处斩。后来，制作假币的人太多了，抓都抓不过来，执行死刑就更来不及了。有道是"法不责众"，汉武帝一看，怕引起众怒，只好宣布大赦，说只要向政府自首，就可以不再追究法律责任了。命令一下，从监狱里放出来的死刑犯有好几十万，向官府自首的人竟然多达一百多万，据说这还只是一小部分，因为更多的人不敢自首。

后来，汉武帝发行了一种"五铢钱"，并把"五铢钱"的铸造收归朝廷，把原料从各地运到首都长安，在长安设厂，统一铸造。由于"五铢钱"的制造成本和它的实际价值差不多，伪造假币无利可图，这才逐渐平息了伪造假币的风潮。

从此，"五铢钱"在我国古代使用了七百年之久。还影响了周边国家的货币制度，例如，现在泰国的钱，就是以"铢"为单位的。

二、全部官营

由于汉武帝时期财政状况不断恶化，为了增加财政收入，官营的政策也从铸钱扩展到了制盐和冶铁领域。由此，也就开始了著名的盐铁官营。

西汉朝廷负责财政经济工作的最高长官，叫作大农令，后来改称大司农。最初提出盐铁官营的时候，担任大农令的人，名叫郑当时。郑当时考虑到自己不太熟悉盐铁事务，就向汉武帝推荐了两个大商人，来负责这件事。这两个商人，一个叫东郭咸阳，是齐国的大盐商；

另一个叫孔仅，是南阳的大冶铁商。这个孔仅，很可能就是前面谈到的南阳大冶铁商孔氏家族的人。

我们知道，汉高祖刘邦曾经立下了一条规矩，商人及其子孙是不准做官的。这条规矩在汉武帝之前一直实行着。郑当时推荐两个大商人负责盐铁官营，和任命卜式当羊倌毕竟不是一回事，这不等于是给汉武帝出了一道难题吗？

汉武帝真不愧是雄才大略、敢作敢为的大政治家，他的脑子里面没有那么多条条框框。他想，什么人最熟悉盐铁事务呢？当然是大盐铁商人了。现在搞盐铁官营，要想搞得好，还确实需要真正的内行。况且，现在的财政危机这么严重，国家脱贫致富才是最要紧的，不能墨守成规了。于是，汉武帝果断地打破常规，任命东郭咸阳和孔仅，担任了大农盐铁丞，也就是作为大农令的副手，分别负责盐和铁的官营事务。

大概汉武帝又对孔仅和东郭咸阳不大放心，就在任命他们做官的同时，安插了一个比较懂商业运作的自己的亲信担任他们的助手，实际上，就是在东郭咸阳和孔仅的身边埋伏了一个卧底。那么，这个在孔仅和东郭咸阳身边充当卧底的汉武帝的亲信，他究竟是谁呢？他就是我们本章开头提到的商人之子桑弘羊。

那么桑弘羊这个商人之子，怎么就成了汉武帝的亲信呢？

由于司马迁写《史记》的时候、班固写《汉书》的时候，都不愿意给桑弘羊立传，所以，关于桑弘羊的事迹，历史上留下来的资料并不多。我们只知道，桑弘羊出身洛阳的一个商人家庭，十三岁的时候，因为具有特殊的心算技能，入宫当了陪皇太子读书的差使。这个时候的皇太子，就是后来成为汉武帝的刘彻。

心算是一种什么技能呢？汉代的时候，人们计算数字，用的是一种被称为"筹码"的工具。这种"筹码"一般是用竹子制成的，上面刻着不同的数字符号。

桑弘羊大概从小受到商人家庭的影响，非常会算账，可以不用筹码，完全用头脑运算，而且算得非常精确。在当时，可以说是少有的数学天才了。

西汉的刘家皇室，在培养教育皇子王孙的时候，也都非常重视数学。安排数学天才桑弘羊来当刘彻的伴读，就是为了培养刘彻对于数学的兴趣，提高学习成绩。由于刘彻和桑弘羊年龄差不多，又多年在一起读书学习，两个人就成了要好的发小伙伴。刘彻也就是后来的汉武帝一生都对桑弘羊非常信任，除了桑弘羊能帮他敛财，也和这种少年时的感情基础有关。就这样，桑弘羊也直接参与了盐铁官营政策的制定。

经过几年的筹备，盐铁官营的政策正式出台了。

盐的官营，做法是民产官销。也就是官府招募盐的生产者，并提供煮盐的铁锅，严密控制生产过程，生产的盐全部由官府收购，然后官府在各个地方组织销售。

铁的官营，做法是官产官销。也就是在全国各个地方设置铁官，从铁矿的开采、冶炼，到铁器的制造，再到产品的销售，所有环节都由官府一条龙负责。

老百姓任何人都不能再擅自生产和销售盐铁，有违反者，处以"钛左趾"（《平准书》）的刑罚。

"钛左趾"是什么意思呢？就是用铁打造一种像袜子一样的刑具，给犯人穿在左脚上，这种刑具有六斤重，约合现在的1.5公斤。据说，这种刑法是代替以前的刖刑，所谓的刖刑，就是砍掉一只脚。不砍脚了，改成给犯人穿铁袜子，这应该是一种文明的进步。但是，犯人不管干什么，无论是走路，还是干活，也不管是吃饭，还是睡觉，一天到晚，一年到头，都穿着这么一只沉重的铁袜子，那是什么滋味啊？那滋味，恐怕也不会比砍脚好受多少吧。

盐铁官营的政策制定好之后，汉武帝就派孔仅和东郭咸阳，乘车在全国各地巡回视察，推行这些政策，各个地方都设置了专门负责盐铁事务的衙门。同时，"除故盐铁家富者为吏"（《平准书》），也就是，选拔了一批过去发了财的盐铁商人，让他们作为政府的官吏，充实到新设立的盐铁衙门中去。结果，在盐铁官营的过程中，无论是政策的制定者，还是政策的执行者，不少人都是盐铁商出身。

这样一来，汉武帝的盐铁官营，就出现了一个非常有意思的现象：一方面，这个盐铁官营政策，本来是官府要打击富商大贾势力，剥夺他们盐铁业经营权，来增加政府的财政收入的。另一方面，却又把一部分盐铁商人，从打击对象转变成了官府的官吏。再利用他们，去打击其他不听话的商人。

如果说，汉武帝搞盐铁官营，等于是关上了富商大贾的发财之门，那么，他把一部分愿意合作的富商大贾吸收到了官僚队伍中来，又等于是给这部分人敞开了另外一扇仕途之门。过去，富商大贾无论多么有钱，都只能当土财主，只能富而不贵。现在，他们中的一部分人被招安了，从朝廷不喜欢的草寇，被收编成了中央军，有了体面的身份和地位。你说，这些人能不卖命吗？

当然，能够当官的商人毕竟只是少数，多数富商大贾是要被打击的。汉武帝的做法，是拉拢一小批，打击一大片，既打击、又利用，以毒攻毒，以商制商。分化了商人力量，减少了官营阻力。我们看看，汉武帝他厉害不厉害啊？

孔仅因为实行盐铁官营有功，被提拔为大农令。东郭咸阳大概因为去世了，后来的历史上再也没有出现他的名字。

虽然官办的各级盐铁机构中，使用了一些过去的盐铁商人，算是使用了专家型的内行人才。但是，既然盐铁官营属于利用政治权力搞的垄断，独此一家，别无分店，排斥了竞争，掺进了官僚主义，它就必然与市场规律背道而驰。

盐铁官营不久，这些弊病就暴露出来了。官府销售的盐，涨价很多；官办的工厂生产的铁器，更是质量差、价格高，老百姓都不愿意买，有的地方甚至出现了"木耕""淡食"（《盐铁论》）。意思是老百姓买不起铁制工具，只好用木头工具耕地；老百姓买不起盐，只好吃没有滋味的菜。

面对这种情况，卜式，这个汉武帝亲手树立的爱国商人的模范看不下去了；孔仅，这个盐铁官营政策的主持者也看不下去了。他们都向汉武帝反映情况，希望加以改正。

卜式和孔仅没有想到，他们无论是爱国商人的模范，还是盐铁官营的功臣，其实都只不过是汉武帝御用棋盘上的两个棋子儿而已，一旦他们和皇帝唱起了反调，他们的利用价值也就丧失了。

结果，这两个人果然都得罪了汉武帝，都被罢了官。

这个时候，事先潜伏在孔仅身边的那个卧底，也就是商人的儿子、汉武帝的亲信桑弘羊，正式浮出了水面、走上了前台。从此，桑弘羊主持西汉的财政经济工作，长达二十三年。

桑弘羊上台以后，继续推行盐铁官营，除此以外，还发明了好几个办法，进一步扩大了官营工商业的范围。

桑弘羊发明的一个办法，叫作"均输""平准"。

"均输"是什么意思呢？过去，各个地方每年都必须向朝廷进贡土特产品。由于交通不便，把这些进贡的东西运到首都，往往需要花掉很多运费；运到之后，也未必一定是朝廷需要的东西。

桑弘羊发明的这个叫作"均输"的办法规定,各个地方把应该进贡的东西收上来以后,不必运到首都,而是交给专门设立的"均输官",运到价格高的地方卖掉。

这个办法,不就是官营商业贸易吗?桑弘羊在全国很多地方都设立了"均输官",也就构筑了一个全国性的官营商业贸易的网络。

那么,"平准"又是什么意思呢?

"平准"是桑弘羊设在首都的一个机构,主要负责贱买贵卖,平衡物价。

"均输""平准"两个方面结合起来,西汉朝廷就控制了全国的市场。也就是,通过"均输"掌握地区之间的贸易,通过"平准"控制首都的物价。

"均输"和"平准"利用的都是各地进贡的物资,可以说做的是无本买卖。

桑弘羊还有一个发明,叫作酒榷,也就是酒类专卖。

我们的祖先,早在新石器时代,就知道如何造酒了,古人也都很喜欢喝酒,逢年过节,婚丧嫁娶,亲友聚会,祭祀祖先,酒都是少不了的东西。正因为酒也像盐一样,是老百姓日常生活必需的东西,而且消费量很大,所以造酒、卖酒也是相当赚钱的。司马迁曾经算过一笔账,如果一年造酒一千瓮,按照投资一百万钱计算,可以得到二十万钱的利润,相当于战国时代的一个"千乘之国"的年收入了。

桑弘羊就盯上了酒这个买卖。他规定，老百姓可以开酒厂，但是造酒的原料，比如说酒曲、粮食等都必须向官府购买；造出酒来以后，也不能自己卖，必须全部卖给官府，由官府统一销售。司马相如和卓文君两口子，如果赶上了这个时候，要想开酒馆当垆卖酒，恐怕是没有指望了。

桑弘羊这么一搞，等于是把当时所有的赚大钱的行业，从制盐、冶铁，到土特产贸易，再到卖酒，全都收归官办了。留给民间的，只是一些不大赚钱的针头线脑的小买卖。

所以说，汉武帝以商制商，除了利用一小批商人、打击一大批商人之外，还包括一项很重要的内容，这就是发展官营工商业、取代私营工商业。

由于官营的这些工商业，本身都是容易赚钱的买卖，官府手里面还掌握着政治权力。即使是傻瓜躺在那里睡大觉，也不愁赚不着钱。所以，搞了这些官营工商业以后，西汉政府的财政状况，有了非常显著的改观。汉武帝也度过了财政危机，又变得"不差钱"了。

在我国历史上，桑弘羊是数得着的理财高手。其实，桑弘羊的这些做法，无一不依赖汉武帝的支持。如果说，桑弘羊是理财高手，汉武帝则可以称得上是"赚钱大王"了。

但是，这些官营工商业政策，从一开始就遭到了不少人的反对。人们不敢骂汉武帝，都把一腔怨气撒到了桑弘羊的头上。

比如说，爱国商人的模范人物卜式，鼻子都气歪了。有一年发生了旱灾，卜式就说："官府靠什么过日子啊？靠的是向老百姓征税啊。现在，桑弘羊却让官吏跑到街上做买卖赚钱，与民争利，这成何体统啊！把那个桑弘羊下油锅炸了，老天爷就下雨了！烹弘羊，天乃雨！"

实际上，何止是卜式骂，在整个中国历史上，一提起官营工商业的弊端，不骂桑弘羊的人不多。司马迁写《史记》，班固写《汉书》，都不愿意给桑弘羊立传，就是因为他们都反对这种官办工商业。宋代的大文豪苏东坡，甚至一提到桑弘羊的名字，都感到恶心。他说：桑弘羊的名字，"如蛆蝇粪秽也，言之则污口舌，书之则污简牍"（《东坡志林》卷五《司马迁二大罪》）。在这些人眼里，桑弘羊简直成了人类所不齿的狗屎！

但是，人们骂归骂，桑弘羊的许多办法却被继承了下来。在后来的历史上，除了少数一些时期之外，大部分时期都搞官营工商业，甚至有的王朝，比桑弘羊走得还要远、干得还要多。

比如说，唐朝随着饮茶的普及，茶叶成了人们日常生活的必需品。于是，从唐朝开始，茶叶也像盐、酒一样，被纳入了官府的专卖。到了宋朝，就连人们做菜、吃饭用的醋，也都成了官府的专卖物资。

结果，一个桑弘羊死了，又前赴后继地诞生了很多新的桑弘羊。本章一开始，我们提到了白居易的诗《盐商妇》，里面有一句"桑弘羊，死已久，不独汉时今亦有"说的就是这个意思。

这样一来,我们就在历史上看到了一幅很奇怪的景象,这就是:很多人在跳着脚地骂桑弘羊,骂得狗血喷头;又有很多人在悄悄地学习桑弘羊,学得津津有味。

那么,为什么后来的人,对于桑弘羊一边骂一边学呢?

桑弘羊的那一套办法,说到底,就是官府来经营工商业。官府为什么要经营工商业啊?除了重农抑商的因素,最主要的目的就是赚钱、解决财政问题。因此,对桑弘羊骂也好、学也罢,全都是围绕财政问题展开的。

也就是说,人们之所以骂桑弘羊,是因为,在古代的封建社会,官营工商业赚的钱,主要是为养兵、养官、供应统治者奢侈挥霍服务的,虽然不能说没有一点生产性、公益性的作用,但是远远不能和前者相比。因此,官营工商业的扩张,构成了行政垄断,严重浪费了社会资源,妨碍了民间经济的发展,压制了人们的创造力,扼杀了经济的活力,阻碍了社会经济的正常发展,影响了老百姓的生产生活。

人们又为什么学桑弘羊呢?是因为,一方面,国家的统一、国力的强盛,离不开财政的支持;另一方面,历朝历代的封建王朝,随着官僚队伍和军队的膨胀,又都感到手头紧张,越来越差钱,需要变着法子敛财。

但是,后来的人在学桑弘羊的时候,也没有完全照搬他的那套全盘官营的模式,而是有一些调整和变革。官商合营,就是这样出现的。

三、官商合营

官商合营是怎么回事呢？

比如说，盐的政策，在桑弘羊的时候，是官府严密控制生产，把盐全部收购起来，再由官府销售到千家万户。

后来就不这样干了。官府还是严密控制盐的生产，先把全部产品收购起来，再批发给商人，由商人分销到千家万户。盐的流通过程分成了两个阶段，第一个阶段是官府经营，第二个阶段是商人经营。当然，不是说随便什么商人都能经营，商人要想卖盐，必须从官府那里获得盐的专卖经营权。这样做，既给民间商人留下了一定空间，也在一定程度上避免了全部官营效率低下的问题。

在我国古代后期，经济史上的不少大事，都和这种官商合营的工商业政策的变化，有直接关系。

比如说，我们现在无论走到哪里，都离不开用纸印刷的钞票，人民币我们天天用，自不必说，美元也好，欧元也罢，还有英镑、日元，全世界的钱都是用纸做的。而以纸为货币，就是我们中国人发明的，距今已经有一千多年的历史。这一点，相信很多朋友都知道。但问题是，我们的老祖宗为什么想起来用纸来做钱呢？

我国最早的货币，是海边出产的一种贝壳，叫作贝币。

甲骨文的贝字①

由于贝币是钱,可以用来购买各种各样的东西,很珍贵。所以,汉字里面,凡是和财富、交易有关系的文字,很多都有"贝"。例如,甲骨文的"买"字,从网、从贝,贝是货币、交换手段;网是获得利益之意。

还有一个字,是一个人拜倒在贝的前面。显示出贝是财富的象征,人对于货币的崇拜。

甲骨文的这个字,就是一个人跪在一个贝币的面前。真正的贝币,大小就像人的小拇指尖。但是甲骨文的这个贝字,和跪倒在他面前的人相比,却是硕大无比。而向它卑躬屈膝的人,则显得单薄和渺小。这幅图景,反映的是人的什么样的观念呢?②

由于贝币十分原始,所以战国时期,出现了各式各样的用铜铸造的钱币。秦始皇统一全国以后,统一货币,铜钱的形状统一为圆形方孔,象征着天圆地方。所以古时我们也称钱为"孔方兄"。自那以后,铜钱的形状固定下来,

---

① 吴慧主编:《中国商业通史》第一卷,中国财政经济出版社,2004年版,第85页。
② 同上。

一直沿用了两千多年，是我国古代最主要的货币形态。

但是，铜钱有一个很大问题，就是笨重。

铜钱以贯为单位，一贯一千文。例如，唐宋时期，一贯铜钱大约三公斤多一点，一万贯铜钱就是三万多公斤。过去，我们形容一个人有钱，就称他为"腰缠万贯"。其实，"腰缠万贯"是根本办不到的，一万贯铜钱三万多公斤，不把人压成肉饼才怪呢！

由于商品交换空前发展，铜钱不够用，宋代的四川等地，还使用铁钱。铁钱就更麻烦了，因为它价值低却更笨重，每贯四公斤多，一万贯的铁钱就是四万多公斤。

铜钱、铁钱笨重的问题，在买几斤米、买几斤菜这样的小额交易当中，还不算是什么事。但如果是大规模、远距离的贸易，就显得很不方便了，光是铜钱、铁钱的运输成本就很高。

随着商品交换的发展，特别是长距离大规模贸易的发展，铜钱和铁钱使用起来非常麻烦。为了克服这种困难，人们想了很多办法。其中一种办法就是纸币。北宋时期，就首先在四川地区，发明了世界上最早的纸币。当时叫"交子"。

纸币极大地方便了商品交换，降低了交易成本。南宋的时候，纸币的使用更加广泛。元代的时候，纸币成了主要货币。不但通行于全国，而且在现在的朝鲜半岛、越南、泰国等地通用，也是很值钱的硬通货。

其实，纸币的出现，还不完全是因为铜钱、铁钱笨重不方便，更重要的还是商业信用关系的发展。一张纸，写上，或者印上一些符号，为什么就能拿到市场上买东西呢？为什么人人都能承认这张纸具有购买力呢？这个背后起作用的，就是信用制度。如果没有信用制度的发展，无论铜钱铁钱多么笨重，也不可能从里面产生出纸币！

那么，这种信用制度是怎么发展起来的呢？宋朝人发明的纸币，又为什么叫"交子"呢？这就和茶、盐专卖制度有关系了。

北宋的时候，为了防御北方民族政权辽朝和西夏，在北部沿边地区驻扎了好几十万的军队。这么庞大的军队，需要吃饭，他们的战马需要喂草料。这么多军队，粮草的供应是一个大问题。

怎么办呢？北宋政府想出了一个用茶盐换粮草的办法。就是号召商人把军需粮草运到沿边地区，交给官府，官府付给商人一个用纸制作的票据，这个票据，叫作"交引"。商人拿着这个叫作"交引"的票据，可以向官府换盐、也可以换茶。商人换到茶盐以后，就可以在官府指定的地区销售了。

官府为了调动商人的积极性，给的茶盐数往往大大超过粮草的实际价值，茶盐又是专卖物资，垄断利润很高，所以商人们都很踊跃。

交粮草是在北部边境，换茶盐是在内地盛产茶盐的地方，中间隔得很远，把这两个环节联系在一起的，就是那个用纸做的叫作"交引"的票据。只要拿着"交引",无论什么人都能换到茶盐,认票不认人,所以"交引"属于一种信用凭证,也是一种有价证券。

"交引"还可以转让,一些富商大贾开设"交引铺",专门经营"交引"的买卖,形成了有价证券的交易市场。

"交引"作为有价证券,很值钱。拿着"交引",除了能换到茶盐,还能换到各种各样别的东西。就这样,在"交引"的启发之下,人们发明了纸币,连名字也叫"交子"了。

所以说,"交子"这种世界上最早的纸币的出现,与茶盐专卖制度有着内在的联系。

再比如说,明清时期,我国出现了很多商帮,其中,最著名的是北方的晋商和南方的徽商。大家熟悉的乔家大院,还有胡雪岩,就分别属于这两大商帮。那么,晋商和徽商又是怎么来的呢?仍然和盐的专卖制度有关。

明朝建立以后,元朝的残余势力跑到了蒙古草原地区,经常兴兵南下。为了防御,明朝在北方一面修建长城,一面驻扎重兵。为了解决军需粮草问题,明朝也采取了像宋朝一样的用盐换粮草的办法。这种制度当时叫作"开中制",名称虽然变了,但是它的做法,和北宋完全一样。

山西的商人,就利用自己既靠近边境,又靠近池盐产地的地理优势,捷足先登,抓住了这个历史机遇。通过运送军需粮草和贩盐，获得了巨大利润。晋商的第一桶金子，就是这样赚到的。

徽商的活动区域，主要是江浙一带。这里的淮南地区，恰好是海盐的重要产地和批发市场。明朝初年，在用粮草换盐的政策之下，经营淮盐的多数是山西、陕西商人，徽商还不占上风。明朝中期以后，淮盐的专卖政策发生变化，商人要贩盐，不需要在北方沿边地区交纳粮草了，只需要在产盐区的扬州等地交纳银子就可以了。徽商就抓住了这个历史机遇，很快把山陕商人排挤出去，把持了淮盐生意。从此以后，徽商发展成了南方的第一大商帮。

显而易见，中国古代后期工商业经济的很多大事，都和国家的盐铁专卖政策的变化有密切关系。晋商和徽商的兴起，都是因为及时抓住了这种国家政策的变化。

我们的这本书，主要讲了司马迁笔下的一些工商业者的传奇故事。

通过这些故事，我们知道了，在中华民族五千年的文明史上，我们的祖先，不仅曾经创造过辉煌灿烂的农业文明，也曾经创造过非常发达的工商业文明。工商业文化，是博大精深的中国传统文化的重要组成部分，堪称是一座姹紫嫣红的智慧花园、发人深省的美德教堂。

如今，中国经济正在重新崛起，中国制造的产品已经畅销全球，中国企业也正在走向世界，中华民族正在实现伟大的复兴。但是与此同时，我们全社会也在越来越被假冒伪劣坑蒙拐骗整得心惊胆战，全社会也在越来越关注商业道德、诚实经营的问题。

在白圭所讲的"智、勇、仁、强"当中，我们或许不缺善于创新的"智者"，也可能不乏敢于冒险的"勇者"，但是，我们还需要越来越多取予有道的"仁者"、需要越来越多严于自律的"强者"。

现代商业社会，应该是一个"仁者"的社会。因为无论我们居住在哪里，也不管我们靠什么谋生，我们的工作和生活，都离不开商品的交换。往大处说，居住的房子、乘坐的汽车；往小处说，衣服上的一枚纽扣，甚至是小小的一根银针，都要靠交换才能到手。一旦离开了交换，我们的生活会是什么样子呢？那可真是不可想象！

既然我们不能自给自足，也就没有办法不管别人的死活而独善其身。你和你的孩子可以不喝自己炮制的毒奶粉，但是，你纵有火眼金睛，能躲过别人炮制的地沟油、毒大米、毒蘑菇、毒韭菜……的暗算吗？

现代商业社会，还应该是一个"强者"的社会，也就是不管富人还是穷人都能够严于律己、守法经营的社会。如果富人自以为有钱了，财大气粗了，高高在上了，就可以唯我独尊了，就可以肆意妄为了，就可以违法乱纪了，就可以草菅人命了，认为自己什么都可以摆平，一切都可以搞定了；如果穷人为了发财，可以不择手段、伤天害理、昧心缺德、坑蒙拐骗。虽然暂时可能得便宜，却终究会招致灭顶之灾!

"仁者""强者"的增多,需要法制,也需要文化——用法制规范人的行为,用文化启沃人的良知。就文化来说,我们有必要好好总结一下我国历史上的商业智慧,特别是传统的商业美德。

"不听老人言,吃亏在眼前"。古人对于工商业者的经营之道、处世之德、修身之理、治家之策的精辟总结、深刻反思,凝结着无数心血,来自几多成败,我们没有理由漠视,我们更没有资格鄙弃!

无根之树,焉能参天?数典忘祖,魂归何处?传承本土商业文化,弘扬传统商业美德,是中国所有企业家的必修课,也是新一代中国人的历史使命。

司马迁笔下的商人世界,还只是源远流长的中国商业文化的上游先头而已。

第十一章　富无经业

抱诚守一乃正道

"诚然，世界是在变化的，而且正在以一种加速度变化，但这并不意味着我们要放弃追寻能经受时间考验的基本观念。相反，我们比以往任何时候都更需要它们。对于一个公司来说，面临的最大问题不是缺乏新的管理思想，而是不能理解最基本的原则。"这是美国著名管理学家吉姆·柯林斯在其《基业长青》再版导言中说的一番话。

时下，"跨界""虚拟"……成为企业家追捧的热词，而"传统产业""实体经济"，则或遭冷落，或被抛弃。

世事纷繁，莫衷一是。还是让我们通过几个活生生的案例，像吉姆·柯林斯说的那样，来追寻一些"能经受时间考验的基本观念"，理解一下"最基本的原则"吧！

庄吉之殇与乔治白之生

浙江省温州市平阳县县城昆阳镇的一个工业园区，仅一条小马路之隔，两家知名企业比肩毗邻。一家叫庄吉集团，另一家叫乔治白服饰股份有限公司。

这两家企业都肇始于20世纪九十年代中期，都是服装业起家。庄吉的前身为创办于1993年的温州庄吉服装有限公司，1996年组建集团公司，主营高端西装。乔治白的雏形是平阳县衬衫厂，1995年改制成立乔治白制衣有限公司，开始涉足商务职业装。

就这样，庄吉和乔治白同时起步，在同一个地方、从事同样的行业，面对的市场形势、政策环境等等也都完全相同。两家企业还一度进行过紧密合作。唯一有点差别的，就是庄吉主营高端西装，乔治白主营职业装。不消说，在一般人眼里，西装应该更加考究，而职业装，不就是工作服吗？似乎与"高大上"无法沾边。

然而，就是这样两家有着那么多相同之处的企业，却遭际了截然相反的命运——

庄吉破产了！2015年4月14日，其旗下的6家公司向温州市中级人民法院递交了破产申请，且已被法院受理。

乔治白，却在服装行业一片肃杀的严寒之中，不仅屹立不倒，反而越来越好！

命运的不同，缘于走的路不一样。

庄吉的带头人，并非泛泛之辈！庄吉的创办者郑元忠，温州乐清柳市镇人，可以说是改革开放以来我国第一代非常优秀的企业家。

出生于1952年的郑元忠，遭"文革"动乱，丧失了继续求学的机会。20岁出头，他就带领一支工程队走南闯北挖隧道、造闸门、修铁路。

1973年，郑元忠回到家乡一口气创办了柳市五金制品厂、乐清胶木电器厂、乐清无线电元件厂等数家企业，短短几年，拥有了十几万资产，成为柳市镇"第二富"，人称"电器大王"。

1982年，国家七部委工作组进驻柳市镇，以"投机倒把罪"查处了八位个体业主（即大名鼎鼎的"温州八大王"）。郑元忠就是其中之一。他被全国通缉，经历了186天的牢狱之灾。

改革开放的春风，消融了民营经济的坚冰。郑元忠东山再起，重操电器业，创办了乐清第一家股份合作制企业精益开关厂，并取得了国家主管部委颁发的第一批低压电器生产许可证。

昔日的电器大王，再度风生水起。然而，1992年秋，年届不惑的郑元忠却做出了一个令当时很多人意外的决定：以50万元年薪聘请总经理管理精益开关厂，自己则走进课堂，到温州大学国际贸易系潜心读书。

学习让郑元忠接触到了很多先进的理念、新奇的术语。1993年，他投资两千万元，创办庄吉服装有限公司，开始进军服装业。1996年组建集团公司时，还在温州率先跳出了家族企业的窠臼，完全按照现代企业制度运作。

庄吉的产品，也曾有过炫目的辉煌！

庄吉主打高级西服，"庄重一身，吉祥一生"的广告词，曾经家喻户晓。庄吉西服一般定价三千至四千元，便宜的两千多元，贵的八千至一万元甚至更高。即使到了九十年代后期，这个价格也相当于不少工薪阶层半年，甚至是一年的工资！

庄吉不但有自己的品牌，还在全国布局了四百家门店的终端渠道，集设计、生产、销售于一体。高端的定位、昂贵的价格、新潮的设计、精湛的工艺……为庄吉带来了滚滚财源。

庄吉的产品还有制鞋，实行全球化运营模式：面料来自意大利、加工在土耳其、市场在美国。

服装业的成功，也为庄吉集团戴上了许多耀眼的桂冠：中国民营企业500强、中国服装十大影响力品牌……郑元忠被誉为"温州改革开放十大风云人物"、"十大风云浙商"、省级劳动模范。

然而，庄吉并没有在服装业继续深耕细作、高歌猛进，而是在国内众多品牌崛起、竞争激烈、利润收窄的背景之下，像不少企业一样，"跨界""转行"，奉行所谓的多元化战略，扑向了一个又一个更赚钱的行业。

最先涉足的是房地产。2003年，庄吉集团与现代集团合作，在天津投资建筑面积十万平方米的庄吉购物中心，完成后于2005年整体转让出去。

继而伸手的是矿业。2006年底，庄吉集团到云南投资有色金属行业，在云南普洱市获得了两千多平方公里有色金属矿的开采权。

此外，还有物流、水力风力发电、金融投资……这些项目，有的确实一度成为庄吉的摇钱树。

赚钱—扩张、扩张—赚钱的逻辑，驱使庄吉像红了眼的斗牛，在捞快钱、赚大钱的轨道上一路狂奔，闯入了一个又一个热门行业。最多时，庄吉旗下拥有18家子公司。

终于，利润丰厚的造船业以及由此掀起的造船热潮，吸引了庄吉的目光。庄吉的领导算了一笔账：九个月可以建造一艘船，赚的钱相当于庄吉服装一个园区全年所有的利润。

2006年9月，庄吉集团先后收购、兼并三家船业公司，在温州乐清成立了浙江庄吉船业有限公司，注册资金3亿元人民币。

翌年，庄吉船业开工造船。

2008年全球金融危机袭来，国际航运业全线亏损，造船业也随即进入寒冬。国际造船业的很多历史悠久、规模庞大的行家里手都损失惨重，纷纷收缩阵地。但庄吉初生牛犊不畏虎，不仅毫不收手，反而加大投资力度，到 2010 年已投入 10 亿元。建成了温州、台州地区设施最先进、规模最大的造船厂。拥有 1.8 公里长的海岸线和占地 512 亩的填海面积，还有 472 亩的海域使用面积。

其间，庄吉接到了一些订单，最大的一笔是香港巴拉哥集团的两艘 8.2 万吨散货船订单。这两艘船，创造了温台地区建造最大船舶的纪录。庄吉船业将订单押给了银行，换取贷款，垫资造船。

正当这两艘创纪录的巨轮，一艘基本完工，另一艘造了一半的时候，香港巴拉哥集团因经营困境提出了弃船。

第一张多米诺骨牌终于倒下了。它所引起的连锁反应是：船东弃船——无法按时收回投资——无法按期偿还银行贷款——银行抽贷压贷。

当时，庄吉船业欠银行贷款 6 亿多元，庄吉集团贷款总额 13.9 亿元，加上弃船后银行索赔的 3.36 亿元，总共 17 亿多元。庄吉被这些债务危机压垮了。

2012 年 11 月 19 日，庄吉集团向温州市委市政府递交了一份《紧急报告》，称由于近期船东弃船、银行抽贷、互保企业信用危机，这三者叠加在一起，将庄吉集团推向了一个窘迫的境地。

庄吉在温州属于标志性明星企业，举足轻重。因而温州市委市政府高度重视，积极施救，例如协调银行放宽贷款，帮助庄吉售出一艘 8.2 万吨大船等。

庄吉自己也在奋力自救，以至于把老家底都拿出来卖了。它与山东省济宁市的如意集团合资成立了"温州庄吉服饰有限公司"，实际上等于是如意集团以现金购买的方式，将"庄吉"商标及相关资产购买、重组而成了一家"新庄吉"。这个重组事件，在中国纺织服装业界都备受关注。2014年3月，如意集团向"新庄吉"注入巨额资金，将其注册资本从100万元增资至12880.60万元。

但是，所有这些都没有挽回庄吉走向覆灭的命运。我们只能期望江山易主之后的"新庄吉"，能够像当前的"八大王"一样，劫后余生，再续辉煌。

沉舟侧畔千帆过，病树前头万木春。庄吉令人扼腕疼惜地死了，与之毗邻的乔治白却在茁壮成长。

乔治白走的是与庄吉完全不同的路。自1995年创业迄今，乔治白仿佛一头倔强的黄牛，始终坚守在职业装领域，埋头耕耘，深耕细作。

其间，房地产热、造船热、金融投资热……也都纷纷在它的周遭喧嚣鼓噪，但乔治白丝毫不为所动。

一度，庄吉集团总营收是自己六倍的规模，曾经让部分员工羡慕人家那种"超常规、大踏步、跨越式、多元化"的发展模式，但乔治白的带头人咬定青山不放松，任他东西南北风，一步一个脚印，坚定不移，稳扎稳打。在主营业务上秉承"专注就是力量"的精神，坚持以"职业装为主，零售为辅"的发展思路。

一份坚守，几多成就。笔者两次前往乔治白考察，都强烈感受到了专注与精进所产生的震撼。乔治白相继建设了温州、河南两大工业园区，其生产管理的精细化堪与日本企业媲美。拥有国际最先进的设备，投入巨资自主研发智能化工序设备及软件，可以按照客户要求适时调整流水线。而且员工的稳定性大大超过同类企业。在生产一线任职满十年的员工达到16%，任职满五年的员工达到42%。稳定的团队保障了品质的稳定和不断提升。

乔治白的研究、设计、开发一直在国内名列前茅。其职业装科技馆，以梦幻般的效果，展现了从金融机构的白领着装，到矿井野外的工服等职业装的最尖端技术。

乔治白参与了《职业装检验规则》《男西服、大衣》《衬衫》等国家标准的起草制定，主持了《非黏合衬西服》行业标准的起草制定，独创EEQ分子交叉记忆衬衫、4A热保护功能性衬衫等十余项专利技术。这使得乔治白不仅荣获"全国服装行业百强企业"称号，而且被浙江省科技厅设立为"浙江省高新技术企业研发中心"。

2012年7月，乔治白在深交所上市（股票代码002687），成为国内首家职业装上市企业，被称为"职业装第一股"。

乔治白2014年年报显示，在我国服装业整体不景气、职业装行业竞争日益加剧的形势之下，公司实现营业总收入6.58亿元，比上年同期增长13.11%；营业利润0.89亿元，比上年同期增长26.44%；利润总额0.91亿元，比上年同期增长22.64%；归属上市公司股东的净利润0.81亿元，比上年同期增长24.88%。年报充满自豪地分析说："上述变化，主要系公司专注于服装行业，加大了市场开拓力度，公司品牌知名度、美誉度提高导致。"

谭木匠的故事

乔治白的成功不是唯一的。

如今，在中国各城市的繁华地带，别具一格的谭木匠连锁专卖店随处可见。尽管同样的产品，这里卖的要比地摊上贵出不少，平均每把梳子的价格是一二百元左右，但来到这里的人还是愿意慷慨解囊。

2009年，谭木匠在香港主板上市（港股代码00837）。截至2014年底，公司拥有专利80余项，开发出的木梳、木镜、木饰品等系列产品多达348款种，销售网络遍布国内200多个大中城市，在中国内地拥有连锁专卖店1449家、香港4家、新加坡2家、加拿大1家。电商销售也有了很大增长。

谭木匠（HK00837）年报摘要

人民币（千元）	2010	2011	2012	2013	2014
收入	189418	244001	271966	280913	298269
毛利	120178	166910	182016	188317	196332
经营溢利	88038	131502	142291	157696	166097
年内溢利	66124	93570	126162	125856	128762
流动资产总值	244606	320843	399332	502536	511969
非流动资产总值	94791	94612	97950	139688	285436
权益总值	301309	361063	440105	504466	578742

谭木匠的创始人叫谭传华，二十来岁就掉光了头发，是一个秃头。据他自己说他祖父、父亲也都在年轻的时候掉光了头发，是家族遗传病。梳子是用来梳头发的，没有头发，梳子就是"聋子的耳朵"。可是，偏偏是这么一个自己根本不用梳子的人，靠一把梳子成为行业龙头！

谭传华的祖上确实都是木匠，爷爷和父亲当年还是重庆万县乡下有名的木匠师傅。父母望子成龙，让家中排行老三的谭传华潜心读书。但是不幸却在这时发生了，谭传华1975年初中刚毕业时，一次下河炸鱼，把自己的右手炸掉了。在农村，失去右手，等于丧失大半个劳力，参军、考学都没有指望了。未来怎么办？好在谭传华天性喜爱写诗画画，父亲就托人让他当了小学民办教师。谭传华当了五年教师，继而四处闯荡，靠在火车站给人家画像赚钱。

后来回到家乡，从事木雕。可是几年过去，生意清冷。有一天，谭传华偶然买到了一把木梳，这把小小的木梳就此打开了他的命运之门。当时市场上主要流行塑料梳子，木头材质的梳子还不多见，即使有也大多做工粗糙，这让他看到了商机。女士、孩子的钱，大概是最容易赚的。既然梳子是爱美的妇女每天都离不了的，为什么不能做得更加精美，让人爱不释手呢？1993年，他租用了万县郊区一个废弃的猪圈，贷款30万元做起了梳子。

从事工艺美术出身的谭传华，首先想到的是在产品上下功夫。公司初期投入的30万元很大一部分用于购买生产设备，加上公司的工匠都有做根雕的基础，这让他的产品质量、工艺都高于市场上其他产品。

梳子生产出来，怎么卖呢？谭传华最先采取的销售方式是挎着篮子沿街叫卖，可想而知这种做法销量非常有限。

时值我国工艺品行业整体衰落。究其衰落原因，除了产品工艺缺乏创新、质量低劣，还有很重要一条是没有品牌。即使好东西，也难以卖出好价钱。

长期以来，中国的传统小商品形成的产销流程是：生产企业只负责完成产品设计、加工制造这两个环节，而将销售交给批发商或是零售商。这种产销割裂的格局，一方面使生产企业无法及时了解消费者的反应，改进设计、创新工艺；另一方面也使生产者和销售者谁都不愿意掏钱做品牌。

谭传华心想："既然自己的产品品质很好，为什么不能卖成高档货呢？"

他发誓要"做世界上最好的梳子！"但是，这种目标对于谭传华的挑战，不仅意味着要在生产环节中把一种普通寻常的小玩意儿做到极致，而且更重要的是要做成有别于地摊上大路货的、响当当的品牌，能够像当时开始在一些大城市中出现的洋奢侈品一样！

然而，一种在人们眼里只有梳头功能的小玩意儿，凭什么与高档奢侈品沾上边呢？又有谁愿意为买一把高档梳子掏出比大路货高上若干倍的银子呢？

谭传华下决心试一试。不仅要为小小的木梳打造一个响当当的品牌，而且要彻底改变产销割裂的格局，把两者连为一体，自建销售渠道。这两件事都是前无古人的创新！

谭传华的梳子，最早叫三峡牌，后来又叫先生牌、小姐牌。在成都等地打广告，效果很一般。有一次，他看到了赵丽蓉表演的小品《如此包装》，"玛丽吉丝、麻辣鸡丝"。他想，我为什么不可以叫我们中国人的，更有中国味道的名字呢？脑袋一拍，灵感有了："我姓谭，不是干木匠的吗？就叫谭木匠啦！"

1998年，他开出了第一家特许加盟连锁店。也是这一年，他花费公司利润的三分之一，请来专家为公司设计形象识别系统。从那以后，顾客无论走进全国各地哪一家门店，都可以看到店中隽永的隶书字画、仿古的雕刻工艺，还有穿对襟衣裥的店员。

纯手工打磨出来的梳子，完全是一件件精雕细琢的艺术珍品，套上花团锦簇的荷包锦囊，散发着千年木梳、万丝情缘的文化沉香，又在强烈地传递着一种高雅与时尚。

2004年春天，谭传华从重庆市硅酸盐研究所要来一个刊号，自费投资300万元创办《中华手工》杂志，发行海内外，一时供不应求。而为顾客免费制作的系列连环画更是雅俗共赏，生动有趣。

谭传华这个根本不用梳子的人，硬是把梳子做到了极致。他又是一位只有一只手的残疾人，却硬是做出了具有高附加值的手工艺品，着实令人赞叹！

其实，别小觑这个小小的梳子，这里恰是一片蓝海。表面上看，木梳、木镜、小木制饰品的市场空间不大，但谭传华认为，好处大于其局限性。一方面，那些日用品产业巨头或者大型家具企业瞧不上这一类小生意；另一方面，谭木匠倾力打造的销售渠道和高端的工艺、设计、新品研发能力等，也构筑了小企业无法跨越的门槛。

就这样，谭木匠得以远离行业内厮杀的硝烟，独领逍遥自在之风骚。比起众多在价格战中血流成河、横尸遍野的行业和企业来，其市场优势显而易见。这个优势也使谭木匠的股票在资本市场上有了骄人的表现。2009年上市时，成为年度首日升幅的冠军。比起许多包裹着高科技噱头的上市公司来，更受到了市场的认可和追捧。

富无经业，贵在诚一

庄吉的覆灭、乔治白和谭木匠的成功，无不用鲜活的事实，印证了司马迁在两千多年之前就揭示的规律——"富无经业"，贵在"诚一"。

司马迁在《史记·货殖列传》里面说："富无经业，则货无常主，能者辐辏，不肖者瓦解。"意思是，能够发家致富的，不是只有一两个热门的行当，三百六十行，行行出富豪；财富，也没有永远固定不变的主人。财东轮流做，明年到我家。善于经营、能够按规律办事的"能者"，即使白手起家，财富也会从四面八方汇聚而来，积累万贯家财；不善于经营、拒绝按照规律办事者，即使坐拥一座金山，也可能顷刻之间土崩瓦解，一夜归零！

司马迁列举了一些例子，来说明"富无经业"的道理。他说："田农，掘业，而秦扬以盖一州。贩脂，辱处也，而雍伯千金。卖浆，小业也，而张氏千万。洒削，薄技也，而郅氏鼎食。胃脯，简微也，浊氏连骑。马医，浅方，张里击钟。此皆诚壹（一）之所致。"

种庄稼，是当时最没有技术含量的职业了，但是秦扬靠此成为一州的首富。贩卖油脂，工作场所和身上的衣服，都是脏兮兮、油腻腻的，一般人觉着不是很体面的生意，但是雍伯靠它得到了数以千计的黄金。贩卖浆水，是一种微不足道的小生意，但是张氏靠它积累了千万家财。磨刀，是一种极其平常的小技术，但是郅氏靠着它过上了像大贵族一样列鼎而食的生活。把动物内脏加工成熟食，既简单又不起眼，但干这一行的浊氏每次出门都有前呼后拥的豪华车队。给马治病，不需要高深的医术，但是张里靠着它能有钟鸣而食的排场。

这些富豪，做的并不是惊天动地的大生意，反倒是一些微不足道的小买卖。他们能够成功，靠的是究竟是什么呢？

司马迁回答：靠的就是"诚一"。

请千万不要小瞧"诚一"两个字，这可是字字千钧的真经！

所谓的"诚"，就是精诚，全力以赴，坚持不懈；

所谓的"一"，就是专注，专心致志，全神贯注。

司马迁的这个"诚一"告诉我们什么道理呢？

第一，除非产品生命周期终结了，否则没有真正的"传统产业"。

虽然司马迁是两千多年以前的古人，但是他所提及的一些领域，迄今仍然兴旺，而且名企辈出。例如，可口可乐、星巴克、娃哈哈、加多宝、王老吉……不都是"卖浆"者吗？全聚德、周黑鸭、肯德基……不就是做"胃脯"的吗？中石油、中石化、埃克森美孚、英荷壳牌、鲁花花生油、金龙鱼花生油……哪一个不是在"贩脂"啊？

这说明，在这个地球上，除非产品自身的生命周期终结了，例如曾经风靡一时的BP机、胶卷、磁带录音机……，这些产品更新换代了，无论怎么做，都没有市场了。否则，没有真正的"传统产业"。

第二，多与少的辩证法。

"诚一"的意思，不是一个人一辈子只做一件事，而是无论做什么，要么不做，要做，就竭尽全力、专注精进，将它做好，熟能生巧，巧而出奇，臻于极致，达到一般人难以企及的高度和水平。如果这样，不论多么微不足道的小生意、边边角角的小买卖，都能干成大事业、作出大文章、造就大富豪！

实际上，一个人一辈子能够把一件事干好了，已经非常了不起啦！民谚曰："一招鲜，吃遍天。"练就了一招绝活，就可能征服整个世界！很多欧美、日本的企业（尤其是家族企业），往往是数百年，好几代人，甚至十几代人在专注做一件事情。

正是基于这个事实，日本著名管理学家大前研一告诫中国企业家："中国的机会太多，以致很难有中国的企业家专注于某个领域。其实，进入一个行业，专业化，然后全球化，这才是赚钱的唯一途径。""专注是赚钱唯一的途径。可口可乐专心做可乐，成为世界消费品领域的领先者；丰田专注做汽车，成为日本利润最丰厚的公司"。"在面向未来的激烈竞争中，一个公司或个人，唯一的生存之道是专业,任何企业家对自我表现的培训,必须向专家化的方向开展"。

大前研一说:"中国企业必须找到未来获利的来源。利润来自实力,而不仅仅是成本更低,在降低成本的同时,要努力做得更好。为了做得更好,你必须有自己的技术秘诀。否则,别人很容易模仿,竞争的结果就是被迫不断降价。""我给中国企业家的建议是,专注于某个小的领域,争取在这个领域做到最强。这需要时间,但这似乎与中国文化不符。"

对于大前研一的最后一句话,笔者心情非常复杂——既有不服,又有无奈。

难道说,"诚一"不是中国文化吗?而且还是经受了时间考验的中国的传统文化。难道说,乔治白、谭木匠不是中国的企业吗?我们当然有足够的理由不服!

然而,我们又不得不感到无奈。因为中国,有多少企业,像庄吉那样,在东一榔头、西一棒槌,盲目赶风头、随大流啊!

不是说房地产不能做、船不能造、矿不能开、PE不能搞,而是这些业务之间及其与服装业之间,风马牛不相及,缺乏内在的关联性,完全是为了捞快钱、赚大钱;或者是自以为搞成了一两件事,就能够在所有领域攻城略地,无往不胜。

世界企业发展历史证明,类似的非关联型多元化,即使在世界级的巨型跨国公司之中,为数也不多。原因在于它必须具备众多条件，在人才储备、技术研发、品牌塑造、渠道构建、经验积累等方面，都需要长时间下大功夫。

第三，"诚一"所最为强调的，不是事情本身，而是做事的态度。

事情是人做的，而人又是受主观动机支配的。因此能否使事情臻于极致，关键在于做事的人有没有专心致志、全神贯注、坚持不懈、不断精进的热忱、激情、毅力和态度。

什么是不断精进？就是精益求精、好上加好、持续进步、与时俱进。就是《大学》所讲的"苟日新，日日新，又日新"。就是谭木匠的企业文化："今天要比昨天进步百分之一。"很多工作，用不着超常规、大踏步、跨越式的，每天哪怕只进步微不足道的一丁点，积跬步以至千里，汇小流而成江海，坚持不懈，日积月累，必有大成。

一个人的水平可以有高低、能力可以有大小，但是态度是唯一的，而态度决定一切！基础差、起点低、能力弱，都不可怕，只要全力以赴、持之以恒，终有所获。基础再好、起点再高、能力再强，如果好高骛远、贪大求多，亦将一事无成。

人是这样，企业亦何尝不是如此呢？

任何商业模式都必须给客户创造价值，解决问题，而问题永远在现场、在现实生活之中。只有沉下心来、埋下身子、踏踏实实去做、认认真真来干,才能发现问题、解决问题、创造价值,才有自己生存发展的空间。

海尔的张瑞敏说:"如果让一个日本人每天擦六遍桌子,他一定会始终如一地做下去。但如果是一个中国人,一开始他会按照安排擦六遍,慢慢地他就觉着擦五遍、四遍也可以,于是就会少擦一两遍,到最后,他可能连一遍都懒得擦了。中国人做事最大的毛病就是不认真、不到位。每天工作欠缺一点,天长日久就会成为落后的顽症。"

中国落后是不争的事实,以至于不少人在日本抢购马桶盖、电饭锅、电吹风、保温杯,甚至大米。中国落后的原因,当然很多,其中相当重要的原因,是缺乏"诚一",做事的态度有问题。

以服装业为例,一方面是中国的品牌因为产品同质化、同构化、客户黏性低、产能过剩、消费疲软而苦恼,整体遭遇滑铁卢;另一方面优衣库、ZARA、H&M等洋品牌,抓住了年轻人的快时尚而开疆拓土,高歌猛进。个中缘由,耐人寻味。

透过现象看本质。企业当然要赚钱,但究竟应该怎样赚钱?许多企业的成败,分水岭就在于是否遵循"诚一"的规律,在于怎么去干,用什么样的态度去干。而不在于形势不好、竞争激烈,也不是行业差别、政策不对,更不是"传统产业"日薄西山、"实体经济"缺乏空间。

庄吉之所以破产，绝非像时下有些评论者说的，是"运气不好"，"赶上了造船业空前的寒冬"，骨子里终究是因为违背了"诚一"的规律，东一榔头西一棒槌，贪大求快，热衷于捞快钱、赚大钱，盲目赶风头、随大流。

而乔治白之所以能够在强手如林的激烈竞争之中，走出一条自己的路子；谭木匠之所以能独辟蹊径，一把梳子打天下，从毫不起眼的小地方，做成了大生意，本质上还是因为遵循了"诚一"的规律，全神贯注，专心致志，不断精进，臻于极致。

这些活生生的案例告诉我们，虽然世界在变，而且在以加速度变，但"诚一"这个真正经受了时间考验的基本规律，却永恒不变，并没有随着岁月的流逝而失却真理的光芒，也没有因为时过境迁而毫无价值。

如果企业家们感到，自己所从事的行业竞争激烈、利润微薄、处境不利、生存艰难，打算"跨界""转业"，那么请先思考几个问题：我们的工作是否适合人类需要？是否产品自身的生命周期终结了？是否符合生态环保的要求？是否符合国家的政策导向？

如果在这几个方面都没有问题，请再扪心自问：对待我们的工作，是否做到"诚一"了呢？亦即是否把所有力气、所有资源、所有能量、所有精神都调动起来，灌注到这项工作之中，要么不做，要做，就把它做好了呢？

如果不是，请首先从"诚一"二字做起吧！

富无经业，贵在诚一

我国台湾著名企业家、台塑集团创始人王永庆说过："年轻人刚踏入社会，不要东挑西挑，任何工作都可以做，都有前途；特别是在企业界，只要你努力，一年就可以得其要领，而三年有成，就可以一展雄才大略。"

王永庆的这番话，来自实际，发人深省。

"任何工作都可以做，都有前途"，正对应了古人早已说过的"富无经业"，但要想实现，则有个必要条件——认准目标、一心努力。重要的是，这种努力不是一味埋头下苦功，而是学会用心用脑，做更高层次的心智付出。且让我们从王永庆的亲身经历说起。

王永庆：卖米淘得第一桶金

1916年，王永庆生于台湾新店直潭，兄弟姊妹8人在清寒中度过了童年。

小学毕业后，为改善家境，年仅15岁的王永庆远赴嘉义，在一家米店做了学徒工。过了一年，他自认已学到了卖米的门道，决定创业。

靠着父亲东奔西跑借来的200元钱，王永庆的米店开张了。当时，小小的嘉义已有米店近三十家，竞争非常激烈。王永庆的米店开办得最晚，规模最小，所以一开始冷冷清清、门可罗雀。

怎样才能打开销路呢？经过仔细观察，王永庆很快从提高米的质量和增值服务上找到了突破口。

20世纪30年代，台湾的粮食生产基本上仍是手工作业，稻谷收割后都是铺在马路上晒干，然后在土场上脱粒，常常掺杂着砂土、草棍之类的杂物。买米下锅之前，都要先挑拣、淘洗一番，很不方便。王永庆带领两个弟弟，一小把一小把地将夹杂在米里的杂物拣出来，然后再出售。这样，他的米质量明显高了一个档次，深受顾客好评，米店的生意也日渐红火起来。

第二步是改进服务。当时，消费者都是自己到米店买米，自己运送回家，王永庆则开创了"送货上门"的先河，果然大受欢迎。王永庆送米并非送到了事，还要帮人家将米倒进米缸里。如果米缸里还有没吃完的米，他就将陈米倒腾出来，洗净米缸、倒进新米，再将陈米放在上层。这一精细周到的服务赢得了很多顾客。每次给新顾客送米，王永庆都细心记下这户人家米缸的容量，并且问明这家有多少人吃饭，有多少大人、多少小孩，每人饭量如何，估算一下这次送来的米能吃多长时间，记在本子上。到了时候，不等顾客上门，他就主动将米送到客户家里。有时碰上顾客手头紧，一时拿不出钱来，王永庆就约定到发薪之日再上门收钱。这样，王永庆的生意很快蒸蒸日上。一年多后，王永庆延伸产业链，自己办了一家碾米厂。十年下来，他的米店便跻身嘉义米店前三名。

王永庆问鼎台湾首富的第一桶金，就是这样掘得的。而且，卖米时形成的扎实细心、追根究底、一丝不苟的精神，成为贯穿他毕生事业的特点。

现在市场上零售的米，很多是免淘洗的，罕有杂质；包装规格多样，不必再送米上门……这样说来，王永庆卖米的经验是否毫无价值了呢？

不是的！虽然时代条件永远在变，王永庆卖米所体现的具有规律性和普遍性的成功之道，却永恒不变。

司马迁：两千多年前的答案

王永庆卖米的成功之道完全符合司马迁在两千多年之前就揭示的规律——"富无经业"，贵在"诚一"。

司马迁在《史记·货殖列传》里说："富无经业，则货无常主，能者辐辏，不肖者瓦解。"意思是，能够发家致富的，不是只有一两种门路，三百六十行，行行出富豪；财富，也没有永远固定不变的主人。善于经营的"能者"，即使白手起家，也能够积累万贯家财；不善于经营者，即使坐拥一座金山，也可能顷刻之间土崩瓦解。

所谓的"诚"，就是精诚，全神贯注，全力以赴；

所谓的"一",就是专注,专心致志,坚持不懈。

因为"精诚",全神贯注,才能留意到别人留意不到的细节,发现别人往往忽略的关键;因为"专注",坚持不懈,才能竭尽全力,做到极致,熟能生巧,巧而出奇,达到一般人难以企及的技术高度和经营规模。

这个世界上,没有不赚钱的行业,只有不成功的企业。任何事情,只要做精了,找准门道,就可能取得大成绩。即使有些产品受到生命周期的限制,失去了市场,有眼光与恒心的人也能瞄准它的更新换代产品,未雨绸缪,再占先机。

什么是"能者"?真正的"能者",正是在别人司空见惯、漫不经心的小地方,找到大机会、作出大文章的人。而这些能者之所以能够成功,靠的不就是"诚一"吗?

假如德鲁克遇见荣德生

一、德鲁克的"工人自治区"理念

1943年,欧亚战事方酣,法西斯的败局已经在弥漫的硝烟背后日趋明朗，此前被纳入军备生产的企业也着手为战后转型做准备。

深秋的一天，彼得·德鲁克突然接到了通用汽车公司公关部主任保罗·加勒特的电话，邀请他从一个外部顾问的角度对通用汽车公司（GM）的管理政策和组织方式进行研究，提供给将于战后上任的公司领导层参考。

两年前，德鲁克出版了《工业人的未来》一书，最后的结论是，企业终将成为工业社会的主体，在这种体制之中，不但要实现管理的原则，也得兼顾个人的地位和功用。通用汽车公司的高管们阅读了这部书，认为德鲁克是研究他们企业并能够提出针对性意见的合适人选。

接到加勒特的电话，德鲁克欣喜若狂。德鲁克一直想找机会深入企业内部开展研究，却总是四处碰壁。不少企业的主管拒绝与他合作，西屋电器的总裁甚至把他视为危险的、喜欢作乱的极端分子。能得到大名鼎鼎的通用汽车公司邀请，不啻天上掉馅饼！

然而，为时18个月的调研结束之后，德鲁克接二连三遇到的事情，却比接到加勒特的邀请电话还要意外。

1946年1月，德鲁克的研究报告以《公司的概念》为名出版。他曾经怀疑这本书能否卖出去，出版社也有同样的顾虑。因为当时管理方面的著作凤毛麟角，即使印出来也只是分享给少得可怜的几个好友而已。大多数经理人压根儿就不晓得自己从事的工作就是"管理"，一般公众虽然对富豪的钱财满怀艳羡，却从没有听说过"管理"这个词。

令德鲁克喜出望外的是,《公司的概念》一出版就成了畅销书,甚至获得了不少人的热捧——濒临破产的福特汽车公司把它当成拯救和重建公司的蓝本;通用电气公司(GE)则用这本书作为大规模机构重组的指南;一些州立大学拿它作为组织结构调整的教科书;《公司的概念》还很快被译成了日文,丰田汽车公司甚至设法搞到了德鲁克未曾出版的研究报告的副本,作为改造企业内部关系的模板。

同样令德鲁克始料未及的是,《公司的概念》反而在通用汽车公司遭到了极端冷遇。被斥为"一次对通用汽车公司的攻击,其敌意不亚于任何一位左派人士"。[①] 通用汽车公司的一把手斯隆更是大为光火,为了批驳德鲁克,斯隆亲自捉刀上阵,写出了《我在通用汽车的岁月》。

结果,《公司的概念》誉满全球之际,却在通用汽车公司毫无踪迹,经理们的书架上根本不会有它,就连通用学院开设管理学的课程之后,这部现代管理学的奠基之作也没有被列入推荐书目,甚至在学院图书馆的索引里都找不到它的影子。

是什么让这部书在通用汽车公司如此不受待见呢?德鲁克自己反思说,主要基于三个原因:一是本书对通用汽车公司政策的态度,二是本书关于雇员关系的建议,三是要求大型公司"服从公众利益"。

---

① 彼得·德鲁克著,慕凤丽译:《公司的概念》,机械工业出版社,2006年版,第246页。

在《公司的概念》里，德鲁克极力主张通用汽车公司应该将它战后的雇员关系建立在工人对工作和产品有自豪感的基础上，主张通用汽车公司和整个企业界将工人看作是一种资源而不是成本。具体而言，书中建议通用汽车公司在结束战争订货、恢复和平生产之后，致力于培养"有管理能力"的、有"责任感"的工人和一个"自我管理的工厂社区"。德鲁克自我评价说，在管理学发展史上，《公司的概念》首次指出雇主应该怎样为雇员提供"工作安全感"，并建议认真研究收入保障和退休计划等政策。这些理念从此构成了他所有管理学著作的基调。①

"在我所有关于管理和'工业秩序的解剖'方面的研究中，我认为最重要，而且最有创意的，即是工厂社区自治和授权给员工"。

所以当时"我满怀天真地期望这个'工厂社区自治'的建议能成为我的通用研究计划结论中最令人信服的一点"。

德鲁克后来在回忆录《旁观者》中如是说。

但是，德鲁克的这些理念，却与通用汽车公司管理者们格格不入，甚至被视为异端邪说。他们困惑不解：工人们怎么会有管理的能力呢？如果工人能自我管理，那还要管理者干什么？他们高喊："让经理来管理，让

---

① 彼得·德鲁克著，慕凤丽译：《公司的概念》，机械工业出版社，2006年版，第249页。

工人去干活！""让工人承担本该由管理层负责的工作，就好比给他加上了一副无法承受的重担！"①。

直到1960年代中期，通用汽车公司的管理者们依然坚持认为："工人们要的仅仅是钱。"公司里常说的一句口号是"金钱+纪律=生产率"。②

其实，在当时的美国，何止通用汽车公司，即使那些对《公司的概念》趋之若鹜的管理者，真正感兴趣的，也只是书中关于组织结构和分权思想而已，对于德鲁克最引以为自豪的工厂社区自治，根本就不当回事。并且直到今天，管理学界还认为《公司的概念》的最大贡献是首次提出了"组织"的概念，奠定了组织学的基础。

这让德鲁克很受伤："我一直认为，有经理观念的负责任的员工和自行管理的工厂社区，是我最重要和最有创意的思想，也是我所做出的最大贡献。不管这些概念在日本有多大的影响，通用汽车公司及其经理人员拒绝采纳它们，结果使得这些概念对我所在的国家毫无影响，这是我遇到的最大和最让我感到恼怒的失败！"③《公司的概念》出版37年后的1983年，德鲁克在再版跋中的这段话，让我们窥见了他那耿耿于怀的铭心刻骨之疼。

那是先觉者曲高和寡、顾影自怜的寂寥孤独之疼！

---

① 彼得·德鲁克著，慕凤丽译：《公司的概念》，机械工业出版社，2006年版，第253页。
② 同上，第261页。
③ 同上，第255页。

实际上，虽然德鲁克对于自己的创意终生引以为豪，但就实质而言，它终究只是一种理念而已。至于"如何规划和创造负责任的员工以及自行管理的工厂，当时还没有一点头绪。威尔逊（通用汽车公司唯一认同德鲁克此种理念的高管，曾经在通用汽车公司按照德鲁克的设想搞过一点尝试，但很快失败）和我都清楚地看到，解决这个问题需要十年的实验"。①

德鲁克根本想不到，也丝毫不了解，就在他提出工人自治社区理念的二十年之前，中国近代实业家荣德生就已经在位于太湖之滨无锡的申新三厂等企业创办了"劳工自治区"，并在实践中探索出了一整套颇为成熟的管理模式。

假如玩一个时空穿越，让德鲁克在写作《公司的概念》之前的20世纪二三十年代来到中国，遇上荣德生，参观一下荣家办的"劳工自治区"，其心境将会如何呢？

二、荣德生的"劳工自治区"实践

荣德生（1875-1952），名宗铨，号乐农，江苏无锡人，是已故国家前副主席荣毅仁的父亲。荣德生和胞兄

---

① 彼得·德鲁克著，慕凤丽译：《公司的概念》，机械工业出版社，2006年版，第254页。

荣宗敬（名宗锦）都只上过五六年私塾，从学徒起步。二十世纪初开始，荣氏兄弟陆续创办面粉厂、纺织厂、机器厂等工业企业，先后建立茂新面粉公司、福新面粉公司、申新纺织公司，成为蜚声中外的"面粉大王"和"棉纱大王"。毛泽东曾经说过，荣家是中国民族资本家的首户，在国外能够称得上财团的，我国没有几家，荣家是其中之一。邓小平也评价："荣家在发展我国民族工业上是有功的，对中华民族做出了贡献。"

申新纺织公司是民国时代中国最大的民营纺织企业，共有九家工厂，其中，位于无锡的申新第三纺织厂（通常简称申新三厂或申三），是荣宗敬、荣德生兄弟于1919年集股筹建，1922年正式建成投产的。荣德生一直担任该厂经理，在他的悉心管理下，申新三厂成为当时江苏省规模最大、设备最新的棉纺织厂。1936年，全厂职工4142人，纱锭67920枚，织布机1478台。在申新系统内部，其纱锭数量仅次于1931年创办的申新九厂，而织布机规模和生产效益则居各厂之冠。

申新三厂的"劳工自治区"经历了一个发展完善的过程。根据该厂总管理处处长薛明剑的记录，大体如下：

1924年起，申新三厂就决定着手兴办劳工福利事业，聘任了郑翔德、谈家桢等专家。

1926年8月，厂方举行职员谈话会，决定改革工人管理、劳工福利，把一部分工人宿舍划为"劳工自治区"，办理培训事宜。

1929年，鉴于劳工福利事业已经收到较为显著的效果，决定自本年起进一步加大培训员工的力度。遂于3月成立申新职员养成所，聘任沈泮元为所长，薛明剑兼任教师，讲授《纺织工场设计及管理》。

1932年，创办劳工自治区职工医院，聘请夏子和、盛振杰夫妇主持西医事务，郑际青主持中医事务。员工培训方面增设机工、女工等养成所。

1933年，劳工自治区扩充完善，并与中华职业教育社联办，以利实施各项劳工教育及福利事业。申新三厂该项事业的成功，引起了广泛的社会重视，荣氏各厂亦纷纷仿办。

1936年，劳工自治区经十余年建设，各项设施大致宣告完成。国际劳工总局特派员伊士曼参观劳工自治区，称之为"工业界先觉"。

1937年，劳工自治区因抗战全面爆发、无锡沦陷而停办。

1946年，劳工自治区复办。

综观申新三厂"劳工自治区"，其特点有四个方面：

第一，设施上，齐全先进。

劳工自治区内的设施项目，完备齐全，几乎涵盖了员工生活、学习、医疗、购物、娱乐等方方面面，按照薛明剑的说法："凡工人自出生至老死，均已顾及。"

以1936年劳工自治区建设大致告成时的设施为例，主要有以下几项：

①区内组织

劳工自治区下设4个分区，每分区又分别下设村、组、室等。

单身女工区，内分8个村，每村14-26室，每室住8-12人，共住1628人。

单身男工区，内有1个村，住240人。

单身男女工区都设有寝室、膳室、教室、娱乐室、浴室、花园、运动场、书报室、洗面室等。寝室配备的被褥、铁床、席枕、衣箱等，均由厂方供应。

工人家属区，内分4个村，以每三幢为一组，每组住10户，每户住4人为标准。户内厨房、客厅、凉台、公共储藏室等，一应俱全。共住1100人。

职员家属区，内分3个村，每户二幢，住84人。

以上4区，合计16个村，现住3052人。以1936年全厂职工4142人计，约有73%的职工归于劳工自治区。

1935年7月，上海《新闻报》记者陆诒专程参观考察了申新三厂的劳工自治区。他说："离开隆隆机声的所在，踏进环境新鲜的自治区，触入眼帘的，是整齐的树木，清洁的道路，娇丽的花草。我们置身其间，好像在达官巨商的园庭中，决不会想象到这原来是工人的住居区域。"单身男女工宿舍区，"每室中放着双层的小铁床，铺着洁白的被褥，布置得井井有条。有几间模范室，那里面的整洁程度，恐怕叫一班少爷小姐见之也会脸红的"。工人家属区，"里面整洁的程度，虽不如单身男女宿舍，可是比较普通平民住户，那已经胜过好几倍了"。

②劳工教育

劳工子弟教育方面，有托儿所，分二级，凡是6岁以下的工友子弟，在工友工作期间无人看管时，可以入托，以便父母安心工作，在校男女生48人；6岁至10岁的孩子，入初级小学，分4个年级，在校男女生182人，学习初级知识和公民训练；10岁至12岁，入高级小学，有2个年级，在校男女生52人。以上各类学生，凡是本人之祖父母或父母、兄弟、姐妹在申新三厂工作者，所有学费、杂费均得免缴。非本厂职工子弟，一律收学费，一、二年级一元，三、四年级一元五角，五、六年级三元五角。

劳工补习教育方面，设立"申新晨夜校"，以普及教育、增加知识、提高道德为宗旨。教学的时间，是利用劳工每天工作的余暇（每日授课一至两小时）或星期日，所以名称叫晨校、夜校、星期学校或者传习科等。学习期限，短则数周，长则一年。各类班级合计1052人。此项教育纯粹属于义务性质，凡系本厂工人，均得入学，不收学费，并供给书籍。

劳工技能教育方面，主要培训员工的纺织专业技术。有女工养成所、机工养成所、职员养成所三类。入学须经考试。凡属本厂工人子弟及愿意投身产业界的青年，具有小学毕业程度者，均可报名应考。考试科目为国语、算术。在学期间，学费、膳食费全免，还每月发给零用钱大洋1元。1935年，三类养成所在校生176人。

另外，还有帮助工人识字的"小导师"、帮助工人代写家信的代笔处、图书馆、阅报室等。

③医疗卫生

申新三厂的职工医院，创办于1932年，翌年扩建。内设男病室、女病室、传染病室、普通病室、外症室等，诊断、治疗、化验、手术等，莫不悉备。后来还添置了当时罕见的X光机、解剖台等设备，有住院床位百余张。该医院被誉为"不特为各工厂之冠，抑且为无锡最完备医院之一！"凡本厂职工就医，只收三个铜钱的挂号费，药费全免。若系职工家属，药费减半。非本厂职工，挂号费大洋两角，药费实收。

职工浴室共有五处，分盆汤、池浴两种，可供八十余人同时洗浴，概不收费。

④合作事业与副业生产

劳工自治区内与职工衣食住行等生活消费相关的商业服务业等设施，基本上都采取职工合作社的方式，由厂方和职工集资入股举办。有日用杂货、饮食点心、制衣、洗衣、理发合作社等。所售商品和服务，都比厂外便宜，目的在于便利职工生活，减少生活开支。

自治区还举办了一些职工业余副业生产项目，如养鸡、养兔、种菜等，是职工和自治区一项不小的收入来源。

⑤公益事业

劳工裁判所，是工人纠纷的调解裁判机构。

劳工自治法庭，是工人不服裁判所裁决时的上诉机构。

法律顾问，特聘金婉范女大律师，担任为女工维权的法律顾问。

功德祠，是纪念企业有功之臣的祭祀场所。凡是因公殉职，或在本厂工作十年以上且有功绩者，皆可入祠奉祀。

尊贤堂，供奉岳飞、关羽、戚继光等遗像。

第二，内容上，注重文教。

从上述设施可以看出，就申新三厂劳工自治区的主要职能而言，与其说它是一个组织管理系统，不如说它是一个培养综合素质的学校、造就现代公民的课堂。

这一特征，在劳工自治区"实施方针"和"实施纲要"中都有明确体现。

例如，实施方针规定："注重文化教育，使区民人人有读书之机会，并得正当之娱乐。"

实施纲要规定"宗旨：改善区民生活，培养良好之工友"；总的训练目标是"做新生活"；普通训练目标是"A. 应知之事项：做事勤劳，工作努力。B. 应具之性质：浓厚的兴趣，快乐的态度；合作的精神，健全的身心"。特殊训练的目标是"A. 健康生活；B. 工业生活"。

这些目标又通过一系列实施细则加以落实。例如，各区都聘任指导员，指导区民日常良好生活。区民的日常作息有时间表，膳室、寝室都有行为公约。执行公约的情况有奖惩办法。奖励的事项为"操行优良，工作努力，遵守公约，热心运动，勤苦读书，衣被清洁"；惩戒的事项为："不服训导，懒于洗涤，侮谩师长，无故停工，不肯上课。"这些奖惩制度，强调的重点不是工作状况，更多的是生活态度、学习态度。

针对几乎所有普通工人设立的"申新晨夜校"的教学内容，更是注重综合素质教育，而不是职业技能培训。该校根据工人文化程度，分成识字训练班、公民训练班、技能训练班三级。其中的识字训练班，有六门课程：国语、算术、体育、音乐、公民、艺术；公民训练班有七门课程：国语、珠算、尺牍、体育、音乐、公民、艺术。

特别值得注意的是技能训练班的课程，有缝纫、刺绣、园艺、养鸡、养兔、养鱼等。这些培训与纺织厂的职业技能似乎没有太多关系，为什么要开设呢？为的是"培养区民退职后之生活技能"，也就是如果工人们年老退职，不再务工了，回到乡下后，还可以懂得一门手艺，搞一些农村副业，继续养家糊口。

劳工自治区的这些做法，完全是站在工人长远利益上考虑的，功利色彩十分淡薄，真可谓用心良苦、格调高远！

第三，管理上，工人自治。

申新三厂劳工自治区的内部管理体系，无论是负责人的产生、机构的设立，还是规章制度的制定等，都充分体现和贯彻了职工民主自治的原则。

劳工自治区的组织系统，如下所示：

其最高领导是申新三厂的经理荣德生，直接领导是厂总管理处处长薛明剑。区长是荣德生委任的老工人胡鸣虎，属于专职负责人。其余的各个层次的负责人，除了学校的专任教师、医院的医生由厂方聘任外，各分区长、村主任、室长、组长、裁判长、裁判员等，都是由职工经过民主程序、自由推举的。

职工宿舍区的每个室（组），除了民主推举室长、组长外，还要公举一位文化程度较高的人做"小导师"。所谓"小导师"，就是著名教育家陶行知先生提倡的"小先生"。只是因为"小先生"这个名称不太适合纺织厂中的女工，所以改称"小导师"。1936年时，全区共有"小导师"一百五十七人。她们的任务，就是在教师授课之余，教工友识字。室与室之间，每月还要举行比赛或测验。

劳工自治区内的日常重大事务，由各类委员会会议协商决定。常规的会议有事业会议、区务会议、村主任会议、室长会议、教育会议、小导师会议、裁判委员会议、卫生会议、园艺委员会会议等。1936年度共计开会六十二次，平均每个委员会开会七次左右。

劳工自治区的许多规章制度，都采取公约的形式，有"寝室公约""膳室公约"等。表明是经过比较充分的民主协商而达成一致的规则，从而体现了主办方"多用积极的劝导，少用消极的抑止；多用间接的方法，少用直接的方法"的实施原则。

在有关机构中，最能体现民主自治精神的，大概就是劳工裁判所和劳工自治法庭了。

劳工裁判所由七人构成，经职工民主选举产生，都是办事公道、群众威信高的职工，负责处理劳工纠纷、调解、裁判、惩罚等事宜。

劳工自治法庭由五人构成，产生途径与劳工裁判所相同，属于职工不服裁判所判决时的申诉机构。如果依然不服劳工自治法庭裁决的，才最终上诉到厂总管理处。

1936年，劳工裁判所受理的案件共计九十一宗，上诉到劳工自治法庭的只有三件。这表明劳工裁判所和劳工自治法庭的处理结果是非常得人心的。

劳工自治法庭的隔壁，就是供奉关羽、岳飞、戚继光等民族英雄塑像的尊贤堂。凡是遇到蛮横不讲理的，劳工裁判所经常采取的办法，就是罚他们到尊贤堂去宣誓。据说对于改造思想、平息纠纷颇有效果。

第四，运营上，劳资合作。

申新三厂劳工自治区的基础设施建设，如职工宿舍、医院、校舍、礼堂、道路、园圃等，都需要相当大的投入。其中的很多项目，如职工的学费、书本费、医药费、洗浴费等，还都是免费的，日积月累，这也将是一项不菲的开支。如果纯粹属于只投入不产出的福利，企业效益好的时候或许还能负担，一旦效益滑坡，成为企业沉重的包袱，再好的事情恐怕也难以持久。

那么，申新三厂的劳工自治区究竟是如何运营、如何维持的呢？

答案是，包括某些基础设施建设在内，很多项目都采取了劳资双方合作共赢的方式。具体做法有：

①厂方举债，用作启动资金。"借到了钱，再来着手做增加收入的工作，以便分年月来偿还借款"。

②房租收入。当时上海、无锡地区工人宿舍的租金，每幢1-2元/月，一般是亲属混居。申新三厂的宿舍大都是设施先进的新房，宿舍内的床铺被褥衣箱等也都一应俱全，采取了单身男女工分住的办法，每幢可住24人左右。每人房租0.4元/月，则每幢收入9.6元。工人开支减少，但厂方收入增加，可用作自治区经费。

③职工工作失误的罚款、违约违规的充公资金等，通常是归企业所有，现用于办理劳工事业。

④副业生产收入。培训职工养鸡、养兔、园艺等，本意是让员工有一技之长，但教学实践的过程中就形成了规模不小的副业生产。薛明剑算了一笔账：假如一千工人，每人养十只兔，除去饲养成本，一万只兔就可以赚八万元。

⑤工会会费补助。当时的工会会费是从工人的收入中每月每人扣一分。申新三厂工人平均月收入十五元，全厂三四千人，每月就有七八百元的会费收入。以往是工会负责人用光分光，设立劳工自治区之后，除了

工会组织的必要开支外,其余全部拨作劳工自治区经费。

⑥职工捐款。薛明剑说,如果一项事业确实有益,就一定能够得到获益者的支持。"申三的劳工图书馆、劳工医院和尊贤堂、养兔场等,都是由这样捐款来完成的"。

由于广开财源,尤其是劳资合作调动起了广大职工的积极性,申新三厂劳工自治区很快走上了自主运营、良性循环的轨道。1935年,上海《新闻报》报道:"在劳工自治区最初创办的时候,厂方固然也曾费了不少的金钱和力量,但到现在,厂方对自治区方面,除每月供给事业费一百元外,其余的经费,都是由工会和自治区内工人膳宿费及其他生产收入项下拨付。"

申新三厂的劳工自治区,如果从1926年正式开办算起,到1937年抗日战争全面爆发为止,历十余载,实行效果究竟怎样呢?

首先是减少了劳资纠纷,促进了劳资合作。

申新三厂的历史上,也曾经在1925年发生过影响较大的工潮。起因是1922年该厂建成投产后,一方面依然沿用传统的工头制管理方式,由各级工头把持生产、技术等重要环节;另一方面又陆续引进了一些具有科学管理头脑的新式经营人才。经过比较,荣德生认识到了新式科学管理的先进作用,以及旧式工头欺压工人、效率低下等弊端。于是废除工头制,改用由工程师、技术人员构成的新职员实行科学管理。工头不甘心丧失既得利益，四处煽风点火，一部分工人也因为管理强度加大、劳动定额增加而不满，结果发生了工人闹事、殴打新职员的事件，被迫停工数日。

但是，随着劳工自治区的建立和完善，此类劳资冲突再也没有发生过，企业主与职工之间、职员与劳工之间的和谐关系初步得以建立。

最有说服力的，还是企业的经营绩效。请见表：

1922-1936年申三历年生产情况一览表

年份	职工人数	纱锭（枚）	布机（台）	锭日产（磅）	每件纱成本（元）	每批布成本（元）	盈利（万元）	利润率（%）	申一、八利润率(%)
1922	4700	50400	504	0.798			50.07	23.48	16.46
1923	4700	51008	504	0.752			-5.9	12.35	7.56
1924	4000	51008	504	0.688			-23.4	11.51	
1925	4000	51008	504	0.861			11.23	13.54	9.95
1926	4000	51008	504	0.86					11.89
1927	3863	51008	504	0.726			14.2	16.4	11.65
1928	5500	54008	878	0.925			78.41	17.67	13.54
1929	4000	57008	878	0.853			90.12	23.59	18.58
1930	3800	57008	878	0.807					7.46
1931	4118	65808	1478	0.93					18.52
1932	4118	65808	1478	1.032			69.9	22.18	16.56
1933	3126	65808	1478	0.999	21.1851	1.01056	71.98		12.08
1934	2996	65808	1478	1.057	17.8361	0.88222			14.1
1935	3774	65808	1478	1.103	15.8915	0.75793	72.47		14.42
1936	4142	67920	1478	1.164	13.8334	0.73903	100.38	20.56	11.87

薛明剑还曾就1933年至1936年的情况做过比较：

一是每一纱锭的产量逐年增加，开支却逐年减少，节约资金从 19 万元扩大到 30 万元有余。

二是工人的技术水平显著提高，1933 年前，每万纱锭雇用工人 450 余人，1934 年减为 297 人，继而又减为 270 人。织布方面，从前每人管理 2 台织机，后来管理 4 台（1937 年增至管理 6-8 台）。

三是工人收入大幅度提高。平均日工资，从 3 角 7 分，增加到 5 角 5 分 9 厘，而且还有继续增加的可能。

需要特别指出的是，申新三厂的这些经营业绩，不仅没有得力于外在的宏观经济环境，反而是在愈益不利的情况下取得的。

第一次世界大战期间，由于主要帝国主义国家忙于战争，外国棉纺织品的输入大大减少，华资纺织厂普遍盈利，国内掀起了一个大建棉纺织厂的热潮。荣氏兄弟涉足棉纺行业创建申新系统就是这股热潮推动的结果。然而，第一次世界大战结束后，帝国主义势力卷土重来，1922 年起的数年间，许多华资企业陷入困境。申新三厂可谓生不逢时。

1925 年的"五卅惨案"，引起全国性的抵制英货、日货运动，华资棉纺织业获得难得的喘息之机，从萧条中有所恢复。但好景不长，1929 年爆发了席卷全球的世界经济大危机，帝国主义国家纷纷向中国倾销剩余产品。特别是 1931 年日本侵占东北，东北市场丧失，日货蜂拥而至，许多华资棉纺企业产量锐减、利润骤降。

与此同时，南京国民政府加重了对国产纱、布、面粉的税收，工人农民也迫于水深火热，掀起了一浪高过一浪的斗争风潮，生产成本显著提升。

面临如此之多的不利因素，很多华资企业或破产倒闭，或关门歇业，申新三厂却不退反进，这愈发显得不同凡响！薛明剑分析："这种成绩，虽不能说是完全归功于办理劳工事业的结果，但是因了厂方注意劳工事业，劳工们的生活和环境大大地改善，工作都能安心，生产效率因以提高。"

人们不禁要问，劳工自治区的作用如此之大，那么，荣德生当初究竟是在什么动机驱使下致力于此项事业的呢？

一是儒家思想的深远影响。

荣德生虽然上学不多，但是嗜学终身，具有深厚的传统文化功底，深受儒家思想的影响。他最推崇"仁"，把"仁"当作自己的立身之本。他的七个儿子、两个女儿，名字中都带一个"仁"字。

荣德生经营企业也强调"以德服人"。有一次，申新三厂失火，附近的职工都纷纷赶来救火，他交代门房把这些人的名字都记录下来，却不让他们进厂救火。他说："这些人都是厂里的忠臣。厂烧了，保险公司会赔偿，可以再造。忠臣烧死了，就不好找了。"这些人后来都受到提拔、重用。

1934年以申三总管理处的名义发表的《申新第三纺

织公司劳工自治区概况》一文，就比较集中地反映了荣德生对于劳工自治区与企业经营之关系的认识："夫欲劳其形者，必安其心；欲乐其业者，必一其志；欲用其力者，必健其身；欲改其恶者，必修其德。故实业家欲直接谋技术之精良，工作之改造，则间接必先筹劳工之福利，注意于其身心之安康，庶几工作之时无内顾之忧，业余之暇得精神之慰，安居乐业，专心一志，自无因循畏难之思，见异思迁之想……我国工人之生活状态及知识程度，不及他国，苟厂方再无相当之设施，驱乌合之众，以事生产，欲其出数增加，成本减低，将安可得？"

荣德生的主要助手薛明剑也举例说："劳资间如有龃龉，无论耳目如何周到，管理如何严格，但是工人人数众多，终可于暗中损坏你的物料和机件，或者有意增加你的消耗，减低出品的成色，所谓'以力服人者非心服也'。如能互相了解，互相爱护，此类事件就不至于发生。"

显而易见，这些说法都深深地打上了"仁者爱人"，"己所不欲，勿施于人"，"己欲立而立人，己欲达而达人"，利己先利人等儒家思想的文化烙印。

二是竞争激烈、生存环境恶劣的现实压力。

我国近代的民族资产阶级，是在上有帝国主义、官僚垄断压迫，下有劳工斗争的夹缝中艰难生存的。帝国主义、官僚垄断资本主义无疑是其主要威胁，这就迫切需要劳资双方团结起来共御外敌。荣德生和申新三厂的管理者在接受上海《新闻报》记者采访时，就表达了这种想法："希望国内实业家在这民族工业濒于危亡境地的今日，对于劳工生活多想点改善办法，这样才可以在劳资双方的团结下，打破最重的难关。"

三、荣德生经验的启示

申新三厂劳工自治区，可以说是荣德生把中国传统的"仁德"思想与资本主义的管理制度相结合的产物。它关心职工生活和教育培训，协调劳资关系，让工人自我管理，堪称具有中国民族特色的企业管理模式。他的做法，即使在当时世界范围内来看，也是非常先进的伟大创举，所以被国际劳工总局特派员伊士曼誉为"工业界先觉"。

荣德生的做法可以给予我们的启示有：

第一，人的需要虽然具有多样性，但未必像马斯洛所主张的按等级系列的形态垂直排列，很多时候应是多种需求叠加并行的。例如，申新三厂的工人，既有衣食住行、就医、洗浴等生理性需要，也有受教育、被尊重、通过自我管理而获得自我实现的需要。而且，越是出身卑微、地位低下的人，对于尊重和平等的渴望就越是强烈！越期冀人格有尊严，权利得保障，地位被认可，能力获肯定。

如果说，针对衣食住行医等生理性需要而进行的激励属于物质激励，那么，针对求知、尊重、自我实现等需求的激励就属于精神激励。荣德生是多管齐下，实行了综合激励，且尤其强调精神激励。

荣德生的经验证明，即使对于最底层的普通工人，教育、尊重、互爱、民主、自治、自我实现等精神激励也是必不可少的。

第二，精神激励成本低、威力大。

正因为越是出身卑微、地位低下的人，越渴望尊严和平等，因而针对这种需求的激励，其效果也就越显著。

旧中国劳工的悲惨境遇，从夏衍写于1935年的《包身工》等作品即可略见一斑。申新三厂劳工自治区的免费教育、免费医疗、民主自治等，看上去很简单的事情，却产生了令人震撼的巨大威力，激发了工人们的自尊、自爱、自觉、自信，产生了强烈的自豪感、归属感、凝聚力，提高了对企业的忠诚度，唤起了积极性和创造力，同时大大降低了员工的管理协调成本。

虽然厂方对于劳工自治区有一定投入，但与企业获得的综合收益相比，却是微不足道的，甚至远远可以被综合收益所抵销。

第三，荣德生的经验，既有普遍价值，也有现实意义。

1930年代初，河北的实业家苏秉璋参观了申新三厂的劳工自治区，他感慨："无论哪一种企业的成功，必须先从加惠工人着手。因为工人是工厂的基本力量，也就是工厂的生命线，要使他们的精神有寄托，能安居乐业，事业方面自然随之改进。反之，未有不失败者！"

虽然德鲁克关于"工厂社区自治"的理念和荣德生的"劳工自治区"实践有某些细微差别，例如，前者的"自治"集中在生产过程之中、后者的"自治"主要体现在生产过程之外，但是，两者都强调员工的主体地位，却是高度一致的。近些年盛行的"以员工为本"的经营哲学，其实都属于荣德生实践和德鲁克理念的流脉余绪。

时下，受国内外经济形势的影响，我国的许多企业面临重重困难：国际市场萎缩，原材料价格上涨，劳动力成本提升，利润空间缩小……要摆脱困境，员工的因素恐怕应该是首先必须考虑的。而不少企业恰恰存在员工关系不和谐的问题，痛感得其人难以得其力、得其力难以得其心。究竟怎样让广大员工尽心尽力呢？荣德生的实践和德鲁克的理念都是值得借鉴的经营之道。

假如德鲁克遇见荣德生，考察了申新三厂的劳工自治区，他还会因为自己的理念在美国无人赏识而有曲高和寡之疼、顾影自怜之叹吗？他还会坚持以为工人自治区是自己的首创而有自鸣得意之情吗？

刀閒的奴隶 VS 德雷斯塔特的妓女

春节过后,"民工荒"再起,就连一些过去劳动力净输出的大省,也为招工难而纠结。劳动力的短缺似乎有常态化、普遍化的趋势。怎么办?请看中外历史上的两个故事。

故事1:刀閒的奴隶

现在山东省的东部,在古代属于齐国。这一带因为靠海,蕴藏着丰富的渔业、盐业资源,所以自古以来也是孕育大盐商的地方。

西汉时期的齐国就出了一位大盐商,名字叫刀閒。

刀閒做买卖有一个特点,就是特别会用人,并且专门使用别人不敢用的奴隶出身的人。

根据司马迁《史记·货殖列传》的记载,西汉时的齐国有一个风俗,就是把奴隶看成贱民,尤其是看上去有点狡猾、心眼比较多,或者脾气暴躁的奴隶,人们都像防贼一样躲着他们。

刀閒却不这样，而是专门招收奴隶出身的人，派他们出去卖鱼贩盐，或者做别的生意。

刀閒招收来奴隶，是不是要残酷剥削、无情压榨呢？也不能这样说。因为，这些奴隶在刀閒的手下，个个成了独当一面的人才。他们带领庞大车队，乘坐豪华车子，骑着高头大马，身着光鲜华丽的衣服，在各个地方往来经商。所到之处，还成为地方官员的座上之宾。看到这幅光景，不了解底细的，根本就不知道他们出身奴隶。

奴隶们虽然云游四方、权力很大，但是都对刀閒忠心耿耿。司马迁记载说：刀閒手下的奴隶有一个口号，叫作"宁爵勿刀"。意思是宁肯拒绝皇帝赏赐的爵位，也决不背叛刀閒。

靠着这些奴隶的出色经营，刀閒积累了数以千万计的家产，也成了我国企业经营史上大胆用人、善于用人的典范。

刀閒的用人之道是什么？就是不拘一格。在别人眼里很卑微低贱、很不可靠的奴隶，刀閒不仅信任他们，授予他们充分的权力，放手让他们大胆经营，而且平等地对待他们，在人格上尊重他们，在生活上爱护他们，就是司马迁所说的"爱贵之"。这样做，不但发挥了这些人的聪明才智，极大地调动起了他们的积极性和创造性，而且更重要的是得到了他们的忠诚。

故事2：德雷斯塔特的妓女

德雷斯塔特（Nicholas Dreystadt）的故乡在德国南部，第一次世界大战前夕，年仅13岁的德雷斯塔特漂洋过海到了美国，起先是奔驰车队里年龄最小的学徒，后来进入通用汽车公司。

德雷斯塔特没有上过几天学，而且极其不修边幅。在通用汽车公司，即使已经身为高管，他也总是穿一件缀满烟灰窟窿的老旧毛呢夹克，甚至常常穿两只不成双的皮鞋上班。

别看生活上邋邋遢遢，德雷斯塔特工作上却属于难得的奇才。他在通用汽车公司屡创佳绩，是年轻主管中公认的最能干的一位。在1929年开始的经济大危机席卷全球的时候，德雷斯塔特已经升为通用汽车公司旗下的高端名牌凯迪拉克的服务部经理。

受世界经济大危机的冲击，通用汽车销量锐减。除了低档车雪佛兰尚能勉强应付之外，其他几个品牌都摇摇欲坠。通用汽车公司不得不把中档的别克、奥斯莫比尔和庞蒂亚克合并在一起。高档的凯迪拉克销不出去，大概只有停产的命运了，唯一悬而未决的是，究竟是撤销整个部门呢？还是只留个名称？

通用汽车公司的决策者们，大都倾向于壮士断腕，彻底抛弃凯迪拉克，就连担任大掌柜的董事长兼 CEO 斯隆、二掌柜布朗等人虽然心有不甘，但也认为没有其他办法。

1932 年的一天，正当决策者们即将拍板的时候，德雷斯塔特闯进了会议室，请求给他十分钟，让他提出一个可以在一年半内让凯迪拉克起死回生的计划。德雷斯塔特一再强调，凯迪拉克是"地位的象征"，只要加以调整，一定会有销路的。

德雷斯塔特凭什么如此自信？原来，他在工作中发现，凯迪拉克不但受美国的白人成功人士喜欢，更被有钱的黑人所追捧。很多黑人艺人、拳击手、医生、房地产中介商等以拥有一辆凯迪拉克为荣。但是，通用汽车公司一直实行的销售政策却带有浓厚的种族歧视色彩，只卖给白人权贵，不卖给黑人。很多有钱的黑人只好花大价钱请来白人帮他购买。其实，此类种族歧视现象在当时非常普遍，黑人无论多么有钱，都住不进高级社区、不能出现在豪华度假村。于是，托白人帮忙买一辆凯迪拉克，开着它招摇过市，就成了这些黑人们能够向世人显示自己成功的唯一标志。转变观念，开发黑人市场，凯迪拉克怎会没有销路呢？

有人问："德雷斯塔特先生，你了解吧，要是失败，你在通用的职位可就保不住了。"

"是的，我很清楚。"德雷斯塔特回答。

这个时候，斯隆突然大声说："我不同意！德雷斯塔特先生，你要是不能成功，你在凯迪拉克的工作当然就泡汤了，因为凯迪拉克已经完蛋了。但是，只要通用还在，只要我还当家，一定会保留工作给一个有责任感、主动、有勇气和想象力的人！德雷斯塔特先生，你现在担心的是凯迪拉克的未来，而我关心的却是你在通用的前途！"

斯隆真不愧一代英主！看看他是怎样激励下属的？一代英主绝非浪得虚名。在斯隆的激励和支持下，德雷斯塔特升任凯迪拉克的总经理，他的计划付诸实施。1934年，凯迪拉克就实现了收支平衡。

不过，凯迪拉克虽然销量上去了，价格也高得出奇，利润却微不足道，很有点赔钱赚吆喝的光景。问题出在哪里呢？出在生产方式上，当时凯迪拉克都是手工精制的，而且一次只能生产一辆，显然属于规模不经济。

高档货就非得产量小吗？大批量生产就制造不出来高品质的东西吗？德雷斯塔特认为，简直是岂有此理！他说："品质的高低，是设计、工具、检查和服务的问题，跟产量多少没有关系。追求高品质不一定非得放弃效率。"于是，德雷斯塔特加大设计、设备、质量管理、服务的投入，扩大生产规模，凯迪拉克品质提高了，产量增加了，短短几年就华丽转身为通用的摇钱树。

十几年后，德国的奔驰也靠着同样的办法，把一家依靠手工制作精制昂贵轿车的小厂，变成了财源滚滚的大公司。

"二战"后期，德雷斯塔特不顾公司高层的反对，从国防部接下了一件"可怕"的大活，制造一种新型的、首次使用电子器材、必须具有高精准度的飞机投弹瞄准器。这件事之所以"可怕"，不单纯是谁也没有制造过这种高科技的新产品，更重要的是要生产它非得有技术高超的熟练技师不可，而在当时的汽车之都底特律，别说是缺乏技术熟练的技师，就连一般工人也找不到！

德雷斯塔特斩钉截铁地说："这件事我们一定要做到。假如凯迪拉克都做不到，谁还能做得到？"

然而现实是严峻的。在底特律，唯一能够招来制造这种高科技新产品的，就是那些已然人老珠黄的黑人妓女。妓女和高科技产品，在一般人眼里，这简直是风马牛不相及，八竿子打不着的事！德雷斯塔特却不管三七二十一，一口气招来了两千多个妓女。这些女人一听说要做的工作，惊得芳容失色，不知所措。德雷斯塔特说："把她们的老鸨也招来吧，毕竟她们才是管理妓女的行家。"

这些妓女基本上都目不识丁，要让她们看懂厚厚的操作手册，无疑是天方夜谭！德雷斯塔特说："没有时间教她们读书识字啦，况且她们也学不会。"

德雷斯塔特走到了操作台前，亲手制作了十几个投弹瞄准器，并让人用摄影机拍下了制作过程。他把整个流程分解为若干环节，用放映机分别播放每一个画面，画面上再加进各种灯光信号。例如，红灯表示已经做完的部分，绿灯表示即将进行的工作，黄灯表示在做下一步之前应该注意的事项。这些标识，现在成了很多生产线的标准程序，其发明者就是德雷斯塔特。

结果，不出几个星期，那些毫无技术基础，也从来没有在操作台前制作过任何产品，更别提新型精密仪器的女人们，不仅能够生产出令人满意的成品，而且比技术炉火纯青的老师傅的产量还要多！

一时之间，德雷斯塔特的特殊女工团队，成了爆炸性的新闻，在通用汽车公司尽人皆知，也轰动了汽车之都底特律。人们议论纷纷，有惊奇，也有不堪入耳的闲言碎语。有的甚至说德雷斯塔特在厂里搞了个"红灯区"，还有的说绝不能与令人不齿的妓女为伍。工会组织则向德雷斯塔特提出正式要求，一旦有了替代员工，必须立即赶走这些女工。

在当时，人们有这些反应并不奇怪。据说，各地工会的负责人，多半是出身南方的白人男子，属于基督教基本教义派，就连白人妇女都遭他们歧视，更别提黑人妓女了。

面对这些非议，德雷斯塔特大张旗鼓地驳斥："这些女人，是我的同事，也是与你共事的人。她们表现优良，而且尊重自己的工作。不管她们过去如何，现在有权和我们一样获得他人的敬重！"

德雷斯塔特心里明白，一旦战争打完了，上前线的士兵们解甲归田，劳动力短缺的状况就会发生彻底改观，身强力壮的男子汉们恐怕都安置不过来，哪里还会有妓女的立足之地？不过，他还是尽量和工会斡旋，希望尽可能为那些女人保住几个职位。

他说："有生以来，这些可怜的女人第一次得到合理的报酬，有不错的工作环境，而且得以享受人权。她们从来没有像今天这样找到自己的尊严，也会更加自爱。我们有责任拯救她们，让她们免于再遭到受人排斥、鄙视的命运。"

终于，在饱含着这些特殊女工辛勤汗水的高质量的精准投弹瞄准器的帮助之下，战争结束了，不再需要投弹瞄准器了。鸟尽弓藏，兔死狗烹，那些杰出的女工被迫卷铺盖走人了。走出通用厂区大门，不少人留恋曾经在那里的美好时光，无法面对悲惨的未来，自杀身亡。

德雷斯塔特坐在办公室里，双手抱着头，泪水夺眶而出："上帝啊！原谅我吧。我辜负了这些可怜的女人！"

上述两个历史故事，"刀閒的奴隶"，记载在司马迁的《史记·货殖列传》里面；"德雷斯塔特的妓女"，是美国管理学大师彼得·德鲁克在他的回忆录《旁观者》

中讲述的。

这两个历史故事能够给予我们什么启示呢？

第一，"世不患无才，患无用才之道"。

刀閒和德雷斯塔特，一个是两千年以前中国的大商人，再一个是二十世纪前期美国的企业家。这两人在选人用人方面的做法不能说没有区别，刀閒是主动积极地使用奴隶，德雷斯塔特招收妓女则多少有些找不到可用之人的无奈。但是，他们在用人方面的主要特点却是高度一致的，这就是都没有世俗的框子和固定的模式，敢于打破常规，大胆用人。

我们的很多企业，选人用人时往往会预设各种框子，例如学历水平、毕业学校、专业技能、工作经验，甚至还有性别要求、身高要求、长相标准等等。似乎只有装进这个框子者，才算人才，才值得重用。

刀閒和德雷斯塔特就不是这样。而且，"二战"结束，凯迪拉克的妓女员工们即使在作出了巨大贡献之后，依然被冷酷无情扫地出门的遭遇，更加反衬了德雷斯塔特的胆识异乎寻常。

他们之所以能够这样做，是因为他们都坚信，世间无不可用之材，任何有脑子的人，都是有激情、有热忱、有创造力、有能动性的，只要用之得法，都一定能够挖掘出令人难以想象的潜能，化腐朽为神奇。他们坚信这一点，而且成功地做到了这一点。

明代大改革家张居正说得好："世不患无才，患无用才之道。"事实证明，世界上并不缺乏美，缺的是发现美的眼睛。人不是物，不能用所谓"标准化"的模式去削足适履。不拘一格，永远是选人用人、发挥人才作用之正道、大道。

第二，尊严激励，应该是最基本的必不可少的激励手段。

在管理学上，激励，就是调动人的积极性，激发人的创造性。激励的手段，不外物质激励和精神激励两种。与物质激励相比，精神激励的办法丰富多彩，手段多种多样，比较常见的有所谓的目标激励、荣誉激励、培训激励、晋升激励、参与激励、环境激励等。其中，最基本、最必不可少的，应该是尊严激励。

什么是"尊严激励"？根据上述两个故事，我们大概可以下这样一个定义：所谓尊严激励，就是平等对待员工，在人格上尊重他们，使之活得有尊严，权利得保障，成就被认可，价值获肯定。

尽管在马斯洛的需要层次理论中，尊重需要被视为较高层次的需要，也尽管迫于种种原因，不少人不得不置自己的尊严于不顾，但是，梅奥的霍桑实验、赫茨伯格、弗隆等人研究一再证明，人之为人，都有获得尊重的愿望。即使领导，也是一样，当领导的最怕人们拿他不当回事。领导尚且如此，况贩夫走卒乎？

在现实生活当中，奴隶出身的主管、妓女改造的员工，这类例子当然有些极端，不很常见。但是，刁閒和德雷斯塔特的用人之道却具有普遍意义。我们的企业是否都做到给予员工应有的尊严了？不平等、不互相尊重的现象不是比比皆是吗？

第三，尊严激励成本低、威力大。

越是出身卑微者，越是遭受歧视和凌辱的人，对于尊严的渴望就越是强烈。尊严激励对于这些人的激励效果也就愈益显著。

实际上，刀閒对于奴隶、德雷斯塔特对于妓女，都没有做太多的事情，他们只不过是搞了简单的培训、提供了一个工作机会，拿他们当正常人对待，给予了他们尊重、信任、爱护和证明自己价值的可能。

然而，就是这样一些看上去很简单的事情，却产生了令人震撼的巨大威力，激发起了他们的自尊、自爱、自觉、自信。刀閒手下的奴隶，之所以"宁爵勿刀"，忠心耿耿地为刀閒贡献聪明才智；德雷斯塔特的妓女员工，之所以能取得不亚于熟练技师的优异业绩，最重要的就是因为他们得到了曾经可望而不可即的尊严！

如果说，管理就是在群体中协调个体的行为，那么刀閒和德雷斯塔特的故事似乎再一次印证了彼得·德鲁克对于管理的判断：管理并不是一门科学或者一门艺术，"它其实是一门临床型的学科。在医药实践中，对于临床医学的检验不在于治疗方法是否'科学'，而在于病人是否康复"。拿赵本山小品中的话来说就是："关键看疗效！"

管理或许不是科学，但有规律可循。刁閒和德雷斯塔特的历史故事就证明了：选人用人没有固定模式，人的潜能深不可测。要提高员工的忠诚度吗？要激发员工的积极性和创造性吗？请先从不拘一格、尊严激励开始吧。

我们该把什么传给后代？

2011年7月19日，人称"许三多"的杭州市原副市长许迈永被执行死刑。在狱中，他写下忏悔书，内中有云："人生不仅要为自己考虑，也要为后人考虑，虽然地位、职务、荣誉不能传承，但金钱、资产、物品可以继承，应该多积蓄点财富给后人。"这位贪污受贿达1.98亿元的大蛀虫，大概到死也没有想明白，最应该传给后代的究竟是什么？

曾经是天下首富的范蠡，就想明白了这个问题。

"陶朱公"的良苦用心：千金散尽，从头再来

范蠡助越王勾践卧薪尝胆二十余载，灭了吴王夫差。正当功成名就之际，他毅然辞掉高官厚禄，下海经商

去了。

《史记》记载说,范蠡先是来到齐国,改名叫鸱夷子皮,"耕于海畔,苦身戮力,父子治产。居无几何,致产数十万"。意思是范蠡带领妻子、孩子,在齐国的海边筚路蓝缕、胼手胝足,开始了新的艰难创业。他们垦荒种地,生产粮食,还利用海边的渔业、盐业资源,开展商业贸易。经过全家人的辛勤劳作,只用了几年时间,就积累了数十万家产。

后来,范蠡又迁居到陶,再次改名换姓,自称朱公,人称陶朱公。十九年间,几次积攒了数以千计的黄金。"天下言富者,皆称陶朱公",俨然称得上当时天下的首富了。

范蠡后来年老力衰,就把经营产业的事情完全交给了子孙,自己安享晚年。在子孙们的经营下,范家的产业有了更大规模的发展,达到了"巨万",大概相当于现在的亿万了。

范蠡退休以后,"陶朱公"三个字,可能变成了范家的一个商号,被范蠡的子孙一代代传了下来。商号的当家人相当于现在的董事长兼CEO,也被称为陶朱公。到了战国时候,陶朱公这个商号依然存在,而且影响更大了,几乎达到了富可敌国的程度。

可以说,范蠡家族成功地打破了"富不过三代"的定律,实现了家业常青。

那么,范家究竟是怎样做到这一点的呢?是否因为范蠡积累的家产多，所以传给子孙后代的钱财也多呢？

不是的。通观范蠡的财富之路就会发现，他似乎压根儿不想把财产传给子孙。

《史记》有明确记载：范蠡在齐国积累了数十万家产之后，引起了齐国贵族们的注意，他们合力推举范蠡担任齐国相国，还把相国大印送到他家。范蠡说："经营自家的产业，能获得千金，做官能做到卿相，对一个布衣百姓来说，已经达到了人生的顶点。但是，长期享有尊崇的名声，未必是一件好事。"于是，范蠡婉言谢绝了相国大印，把家产分成若干份，分别赠送给一些朋友和乡亲，自己只带着小部分，悄悄地离开齐国，迁居到了陶。

成为"陶朱公"之后，范蠡"十九年之中，三致千金，再分散与贫交疏昆弟"，然后一而再、再而三地从头开始、重新创业。司马迁称赞他："此所谓富而好行其德者也。"

那么，范蠡究竟想传给子孙后代什么东西呢？

留给后人的智慧：不传金钱，只传美德

纵览范蠡家族的历史，我们可以发现：他传的是宽以待人的处世原则、自强不息的人生态度。范蠡自己就是宽以待人的典范。除了富而好德、乐善好施之外，还

有一个突出表现就是他在用人上的"择人"而"不责于人"。

什么是"择人"呢？就是注意选拔和使用适当的人才。什么是"不责于人"呢？就是对手下的人并不求全责备，而是宽厚待人。

正因为宽以待人，他才能够照顾别人的利益，做到买卖双方的互利互惠；正因为宽以待人，他才能够富而好德，周济穷人，尽到社会责任；正因为宽以待人，他才能够遵纪守法，不伤天害理。

范蠡还是自强不息的典范。每当通过艰苦奋斗，达到事业巅峰时，他都要急流勇退，自己把自己打回起点，重新创业。就仿佛一个登山的人，每次吭哧吭哧地爬到山顶，还没有顾得上歇歇脚，欣赏一下"会当凌绝顶，一览众山小"的美妙风光，就坐上了滑梯，一下子回到山脚下，再一次吭哧吭哧地向上爬。

从子孙后代的表现来看，范蠡的这些处世原则和人生智慧，确确实实传给了他的后代，并且被发扬光大。历史上有一个很有名的故事：范蠡的后代热心于商业教育事业，把自己的商业经验传授给了一个贫穷落魄的年轻人猗顿，从而把猗顿培养成了富比王侯的大富豪。

显而易见，在究竟应该把什么传给后代的问题上，范蠡的答案是不传金钱，只传美德。

美德！只有它能让你的孩子快乐

范蠡的智慧，代表了中华民族历史上始终占据主流地位的治家理念。唐朝李商隐有诗云："历览前贤国与家，成由勤俭败由奢。"过去很多人家大门两旁都会挂一副对联："忠厚传家久，诗书继世长。"忠诚老实、仁义厚道是家族世代相传的根本，知识文化、勤奋学习乃家业昌盛之正途……都是这种智慧的再现。

一辈又一辈的中国人之所以坚信这样的齐家格言，是因为无数经验教训使人们深刻地认识到：如果没有再创造的活力，财富是不断耗损的，就像水在流淌时会不断蒸发渗漏一样。家业常青，乃是基于精神不倒。金钱没有生命力，真正长盛不衰的，是宝贵的精神财富！

放眼全球，中国古人的这些传统智慧，实际上也是被普遍认同的。贝多芬就说过："劝你们的孩子拥有美德吧，因为只有美德，而不是金钱，才能让他们快乐。这是我这个过来人的切身感悟。"

2004年起连续5年之久，美国著名的战略咨询公司哈里森集团针对美国富人群体进行了三次大型调查，结果表明：美国富人（指经济阶梯最顶端的大约5%，其流动资产至少100万美元，或者每年的家庭可支配收入至少12.5万美元）最担心自己辛苦赚来的、能为孩子们创造优越生活的钱财，最终变成毁灭孩子的祸根。为此富人们不遗余力地向子女灌输利他主义的价值观，想借此减少孩子从小过富有生活可能带来的负面影响："重要的不是钱财，而是你如何生活。重要的是你是一个什么样的人，而不是你拥有什么。"教育的结果怎样呢？统计显示：每年可支配收入15万美元以上家庭的孩子"曾经为某项慈善事业捐过自己的钱"的有48%、"曾为某个当地慈善组织做过志愿者"的有45%，远远超过了每年家庭可支配收入小于5万美元的28%和26%。另外，尽管富人家的孩子拥有更强购买力，但在购买奢侈品方面并没有人们想象的那样显摆。例如，每年可支配收入15万以上家庭的孩子拥有奢侈或高档商品的比例：电子产品55%、鞋子31%、潮流时装35%、提包钱包装饰品31%、化妆品和香水23%、珠宝21%、手表24%，总体上只是略高于每年家庭可支配收入小于5万美元的40%、39%、28%、20%、14%、14%和13%；并且绝大多数富家子弟已经认识到努力工作和良好教育才是发家致富的敲门砖。

因此，我国现在的成功人士，在考虑究竟应该把什么传给后代的时候，也有必要首先致力于凝练优秀的家庭传统、树立高尚的家庭信仰、发扬积极的家庭精神、形成卓越的家庭文化，一代一代传下去。

当全社会为"富二代""官二代"的问题痛感纠结

的时候，我们必须意识到，富贵何罪，二代何辜？在"富二代""官二代"身上表现出来的问题，实际上根源于"富一代""官一代"，是因为当下的一些父辈们并没有想明白：究竟应该把什么传给后代？

这些企业为何能"长寿"？

"廉吏久，久更富，廉贾归富。"这是司马迁在《史记·货殖列传》里总结的一条经营之道。意思是说，经商就如同做官，廉而能久，久而更富。

在我国传统商业文化中，商人向来有好坏之别。那些不过分贪财、能够照顾大众利益的商人，被称为"廉贾""良贾"；与之相反的囤积居奇、坑蒙拐骗之流，则被称为"贪贾""恶贾"。司马迁认为，从长远来看，"廉贾"的经营业绩不亚于"贪贾"，而且比"贪贾"赚钱更多，即"贪贾三之，廉贾五之"，"贪贾"只能赚三分利，"廉贾"却能赚五分利。

为什么不贪财的"廉贾"能经营长久、更为富裕，而钻进钱眼里的"贪贾"反而不能得大利呢？还是让事实来说话吧。

胡庆余堂:"戒欺"匾一挂一百三十七年

杭州西湖之滨,坐落着一座富丽堂皇的古建筑。它已有一百三十七年历史,却依然正常营业、顾客盈门。这就是晚清红顶商人胡雪岩创办的药店——胡庆余堂。

胡庆余堂为何香火不熄呢?这要从它的创办过程说起。

一八七四年,胡雪岩打算开药店,想物色个懂行的掌柜打理生意。

第一个来应聘的掌柜说:"这事交给我干,保证你半年就赚钱!"胡雪岩笑了笑,打发他走了;第二个前来的掌柜说:"这家店如果由我管,保证利润三年翻一番!"胡雪岩二话没说,端茶送客。

最后来了位叫余修初的掌柜。胡雪岩把前面两个掌柜的话学了一遍,余修初一听,立即告辞:"对不起,您另请高明吧。"

胡雪岩赶紧询问缘由。余修初说:"胡老板,我们是卖药啊!药是干什么的?是治病救人的啊!药要治病救人,必须严格炮制,如果只想挣钱,药店是办不好的。"

胡雪岩听了,向余修初作了一个揖:"你就是我要找的人!"

走进胡庆余堂，匾额题刻琳琅满目。除了"是乃仁术""真不二价"等，最享盛名的就是胡雪岩亲笔题写的"戒欺"匾。别的招牌都是挂给顾客看的，这块匾以前却是朝里挂着，面向坐堂掌柜的。

匾曰："凡百贸易均着不得欺字，药业关系性命，尤为万不可欺。余存心济世，誓不以劣品弋取厚利。惟愿诸君心余之心，采办务真，修制务精，不至欺予以欺世人，是则造福冥冥。谓诸君之善为余谋也可，诸君之善自为谋也亦可。"意思是做生意不可欺诈，尤其药业。希望大家体谅我的苦心，采购药材要地道真货，制作成药要精益求精。这样既是对我负责，也是对自己负责。

在创始百余年后的1981年，胡庆余堂进了一批珍稀麝香。当时，滋补药品"人参再造丸"和治疗性药品"六神丸"都等着麝香下料，就利润而言，后者远不及前者。但胡庆余堂却把这批麝香全部投入了"六神丸"，只因为"六神丸"是城乡居民夏令必需品。正由于一代又一代胡庆余堂人坚持"戒欺"，才把这家药店打造成了长寿企业，成为与北京同仁堂比肩齐名的行业翘楚。

默沙东：我们的药旨在救人，不在求利

杭州有家跨国制药企业默沙东。这家企业来头不小：

2009年在世界五百强中排名第294位，全球制药公司前十；2003年获得"美国十大最受推崇的公司"称号，且自1983年以来16次榜上有名；名列美国《商业道德操守》杂志"百名最佳企业"之一，在制药公司中排名第一。

默沙东公司起步于1891年，原本是德国默克化学公司的美国销售分公司。1953年，美国默克与沙东公司合并，组建默沙东。到今天，默沙东走过了整整120年。在默沙东的每一处办公室、厂房，都可以看见默沙东创始人乔治·默克的名言："我们应当永远铭记：药物是为人类而生产，不是为追求利润而制造的。只要我们坚守这一信念，利润必将随之而来！"

在默沙东美国总部的门口，立着一座青铜雕像，一名非洲小孩用木棍牵着失明的亲人，步履蹒跚。这座雕像背后的故事是：20世纪80年代，非洲、拉美等地有超过一亿人口遭受着河盲症的威胁，即大量寄生虫在人体内游动，最后移到眼睛，造成失明。但是这些国家都很贫穷，买不起药品。可想而知，即使研发出治疗这种疾病的药品，也难以获得多大利润。干还是不干？默沙东毫不犹豫地研制出了特效药，无偿捐赠给30多个国家，甚至义务将药物送进偏远山村。

在很多中国人的记忆中，20世纪80年代，乙肝是流行率很高的疾病，但后来随着乙肝疫苗的普及，这种病显著减少了。疫苗是哪里来的？就是1989年默沙东转让给中国政府的，而在当时，乙肝疫苗属于世界上最先进的基因工程技术。中国疾控中心2006年的数据显示，中国5岁以下幼儿的乙肝表面抗原流行率已降至1%以下，大大低于1987年的10.1%。

美国著名经济学家吉姆·柯林斯研究了18对企业，其中包括默沙东在内的18家长寿公司被他称为"高瞻远瞩公司"；另有18家作为对照。他说："我们的研究显示，高瞻远瞩公司能够奋勇前进，根本因素在于指引、激励公司上下的核心理念，亦即是核心价值观和超越利润的目的感。"

例如，福特汽车创始人亨利·福特在1916年强调："我认为我们的汽车不该赚这么惊人的利润。最好用合理的小额利润销售大量的汽车，这样可以让更多的人买得起，还可以让更多的人就业。"福特用大家买得起的T型车（国民车），改变了美国人的生活方式，1908年到1916年间把汽车价格降低了58%，尽管当时福特的订单大大超过生产能力，完全可以提高车价。而且在同一时期，福特率先采用了工人日工资5美元的制度，大约是业界标准工资的两倍。

而另外18家对照公司之所以被吉姆·柯林斯认为不属于"高瞻远瞩"的杰出公司，不是因为它们不成功，而是因为它们把赚钱放在第一位，漠视社会责任。

"高瞻远瞩公司"是非常可敬的。但在盈利能力方面，它们是否不如那些赚钱挂帅的对照公司呢？吉姆·

柯林斯提供了答案：假设你在1926年1月1日各投资1美元，分别购买纽约证券交易所的大盘指数基金、对照公司股票基金、高瞻远瞩公司股票基金，此后把所有股利再投资，那么，到1990年12月31日，你投资在大盘指数基金上的钱会升值到415美元；投资在对照公司股票基金上的钱会升值到955美元；而投资在高瞻远瞩公司股票基金上的钱，会升值到6356美元，是投资对照公司股票基金的六倍多，是投资大盘指数基金的十五倍多。

另外，被吉姆·柯林斯列为对照公司的企业有的在金融危机中破产倒闭了，有的因为在产品上搞虚假宣传，被美国最高法院判罚。但是，默沙东、福特等"高瞻远瞩公司"，却依然受人尊敬、业绩不俗。

访谈三则

商贾智慧，传统的才是时尚的

作者：记者李香玉　实习生王妍妍
《新金融观察报》2011-10-24

在五千年的中华文明史上，我们的祖先不仅曾经创造过辉煌灿烂的农业文明，而且曾经创造过最发达的工商业文明。其中，既有丝绸之路、茶马古道之类的遗迹，也有造纸术、印刷术、指南针等伟大的发明。如何在强手如林的商场上立于不败之地？有了财富应该如何处置？如何破解"富不过三代"的魔咒？有一本书讲述了古代商业传奇人物和传奇故事，用古代商人智慧与商场谋略给你新的人生启示，告诉你，传统的才是时尚的。近日，《新金融观察报》（后简称新金融）记者专访了作者李晓。

"贤人富者"的智慧之光

新金融：您曾从事过企业商业活动、企业经营管理，而且现在由于业务科研需要，跟企业打的交道更多了，比如面向企业家来讲课。那么您认为现在的商人与古代的商人有何异同？主要谈谈差距。

李晓：我在山东大学工作时，受1992年全民经商热潮的影响，我们院里也搞了个公司，我是负责人之一。虽然大学里的企业与民营企业不同，但终究商业规律是相同的。这对于我研究经济史和商业史来说，是一种实践，能加深对理论的理解。现在我也常常给企业家讲课，结合我的观察和体会，我认为现在的企业家们跟古代的商人相比，差距主要有这么两点：

第一，有点儿急功近利。一些企业家渴望一夜发财致富，总是希望挖掘到一块别人没有发现的金子。古代也不是没有这样的商人，按照司马迁的说法，商人也分三六九等，有廉贾、贪贾之分，但占主流地位的绝对是廉贾，他们并不只着眼于眼前的利害得失，而是着眼长远，很善于处理眼前利益和长远利益的关系，善于与人相处，懂得利己先利人这样一种道理。自己谋利并不是建立在别人的痛苦乃至生命的基础之上，不以坑蒙拐骗作为发财手段。相比之下，现在一些商人的急功近利就不可避免地导致其不择手段。

第二,诚信意识比较淡薄。现在的商人更多的是考虑个人利益最大化、企业利益最大化、企业家的利益最大化。举个例子来说明,"朋"最早的含义是钱,"友"是交换。那么这两个字是如何引申出"好伙伴、铁哥们"之意的呢?缘由就是买卖双方的互相信赖,是做成任何买卖的先决条件,"朋"和"友"两个字合在一起,也就有了彼此信赖的意思。过去,以诚待人、童叟无欺是经商最起码的职业操守,就如同人要吃饭、穿衣,是天经地义的。

新金融:书中借助司马迁笔下的一些工商业者的传奇故事,叙述古人的经营之道。古人的经营之道有哪些可以应用到现代?请举例说明。

李晓:古人的经营之道能应用到现代的,可以说比比皆是。比如,白圭"人弃我取,人取我与"的这种逆向思维、反向操作,正与"股神"巴菲特的名言"别人贪婪时我恐惧,别人恐惧时我贪婪"有异曲同工之妙。

再比如,司马迁所说的:"贪贾三之,廉贾五之。"意思是,如果心黑的商人通过坑蒙拐骗,能得到三分赢利的话,那么心好的商人通过诚信服务顾客,最终必然能得到五分的赢利。美国一个经济学家叫吉姆·柯林斯,他出过一本书《基业长青》,他研究了18对公司(18家有高瞻远瞩的优秀公司以及另外18家同行业的对照公司),其实这18家对照公司也并非小公司。可为什么前

18家是优秀公司，而后18家不是呢？关键就在于能否很好地处理自身利益和社会利益、眼前利益和长远利益的关系。根据吉姆·柯林斯长达六年的数据研究，如果在1926年1月1日，拿1美元买进这18家优秀公司的股票，另外花1美元买进对照公司的股票，再花1美元买进大盘指数。到了1995年年底，70年的时间收益将会如何呢？结果是，投资对照公司的收益将是投资大盘指数的6倍，这已经很不错了，但是投资优秀公司的收益将是投资对照公司的15倍。

其实上面的例子就是通过企业经营规律所体现出来的一种做人做事的道理。这些经营理念和规律，我个人更愿意称之为"道"。市场营销、广告宣传、财务分析，在强调科技化管理的今天固然是企业发展必不可少的，但它不能取代"道"，更不能超越"道"，凌驾于"道"之上。"道"就是对规律的认识和把握，进而按照规律去做事。只要事物的本质不改变，规律永远会起作用。我相信一个优秀的企业家必须是懂哲学的，对规律有深刻的洞察和自觉的把握。否则，可能成一时，却不能成一世。

传统商业文化遭遇断层

新金融：中国改革开放引进了西方企业经营的理念，

但是，信用、法律、法规等积极因素没有及时跟上。在这种环境下，应该如何来约束商人道德的缺失？

李晓：要解决市场乱象，仅靠道德是远远不够的。在利益诱惑面前，道德有时是苍白的、是脆弱的。在这样的情况下，还是应该依靠法治。"一个健全的、健康发展的市场经济必须是法治经济"，这是一句讲了多年的话，也是一种全民共识。从这个角度来看，我们确实有很多工作需要去做。首先，关于很多事情，法律规范还是个空白，无法可依。比如催熟剂，就完全靠农民自己掌握。再有，就是有法不依。像三聚氰胺、苏丹红的禁用，都是有法律规定的，但却成了某行业的一种潜规则。

新金融：现实生活当中一些食品的安全、商品的质量问题，带给广大消费者不少困扰和纠结。您曾说"这跟个别的产品生产者缺乏道德自律，对于传统文化当中的本土商业智慧和商业美德缺乏了解、缺乏继承有一定关系"。

李晓：是的。现在出现的这些问题，不能全部归咎于商人本身，也和我们传统文化的断层有关。过去想要做买卖，必须从十几岁开始当学徒（那个年龄段正是人生观、价值观形成的重要时期），在学徒期间不仅仅要接受技工培训，更重要的是打下为人处世的道德基础，这样成长起来的商人才会视诚信为安身立命之本。这种传统商业文化延续了几千年，但却由于20世纪对传统文化不加分析地全盘否定遭遇了断层。

新生代的企业家们,无论是20世纪80年代还是90年代开始创业的,他们都没有经历过职业操守、职业道德的培训。现在的商人,第一批是个体户起家的,其中很多是体制内难以容纳的一些人;第二批是知识分子下海的,相当于是半路出家。这些人更多关注的是如何生存、如何赚钱。他们根本无暇去思考短期利益与长远利益,自我利益与他人利益的关系。既没有传统来熏陶他们,也没有一种社会氛围去影响他们。这个断层,从某种意义上来说,我认为是我们民族的不幸。

新金融:面对这样的断层,我们应该做出怎样的补救呢?

李晓:我们可以通过大众传媒的方式,比如报纸、电视台,包括网络,来向全社会宣传传统商业理念、商业道德。很多事情不仅是企业家自身的问题,商人的道德并没有游离于社会道德之外,而是一种相辅相成的关系。

在我给企业家讲课过程中,也发现了可喜的一面。当全社会都痛感商业道德问题时,有一批企业家愿意走出来学习,他们在掌握了商业营销、企业管理这些基本技能以后,也会反思自己为什么赚钱?为谁赚钱?赚了钱要怎样?如何承担社会责任等一系列问题。我相信这些人是民族的精英,也是优秀的先行者。

商人地位"富而不贵"

新金融：中国历史上是"士、农、工、商"的社会次序。您怎样看这样的次序？

李晓：士农工商是春秋前期管仲治理齐国时提出的。商鞅变法后，从秦国开始，为了支持军事战争而把重农抑商当成一种政策，随着秦朝统一，这项政策延续下来并扩散至全国。

重农抑商的存在有其合理性。中国古代终究是一个农业社会，当时没有创造物质财富价值的渠道，各个行业也存在收益差别。行业的差别引导着很多人离开农业从事工商业，农业就会受到影响，在这样一种生产力条件下，重农抑商政策就形成了。现在所说的"无农不稳，无工不富，无商不活"和司马迁所说的"以贫求富、农不如工、工不如商"是大同小异的。

重农抑商的存在也有其不合理性。因为农工商是一个有机的整体，是协调、可持续发展的一种关系。重农抑商政策把老百姓禁锢在土地上，妨碍了工商业的发展，使得经济发展缺乏可持续性。这种政策在现今来看消极影响非常严重。因为工业革命以后，工业的劳动生产率远远高于农业，以工业武装农业，以科学技术改造农业，大大提高了农业劳动生产率，比较少的劳动力就能解决全社会的吃饭问题，在这种情况下谈重农抑商就有点南辕北辙了。

新金融：改革开放以后，商人不仅复活了，而且队伍越来越庞大，社会地位越来越高。人们羡慕商人社会地位的同时更羡慕商人的钱袋子。您觉得商人地位过高会不会对社会价值风向有不好的影响？

李晓：我认为这个担忧不应该存在，如果真存在这样的现象反而是个可喜的进步。

古代的等级社会是不平等的，地位最高的是"士"，当官不仅能掌握政治资源，也能享有物质财富，得到社会的尊重。而很多商人是"富而不贵"，抑商政策导致商人地位低下，视商业为贱业，这种价值风向受制于古代人们的认知水平，我们不能站在21世纪的角度去苛求他们。

这是古代的等级社会结构。那我们来看看现今社会，大家称公务员考试为"国考"，如果认为这是社会的进步，那恰恰是最大的悲哀。真正先进的现代社会首先是人人平等的，职业没有等级贵贱之分，应该把物质财富的创造者、把真正为社会的发展贡献自己聪明才智的企业家视为社会的精英。使得更多优秀人才进入商界、企业界、实业界，国家的发展才可能真正有活力、有动力、有持续发展的可能性。

企业的光荣与梦想

新金融：不少民企的日子越来越难，尤其是制造业中的中小民营企业，面临着缺钱、缺电、缺人、缺出口的恶劣处境。为什么我们的民企这么不堪一击？

李晓：说到这个，我也感到非常忧虑。中国改革开放以来能取得举世瞩目的经济奇迹，很大程度上归功于市场化改革为民营经济的发展打开了空间、创造了条件、提供了机会。民营企业为我们的社会做出了很大贡献，是中国经济奇迹的"功臣"。我们希望这些土生土长的民营企业能够做大做强，通过几十年的发展，不仅在国内诞生一批明星企业，而且能够成为国际市场上真正有影响力的受人尊重的大企业。

民企为国家承担了很大的社会责任，现在反而变得不堪一击，原因是多方面的。

首先中小企业本身抗风险能力就弱。中小企业贷款难、融资难是个老问题，民间的融资一直没有在体制上给他们一个合法的成立民间银行的机会和制度空间。

此外，中小企业吸引人才难，税收负担沉重，人民币汇率升值，劳动力使用成本提高，物价提升，盈利空间越来越小，真是命悬一线。一旦实体经济没有生存的希望，就有可能把资本的要素转移成虚拟的东西，甚至流向国外。实体经济的发展，是关系到国家未来的一个大问题，是一个具有战略性的问题。政府应该在税收上给予减免，减轻其负担。在融资、上市问题上，提供一些实实在在的方法。

新金融："企业文化"一词被越来越多提起，您认为企业文化的构成要素包括哪些？

李晓：最核心的是要明确企业为什么存在。为老板存在、为员工存在还是为社会责任存在。我认为企业文化应该有理想，将超越个体利益、自身利益之上的理想作为企业的奋斗目标。

新金融：有种说法，21世纪将是儒商时代，儒商将担负起历史赋予他们的推动人类社会物质文明和精神文明建设更加紧密结合、协调发展的光荣而艰巨的任务。对此，您怎么看？

李晓：我基本赞同。我认为21世纪的企业家要有知识、有道德，不仅要创造物质文明，也应该创造精神文明。任何企业都是由社会人所构成的一个社会组织，它区别于学校、机关、部队。它是以创造物质财富和精神财富为使命的一个经济组织，同时也对组织内部社会人的精神文明问题负有责任。当全社会置于物质文明和精神文明全面协调发展的时候，企业和企业家也应当承担起这种责任。

儒商，首先要具有开阔的胸襟，具有全球视野，具有与社会主流道德规范相一致的伦理道德、职业操守；

其次，要善于学习，善于处理个人与他人、企业与社会的关系，能够把企业的成长发展和国家、民族、社会紧密结合起来。一个国家的实力永远需要一批优秀的企业家来支撑，这样我们的民族才能真正屹立于世界民族之林。

商道：真正的财富是内心的富贵

作者：记者赵琳琳

《广州日报》2013-12-28，发表时有删减

近日，华人首富李嘉诚接受媒体采访，回应关于"撤资"香港的各种传闻，并让人们有机会近距离得窥这位"超人"目前的生活和工作状态。与财富有关的人和话题总是能够轻易吸引人们的眼球，更遑论一言一行都格外引人关注的华人首富。不过从相关报道所透露出来的细节来看，可称富甲天下的李嘉诚，其生活似乎并非是人们所想象中富豪应有的那样豪华与奢侈，办公室内简单的装饰，给人们留下更多印象的恐怕是一副对联、多部电脑和多部电话；鼻梁上架了几十年的黑框眼镜，和接人处事中躬身给每一位到访者递上名片，反而让人感受到巨富身上熠熠财富光环下的谦虚和朴素。

日前，一个市场咨询公司进行的调查显示，有71%的中国人表示，成功即拥有更多财富。然而，即使拥有了财富就真的等同于成功吗？如何看待当前贫富差距之下，人们对富者持有的种种正面和负面态度？如何评价这些富者在掌控财富的同时，所显示出的对于财富的不

同态度和在使用财富时的不同理念？在中国政法大学教授李晓看来，从李嘉诚的身上，人们得到的启示更应该是去思考：富从何来，富而后何为？

"李嘉诚的故事，让我更多想起中国春秋时期著名的政治家和富商范蠡。范蠡辅助越王勾践历22年卧薪尝胆灭吴王夫差，之后放弃一切功名利禄辞官归隐，改名换姓，投身商海，白手起家，数次聚千金家财，又数次千金散尽。李嘉诚和范蠡对于财富的理解有许多共通之处，在他们身上，不仅能看到对于财富本质和精神格调的认知，更能读出人生的大智慧。"李晓教授日前接受本报记者专访，谈李嘉诚、析范蠡。

真正的财富是内心的富贵

"关注李嘉诚，或者说，关注像他这样的人，与其去关注其拥有多少财富，不如去关注其财富是如何得来的。"中国政法大学商学院教授李晓在接受本报记者专访时说，李嘉诚拥有的产业可称是个商业帝国，其实际上所具有的影响力甚至可能大于世界上某些国家的元首，但李嘉诚的处世为人等许多方面，却让人确实能产生发自内心的钦佩和敬重，堪称楷模。

李晓教授也曾特别关注过李嘉诚的经历，"我们的富者还真该好好读读李嘉诚的经历和他对财富的理解。

李嘉诚认为，真正的财富是内心的富贵，它不单纯表现在一种外在的、对于财富数量的拥有，因为当你的财富量增加到一定程度后，它实际给人带来的幸福感、安全感的边际效应会递减，所以他认为，真正的财富不但来自你所获得的尊重，更来自你给予他人的尊重，和你给予社会的回馈，它来自一个人内心的富贵"。

李晓教授说，李嘉诚的少年经历给人印象深刻。14岁时，李父去世，李家穷困潦倒，李嘉诚也在父亲去世后得了肺结核，却没钱看病，只能靠一些土办法来治疗，要么跑到山上去呼吸新鲜空气，或者用给厨师写家信的方式，从厨师那里换点鱼汤喝。那鱼汤肯定不是很美味，因为李嘉诚曾说，他当年换来的鱼汤是他这一辈子吃的最难吃的东西，但是他咬着牙把它喝下去，因为他知道那鱼汤有点营养，能够帮助他治病，恢复健康。

就是这个当年看不起病、上不起学的人，在父亲去世后辍学打工，养家糊口，并一直坚持自学。买不起新书，他就跑到旧书摊上去买旧书。他说自己是抢学问，命运没有给他上学的机会，但是他要自己把它抢回来。这个曾经穷困潦倒、身无分文，受尽了他人冷眼歧视和生活磨难的苦孩子，在20世纪50年代初，依靠做塑料花成了百万富翁。

通过自己的艰苦努力成为富豪后，李嘉诚也曾一度享受过金钱带来的快乐，戴上了名表，开上了豪车、游艇，买了200多平方米的豪宅，并把母亲接来一起住。

但他说，在搬进豪宅的第一天晚上他就彻夜失眠，这失眠不是因为财富带给他的快乐使他欣喜若狂，难以入睡，而是使他反思，难道人生的目标就是拥有一些财富吗？就是拥有豪车、名表和豪宅吗？李嘉诚后来思考的结果是：不！尽管金钱的数量在增加，但它实际上带来的安全感和幸福感在逐步减少。从那时起，李嘉诚就开始热心于慈善事业，尽社会责任。

"社会责任，一方面，是把自己的事业越做越好，能让更多人从他的事业发展中获益，为社会贡献越来越多的优质产品和服务；另一方面，是把本来应该属于个人支配的合法收入的财富捐献一些出来，建学校、办医院、修桥、铺路，让更多的人从他的成功当中获益。"李晓说，李嘉诚就是这样做的，他鼻梁上的黑框眼镜据说自20世纪70年代就开始佩戴，一戴就是几十年。生活上如此艰苦朴素，李嘉诚却毫不吝啬地捐出许多钱用于慈善。对待财富，这是一种怎样的态度？很显然，这种态度已经超出了对于财富本身的占有，他是一个财富的创造者，同时更是一个值得我们尊重的财富的分配者和运用者，他没有把金钱财富用在自己的挥霍消费上，而是更多用于尽自己的社会责任，回馈社会。

真诚的尊重也是致富的秘诀

在李晓看来，"超人"李嘉诚的一个致富秘诀是对人的尊重。

"看他的财富怎么来，要看他的企业靠什么发展壮大，而考究其企业的发展壮大，一个非常重要的因素就是他的企业文化能否尊重人。"他说，如果再沿着这条思路一直深究下去，就是所谓的为富而仁、富而且贵。"仁，就是儒家倡导的仁者爱人，人与人要互相关爱。拥有了财富支配了资源的富者，更应该做一个仁者，践行己所不欲勿施于人，己欲立而立人，己欲达而达人。这就是所谓的为富而仁。什么是富而且贵呢？贵的本质并非当大官掌大权，贵的本质是尊重。富者还要成为贵者，这个贵不仅仅体现在自己的行为风范赢得了别人的尊重，还在于给别人以尊重。我们的很多富者之所以富而不贵，不仅是因为虽然富有，却没素质、没修养、没责任、没担当而无法赢得社会的尊重；也在于恃富而骄，不懂得尊重别人。而对每一位员工，甚至是所接触到的身边每一个人真诚的尊重，恰恰是李嘉诚得以富有的重要原因之一。"

李晓说，自己关注过媒体此前对李嘉诚的采访文章，一个细节让他印象深刻：李嘉诚在接待记者采访的时候分发名片，他递给每个人名片的时候都是弓腰施礼并自我介绍：李嘉诚。发到摄像师时，突然没有名片了，李嘉诚特地让助手又拿来一张名片递给了这位摄像师。拿到对方的名片，不但要认真看，还要把对方的职务和姓名读出声来，"他尊重每一个人，在他眼里没有尊卑之别、高下之分，这是一种非常高的境界和素养。"

"李嘉诚排名世界富豪的第八位，按理说，全世界的人除了排在他前面的那几个富豪之外，其他人和他相比，都算是穷人；论知名度他甚至高过许多国家的元首，他掌控着一个巨大的商业帝国，产业遍布全世界54个国家和地区；论年龄，他已85岁高龄。但是，他对身边的每一个人都非常尊重，而且这种对待每一个人的平等和尊重，通过他的率先垂范，渗透在他的整个企业和事业的所有角落里。"李晓教授说，对此，自己深有体会。

李晓教授是李嘉诚所创办的长江商学院的任课教授，他深有感触地说：长江商学院工作人员对于教师的尊重，是国内很多大学应该学习的。今年10月，李晓教授生日。前一天，他接到长江商学院一位主管运营的负责人的电话，约定第二天到长江商学院面谈授课细节，其间，无意中说起第二天学生们要给自己过生日一事。没想到，第二天上午，初次和这位负责人打交道的李晓，在长江商学院收到了她特意送上的一个大大的生日蛋糕。"当时，我很感动！并不在于这个蛋糕有多值钱，而在于对方的心里惦记着这个事，装着你这个人。"在李嘉诚的企业中，25万多员工来自世界上50多个国家和地区，文化背景、种族差异、社会地位、男女老少，林林总总，但是员工都愿意跟着他走，有时候并不在于能够挣到更多钱，而在于得到了人的尊严。"因此，我们谈富贵，如何理解这个贵，贵不仅仅是自己获得了什么，还应看自己给予了别人什么,这种给予不是官职、权力,而是人格上的尊重。而许多中国的企业家,此前并未认识到这一点。"

知进知退彰显人生智慧

作为长期致力于中国商业史研究的学者,李晓教授对于中国春秋末期的著名政治家、富商范蠡很有研究,并曾在中央电视台《百家讲坛》栏目做过题为"商贾传奇"的讲座。范蠡也是李嘉诚以外,李晓教授所推崇的另外一位传奇人物。

李嘉诚、范蠡,一个是今人,一个为古人,但两人的为人处世、经商用财,当中不无相似之处。"他们对于财富的赚取、看法和使用,当中不无人生的取舍和进退之道。"李晓教授对本报记者说,无论是李嘉诚从寒门少年到华人首富的传奇经历,还是范蠡从辅国良臣到民间巨富的跌宕人生,其中包含的很多人生智慧值得当今的人们一再品味和学习。

"拿范蠡来说,他有四个优点,很值得今天的人们学习:自强不息、乐善好施、不求暴利、知进知退。"李晓教授分析说,范蠡首先是以一个政治家的面貌出现,他在越国辅佐越王勾践,历二十二年之久,反败为胜,灭了吴王夫差。功成名就之后,范蠡官拜上将军,"以今天人们的看法就是军队一把手，可谓位高权重，但他果断地辞官不做，抛弃了所有高官厚禄转而下海经商"。

范蠡辞官后，带着自己的妻子孩子离开越国，来到齐国，改名"鸱夷子皮"，白手起家，重新创业。在齐国，没几年他就发了大财，并引起了齐国贵族们的注意，还要推举他担任齐国的相国。贵族们生怕范蠡不接受拜相，干脆直接派人将相印送到了范蠡家中。但是，这一次，范蠡又急流勇退，不但退还齐国的相印，还把家财分给乡亲朋友，自己只带着少部分贵重家财悄悄离开齐国，来到一个他早就看中的更加适合做生意的地方陶。

陶地位于现在山东省定陶区境内，在春秋后期，曾是一个比较繁华的商业城市。范蠡认为，陶交通发达，各地物资汇聚于此，是一个经商的理想之地。在陶地，范蠡又一次改名为"朱公"，再一次从头做起默默创业，带着儿子耕地种田，饲养牲畜，同时开展商业贸易。这一次隐居经商，使得范蠡名满天下，由于经营得法，范蠡又一次在比较短的时间内获得了巨大成功，积累了成千上万的资产。人们一谈起天下的富豪，首先就会想到范蠡，所谓"言富者，皆称陶朱公"。

在范蠡从商的十九年间，他曾三聚千金，又三掷千金，几次聚集了数以千计的黄金，又几次把这些钱财全部分掉。这在我国工商业历史上非常罕见，充满了传奇色彩，司马迁因此称赞范蠡"此所谓富而好行其德者也"，意指范蠡是既富有又能够凭借财产广施仁德的君子。

　　李晓教授说，以范蠡的才智，官可至高位，从商又能挣大钱，为什么还要这样自强不息？人们在一生中，都会历经起伏波折，大多数人是被动经历，而范蠡却是主动选择。"我把他比作一个爬山的人，当他爬上一个山顶，还没顾得上欣赏脚下的风景，就坐上滑梯回到山脚下，继续从头开始，不断地挑战自己，又不断地超越自己，一次又一次取得新的更大的成功。"实际上，范蠡就是这样一个富有大智慧的人。观察我们周边的世界，一切都如四季更替，周而复始，一旦达到了一个顶峰就停滞不前，那么这个人的生命也将完结，而范蠡选择不断地从零开始，挑战自己，自强不息，他的生命才能够在不断攀登中超越自我。

　　李晓教授说，此外，范蠡的处事风格体现了他的修养和境界。"他挣了钱以后就分掉，既不是自己享受，也不一味地传给子孙，他的钱来得清白又用于助人，这样一种精神，这是中华民族宝贵的优良传统，不管到什么时代，这种精神都值得我们去倍加珍惜，发扬光大。"

　　"我特别想强调的一点，是范蠡经商中的一大原则，就是不求暴利，这一点也和李嘉诚的经营理念非常相似。司马迁曾在《史记》中记载，范蠡经商只"逐什一之利"，意指他经商只取十分之一的利润而不求暴利。而李嘉诚也曾说过，自己绝对不会去赚最后一个铜板。这其实就是处理好自身利益和他人利益的关系，以及眼前利益和长远利益的关系的一种有进有退的策略和商业智慧。

"相对于父辈我们都是富二代"

如今,社会上对于富人的看法多有不同,"仇富心理"也成为被时有提及的名词。应该如何看待目前社会上的收入差距?如何认识社会上对于富者的诸多看法?

关于收入的差距,李晓教授说,自己一直以来的看法是"相对于父辈,我们都是富二代"。仇富的一个重要原因是部分人财富来源存在问题,但还应看到,改革开放30多年来,随着我国经济崛起和社会进步,整个国家国民生活质量和收入水平大幅提高。"实际上,全体国民,绝大多数都是改革开放的受益者。如果从这个角度来看待财富,我们应该认识到,尽管有贫富悬殊,虽然收入差距明显存在,也应该正视这个事实,它有经济发展的客观必然性。我们一直所强调的公平和正义,并不意味着绝对的平均"。

我们要在改革和发展中更加动态地来看待财富,一方面,应该纵向地承认,我们比父辈们的生活水平实在是提高了很多,同时也应该承认,确实出现了很多让大家难以接受的现象。但如果将其放入改革开放的大的格局中来动态地观察,我们应该认识到,它是我们发展和改革过程中的一个阶段性问题,"它并不是我们改革开放所追求的结果,而是改革不彻底、不到位所导致。比如,很多要素的价值难以在市场当中得到充分体现。由于受到户籍制度的制约,农民工进城以后难以实现同工同酬,很多的知识分子受到体制的限制,难以体现其劳动价值等等。这些问题的出现,一方面是体制问题,另一方面是要素应有的价格被扭曲,而无法真正实现。更深入一层,我们还应该看到,这是改革和发展当中所出现的一个阶段性的问题,这个问题确实很突出,形势很严峻,但它真正的解决还有赖于进一步地发展和进一步地改革。"

李晓教授说,"还有一点不容忽视,那就是收入分配差距永远存在,无论一个社会如何彰显公平、正义,如何改革和发展,人和人之间有差距终究是客观事实。每个人的劳动技能、劳动态度、价值贡献,在整个社会价值创造过程当中所发挥的作用都不同。我们应该承认差别,这是一个客观事实"。他说,"我想强调,大家应该以达观的心态、理性的眼光、动态的视角来对待这个问题"。

而对于富者而言,如果其财富的取得是合法的,那么他的富裕应该是在市场化改革有了一定成效后对他所创造的价值和所做贡献的一种回报。"如果从财富合法的角度来看,现在拥有较多财富的富者,其一方面是改革开放的受益者,另一方面也为改革开放做出了贡献。

他们通过自己的不懈奋斗，为社会创造了产品和服务，提供了财富，他们的财富一方面是拜政策所赐，另一方面是发挥了主观能动性，是市场对其自身劳动要素价值的应有回报。"

"当然，贫富差距持续扩大也确实是当前十分严峻的社会问题，我们在承认富者的贡献、主张依法保护其合法收入的同时，也必须高度重视贫富悬殊的严重危害，采取切实措施深化收入分配制度改革，加快缩小收入分配差距。这方面的改革已经到了刻不容缓的地步。这是全面建设小康社会、实现中国梦的必由之路。"李晓教授强调说。

相对于父辈，我们都是富二代

作者：记者赵媛
《华商报》2011-06-15

中国自古杰出的商人众多，他们拼战商场所运用的策略和方式，是智慧的结晶。比如商圣范蠡的高深智慧，儒商子贡的富而好礼，司马相如的促销秘密……这些可以在商场创造传奇的智慧，也可以对普通人的生活给予提示和帮助。

近日，《百家讲坛》主讲人、中国政法大学商学院教授李晓推出了他的新书。提起商人，近期频发的食品安全问题使得某些商人的形象严重受损。那么商人本质应该是什么样子的？大家关注的食品安全问题应该如何认识？为此，本报采访了李晓。

谈食品安全：商人们要有道德自律

记者：谈及商人，有一个带有明显贬义的词是无商不奸。其实我国历史上出现过很多杰出的商人，也为人们所拥戴。那么真正的商人应该是什么样的？怎么看待商品中出现假冒伪劣产品？

李晓：商人是一个群体，总会出现良莠不齐的状况。从历史上来看商人的主流是好的，商人就应该诚信买卖。

商品出现假冒伪劣，从历史上看是和商品交换如影随形的，这种现象也不是现在的中国才有，各个时期各个国家都出现过这样的情况，如最近欧洲的毒黄瓜事件等等。这种事不能也不会成为主流。中国目前的食品安全问题，从监管来看，政府的监管不到位，检查还没有那么详尽和严格，比如有些添加剂对人体有害，但又是被允许添加的，这就很矛盾，需要有关部门规范法律制度、严格执法，并需要舆论的监督。

再一个就要从商人说起，出现这样的情况，是商人道德沦陷的结果。现在我们用来讲人和人之间亲密、可信任关系的"朋友"一词，最早的意思也就是交换，是商人之间的交换，那么交换就需要诚信和信赖，所以延续到现在，朋友一般指可以托付和信赖的人，这说明在以前的商人是值得信任的。但是20世纪以来，传统文化在被去其糟粕的传承过程中，一些好的传统也被去掉了。古语说"己所不欲勿施于人"，如果现在的商人能够在道德品质上有所提升，由己到人，就不会有这么多有毒的食品出现。

所以这个问题，除了政府加强管理之外，就是商人们要有道德自律。只有这样才能解决急功近利带来的食品安全问题。这就需要在国家教育的同时，企业家的家族以及企业里面都要有很好的道德的传承，俗话说大德而大智，商人有了自律，问题才能解决得彻底。

说"富二代"更应传承经商的良知

记者：谈到企业家道德自律，就不得不提起现在社会上一个特殊群体"富二代"。对他们，你怎么看待？

李晓：中国有一句话叫"富不过三代"，说的就是富裕人家子女教育的问题。在古代，很多杰出商人的家门口都会有"厚德传家，诗书继世"的对联，就是希望后代可以很好地传承自己的产业并能更好地发展下去。

目前的"富二代"，因为一些不好的事情，让大家对这个群体产生了偏见，虽然这个群体有不足之处，但是不能全盘否认。可以这么说，相对于父辈来说，我们都是"富二代"，因为我们比父辈的生活都好很多。中国之所以出现这么多"富二代"的问题，是因为很多人搞定了生活中物质的方面，而没能解决精神层面的需要。

要解决"富二代"的问题，家风和家庭文化很重要。在中国历史上很多杰出的商人成功之后，都特别注意对子女的教育，因此很多杰出商人的子孙在家族所在的行业取得一定成绩后，还能拓展更多的行业。如果是家教松弛的家族，子孙就很容易出问题。

论职场：单凭个人无法完成大事业

记者：现在很多职场中的年轻人都会遇到各种各样的问题难以解决，您觉得商贾智慧中的哪些智慧可以被年轻人用于职场？

李晓：真正的商场并不是要把对手完全打倒，把所有的钱都放进自己的口袋，真正的商场需要的是共赢，合作互惠才是商业的本质。

在职场也是如此，所有的员工都是一种竞争状态，但同时也是一种合作的状态。这种竞争不是说要把别人全部干掉，别人都不在了自己也无法完成大的事业。用商贾的智慧来说，适用的一条就是：取予以仁。企业家在取得的同时，也要有自己的贡献。如果一味地只是把别人打败，那么商业链条断裂，本身也是对自己的伤害。因此职场也一样，个人能力有限，懂得取得和回报，自己才能走得更远。

记者：不少年轻人喜欢自己创业当老板，但是商场瞬息变化，商贾智慧如何帮助年轻人创业？

李晓：第一：富无经业。就是要告诉年轻人们，发家致富的门路很多，也就是我们所说的三百六十行行行出状元。所以年轻人们也没必要非要做什么行业，只要自己有兴趣，适合的都可以做出成就。

第二：与时俱进。就是选择自己所从事的行业时一定要看到这个行业的未来如何，要看到这个行业的社会需要，这样才不会被很快淘汰。

议秦商：过去的辉煌，和经济基础分不开

记者：陕西的秦商，被称为中国地域亲缘关系中最早出现的商帮，虽然有辉煌的过去，但是现在秦商已经没落。你觉得秦商的未来如何？

李晓：商人离不开经济的舞台，只有在经济舞台上才能长袖善舞。秦商有过去的辉煌，和关中地区当年的经济基础分不开。秦商最辉煌的时期，关中地区都是全国的政治经济中心，富庶发达。而秦商的没落也是随着经济中心南移开始的，这不是说陕西就没有优秀的人才，而是随着经济中心的南移，近代工业的发展，关中地区的经济结构相对变得落后，经济基础变弱，很难培育出影响力大的商人。

但是随着国家注重西北的开发，而且现在新疆喀什地区的发展也倍受国家重视，而陕西就是西部的中心位

置，这样一来西安的位置就处于沿海发达城市和喀什口岸经济文化交流的一个枢纽，机会众多，而且陕西资源丰富，有这样的机会，再加上秦商朴实、诚信的经商风格，相信舞台会越来越大。

文章三篇

新时代中国企业家精神：特点与培育

《人民论坛》2020年11月，总第687期

企业家是经济活动的重要主体，企业家精神是经济发展的动力源泉

企业是承担经济功能的社会组织，而带领企业把科技发明的新知识、新技术通过调动资源、利用要素、组织生产转变为适应消费者需求的商品和服务、履行社会经济职能的就是企业家。企业家的创新是经济发展的根本动力。因此，应从根本上扭转只重视资本力量和资源投入，无视企业家作用的偏差。

企业家精神的内涵，既与社会全体成员的核心理念有共通性，又有其特定性。例如，"爱国、敬业、诚信"是社会主义核心价值观规定的公民基本道德规范。企业家既必须遵循这些行为指南，又要与普通公民有所区别，这种体现在企业家精神中的特定性，是由企业家承担的社会经济职能规定的。如果把企业家创新比喻为经济发展的发动机，那么企业家精神就是为企业家提供能源的加油站、充电桩，它是激发企业家履行职能、进行创新的主观能动性体现和激情活力，还包含企业家的创新力和才干魄力等能力素养。优秀企业家精神集中展现了企业家的理想信念、价值取向、事业追求、综合素质。在企业层面，企业家精神决定着团队的初心、使命、愿景、价值观、发展方向、经营绩效，决定着企业和团队有没有正能量、走不走阳光道、能不能活得长。在国家层面，主流的企业家精神决定着这个国家的经济面貌、发展状况，甚至影响社会风气。

新时代中国企业家精神体现了鲜明时代特色，具有重大现实意义和战略意义

新时代中国企业家精神包含爱国、社会责任等价值取向，是一个重大理论创新。在西方语境中，企业家精神（Entrepreneurship）这个概念，既有精神属性，有思

想意识方面的含义；也有功能属性，包括企业家履行职能所需能力。国外多数学者认为，企业家精神最关键、最核心的内涵特质是"承担风险与不确定性"和"创新"。比较可见，习近平总书记最新阐明的爱国、创新、诚信、社会责任和国际视野等五个方面，在形式上兼具精神性和功能性，从而能与 Entrepreneurship 这个概念相兼容，反映了习近平总书记对于企业家精神概念的深邃思考和准确理解。更重要的是，这五个方面为企业家精神的概念注入了许多新内容，极大丰富了其内涵，拓展了其外延，是对企业家精神理论的新突破和新发展，从而充实了习近平新时代中国特色社会主义思想的智慧宝库。

新时代中国企业家精神指明了创新的终极价值追求，从根本上突破了狭隘的企业利润至上观。创新是企业家精神的灵魂，但企业家为何必须创新呢？西方理论大都从个人主义和利己主义的人性假定出发，认为创新的目的是企业赚钱、企业家赢利，创新的实质是市场竞争手段。但自我价值与社会价值是辩证统一的，没有社会价值，企业的自我价值亦无从实现。如果片面强调企业利益，可能导致企业局部利益与社会整体利益的冲突。新时代中国企业家精神坚持以人民为中心的发展思想，把爱国置于首位、将社会责任纳入范畴，从根本上突破了狭隘的企业利润至上观，为创新注入了伦理属性，指明了企业家办企业、搞创新的终极价值追求，升华了企业家创新的目标取向，即在充分肯定企业家个人利益、企业微观利益的同时，引导企业家把个人利益、企业利益与国家、民族、社会利益统一起来。从而使新时代企业家精神作为社会主义核心价值体系的有机组成部分，与一般意义上的企业家精神判然有别。

新时代中国企业家精神构建了完整自洽的理论体系，是一个重大制度创新。爱国、创新、诚信、社会责任和国际视野这五个方面，既是一个完整的理论体系，又具有密切的内在逻辑。爱国是企业家的应尽义务和终极追求，创新是企业发展的生命源泉和前进动力，诚信是企业家的基本素养，社会责任是企业的本职功能，国际视野是企业创新发展的必要条件。没有爱国，创新就缺失了终极价值；不讲诚信，创新就可能误入歧途；不履行社会责任，企业家的爱国就是空中楼阁；缺乏国际视野，创新发展就难以站到世界前沿。

把弘扬和培育优秀企业家精神上升为新时代的国家发展战略，是一个重大制度创新。从2014年11月在亚太经合组织工商领导人峰会上的讲话，到此次在企业家座谈会上的讲话，习近平总书记关于企业家精神的思想旗帜鲜明、坚持一贯。2017年9月的《中共中央国务院关于营造企业家健康成长环境弘扬优秀企业家精神更好发挥企业家作用的意见》、"十九大"报告等纲领性文献，则从新时期国家发展战略的高度对企业家精神及其培育提出了总体要求和具体举措。党中央把激发和培育企业家精神纳入中央和国家大政方针，成为治国理政的基本理念，进而围绕激发和培育企业家精神有针对性地进行一系列制度变革、采取一整套政策措施，从而使企业家精神的作用力从"必然王国"迈向了"自由王国"。这在我们党和中国历史上前所未有、意义非凡。

新时代中国企业家精神抓住了经济社会发展的牛鼻子，具有重大现实意义和战略意义。改革开放为企业成长发展提供了广阔的国内外市场空间，中国涌现了数不清的商业机会。依靠丰富、廉价、守纪、吃苦耐劳的劳动力和低廉的土地等资源要素投入，以牺牲环境为代价，加上技术引进、管理改进带来的生产率提升，经济实现了快速增长。在此基础上，中国经济已从高速增长阶段转为高质量发展阶段，国内外环境发生了许多新变化，内部劳动力成本上升、资源环境约束收紧、要素边际报酬递减、大量传统产能过剩等；全球金融危机之后，世界经济复苏乏力、单边主义和保护主义盛行、贸易摩擦升级，新冠肺炎疫情冲击更使世界经济雪上加霜、国际矛盾激化、局势动荡加剧。因此，迫切需要在全面深化改革、加大制度创新、进一步提高效率的同时，依靠创新驱动、转变发展方式、切换新旧动能、进行结构升级，实现可持续发展。弘扬和培育企业家精神就是在此关键时刻提出的重大战略部署。

或许有人认为，创新驱动关键是科技创新，中坚力量应是科研人员，企业家何以成为创新驱动的主力军呢？

经济学研究早已证明，科学技术进步并不能直接导致经济发展。只有把科技发明成果与其他生产要素结合起来，进行商业化转化，才能带来经济发展，而这个结合和转化的担当者就是企业家。可见，创新驱动实质上是以企业家为依托的。激发企业家精神，是切换新旧动能、实现经济社会健康高质量可持续发展的题中应有之义，是发挥市场在资源配置中的决定性作用，更好发挥政府作用，推进供给侧结构性改革的必由之路和关键环节。

新时代中国企业家精神植根于中华优秀传统文化和中国共产党的红色文化，具有历久弥新的旺盛生命力

新时代中国企业家精神与中华优秀传统文化水乳交融、一脉相承，特别是爱国、诚信、创新等历史上的优良传统为新时代企业家精神建设提供了得天独厚的宝贵资源。

家国情怀是中国固有商业文化的高扬旗帜。从春秋时的弦高退秦师、西汉时的卜式捐家财，到近代民族危亡关头，工商巨擘张謇、范旭东、卢作孚等的"实业救国""实业报国"，企业家们不计个人得失，报效国家、毁家纾难的感人壮举，史不绝书，荟萃成异常丰厚的文化土壤。新中国成立七十多年来，广大企业家努力把企业发展同国家繁荣、民族复兴、人民幸福紧密结合起来，

为填补国内空白，打破外国势力的封锁和垄断，筚路蓝缕，自力更生；历次大灾大难关头，企业家们主动为国担当，积极为国分忧。这既是企业家爱国主义传统的自然延续，也是企业家精神在新时代的发扬和升华。

爱国主义是与时俱进的。习近平总书记强调："当代中国，爱国主义的本质就是坚持爱国和爱党、爱社会主义高度统一。"中国共产党爱国救民的英雄历史和辉煌成就，已然成为新时代企业家爱国主义精神的营养来源。继本身就富有红色基因的国企央企之后，许许多多民营企业家自觉把中国共产党成长奋斗历程中的思想灵魂、使命宗旨、目标愿景、价值观念、组织原则、战略策略，以及实事求是、群众路线、批评与自我批评等优良作风，作为企业组织建设的标准和要求，形成了特色鲜明的新型企业文化。

诚实守信是中国商业文化与生俱来的核心内涵。例如"朋友"二字。"朋"在甲骨文的字义是两串钱连接在一起，"友"在甲骨文是一手交钱一手交货。这两个字之所以衍生出今天的意思，就是因为古人认为买卖交易是互相帮助、值得信赖的。这种观念具体到商业文化上谓之"强能有所守"。这句话意思之一是只有信守承诺、坚持诚信不欺，才能成为一个真正的强者。尽管现实中也不乏欺诈，但信守承诺、讲究诚信、货真价实、童叟无欺，不发不义财、不赚昧心钱，始终是中国商业文化的主流。

中华民族从不缺乏创新精神，体现在商业文化上就是"勇足以决断""人弃我取"，意思是勇于探索、敢于尝试、逆向思维、独辟蹊径，既不畏艰险，又临事而惧。特别值得称道的是，中国古代很多彪炳史册的商业创新，都与讲究诚信有内在联系。汉武帝时就出现了十分高级的信用交易结算方式。人们熟知的北宋前期诞生于四川的世界上最早的纸币交子，就是为了解决当地使用铁钱流通不便的难题，由成都十六家富商联合发明的。这些革命性创新，降低了交易成本、提高了经济效率，在人类历史上都是长期领先的。

新时代中国企业家精神具有鲜明中国特色，必将产生世界性影响

企业是社会的产物，企业家精神是文化的结果。不同国家、不同时代的企业家精神具有独特的内涵和表征，这是世界性的普遍规律。企业营销无国界，企业家有祖国。中国新时代企业家精神也必然打着鲜明的中国印记，具有显著的民族风格。其中，履行社会责任、开拓国际视野为企业家立足国内、面向世界指明了方向。

企业和企业家的社会责任包含对内和对外两个方面，对内主要是股东和员工的关系处理，对外是企业与客户、合作伙伴、政府、社会等关系处理。西方商业文化崇尚

己利至上，企业家被定性为利己的经济人，对内奉行股东主权论，对外主张企业利益最大化。而意识到企业应该注重社会责任，已是"二战"以后的事情；从利益相关者的角度思考，则更是二十世纪八十年代才开始的。反观中国，无论古代还是当代，企业履行社会责任都被视为理所当然，是优秀企业家骨子里流淌的血液。例如，明清时期的晋商设计出"银股""身股"合伙协作、企业所有权与经营管理权彻底分离的制度安排，使晋商兴盛五百年，迄今仍在许多民营企业治理中得到运用；改革开放以来很多优秀民营企业致力于建设和谐共进的"家文化"等，是这种企业内部关系理念的新实践。

在个人与社会的关系方面，中华文化中的事业观从来不是局限于一己私利之得失，而是把贡献社会、造福百姓作为奋斗目标和考量标准。《周易·系辞上》云："举而措之天下之民，谓之事业。"只有对天下人民有益的才称得上"事业"。儒商鼻祖子贡追求的"博施于民而能济众"，也展现了这种思想境界。具体到商业文化上，谓之"仁足以取予"。"取予"者，买卖、交易也。这句话意思是，在商品交换、企业行为中，要贯彻"仁"的原则，体现责任担当。基于这种理念，中国文化从不认为商业关系是你死我活的零和博弈，而是彼此依赖、互助共生、互利共赢。在社会上仗义疏财、热心公益、周济贫弱、扶危助困等，自古迄今都是企业家的主流意识和普遍做法。

就国际视野而言,西方长期奉行"欧美中心论",再加上它们彼此之间数百上千年的交往历史,使之不可能把国际视野当成企业家精神的重要内涵。中国商业文化历来主张"智足与权变",即真正的智者应该洞悉变化的本质和规律,积极适应局势变化。对正致力于深化改革扩大开放、积极融入世界经济体系、参与国际竞争的中国企业家来说,把国际视野纳入企业家精神范畴具有客观必然性。改革开放催生了一大批世界级企业。近十年来,中国企业国际化步伐进一步加快。世界几乎每一个角落,都活跃着中国企业家身影,中国企业家精神也在世界很多领域开花结果。随着进一步成长壮大,中国企业越来越多地成为国际竞争劲旅,尤其是作为"一带一路"建设主力军,由此,中国企业家精神必将产生越来越大的世界影响,为人类商业文明的新发展贡献中国元素。

培育新时代中国企业家精神,必须突出重点,着力营造相应的生态环境

营造公平竞争的市场环境以激发创新。公平竞争是市场经济的灵魂。只有在公平竞争的条件下,企业家的创造才能、重组生产要素的干劲,以及冒险、开拓、拼搏等精神才会迸发出来。因此,营造公平竞争的市场环境,是鼓励创新、保护创新、持续创新的首要任务。当前最关键、最迫切的是在实施好相关法律法规的基础上,公平对待民营企业和民营企业家。要打破各种各样的"卷帘门""玻璃门""旋转门",在市场准入、审批许可、经营运行、招投标、军民融合等方面,为民营企业营造公平竞争环境,给民营企业发展提供充足市场空间。

健全社会主义法治体系以鼓励诚信守法。尽管诚信守法是中国商业文化的主流,但历史地看,欺诈也与商业活动如影随形。马克思认为:"只要商业资本是对不发达的共同体的产品交换起中介作用,商业利润就不仅表现为侵占和欺诈,而且大部分是从侵占和欺诈中产生的。"欺诈的减少,是法律制度逐步健全、法治化水平不断提高的结果。因此,增强企业家诚信守法意识,主要路径就是在全面依法治国的基础上,利用全国信用信息共享平台和国家企业信用信息公示系统,整合在工商、财税、金融、司法、环保、安监、行业协会商会等部门和领域的企业及企业家信息,建立企业家个人信用记录和诚信档案,构筑诚信联合奖惩机制。特别是加大对失信背德行为的惩戒处罚力度。还要积极引导企业家从正面认识信用也是生产力、诚信守法就是竞争力。不诚信、不守法、不合规的企业必将遭到淘汰,而诚信守法合规的企业终将赢得更好发展机遇和更大市场空间。

新一代年轻企业家的培养是重中之重。长江后浪推前浪。中国正处在企业家新老交替的阶段,互联网、高科技的发展加快了企业家成长速度。因此,新一代年轻企业家的培养是关乎中国经济社会发展未来的重大战略课题。年轻一代企业家有许多新特点，例如不乏创新干劲、敢于冒险探索、学历较高和国际化经历较多等。应有针对性重点开展爱国主义、社会责任、诚信守法教育，加强理想信念教育、优良革命传统教育和社会主义核心价值观教育，增强其国家使命感、民族自信心、文化自豪感、事业责任感，引导他们把个人理想融入民族复兴的伟大实践。

总之，新时代中国经济社会的新发展，呼唤与之相应的企业家精神。弘扬和培育新时代中国企业家精神作为国家大政方针，为企业家吹响了鼓舞斗志、催人奋进的号角。企业家应该积极践行新时代企业家精神，在爱国、创新、诚信、社会责任和国际视野等方面不断提升自己，进一步开启和激活经济发展的动力源泉，努力成为新时代构建新发展格局、建设现代化经济体系、推动高质量发展的生力军，不辜负时代赋予自己的神圣使命。

【参考文献】

①习近平：《谋求持久发展 共筑亚太梦想——在亚太经合组织工商领导人峰会开幕式上的演讲》，《人民日报》，2014年11月10日。

(收录时有删减)

守正创新的内在关系与文化渊源

《人民论坛》2021 年 6 月总第 707 期

守正创新,就是在创新中坚持正确的方向、立场和原则

守正,语出《史记·礼书》:"循法守正者见侮于世,奢溢僭差者谓之显荣。"遵循法度坚守正道者遭世人欺侮,奢侈铺张僭越悖礼者被奉为显贵尊荣。这是司马迁对周朝制度衰微之后礼崩乐坏、黑白颠倒新景象的哀叹。汉语中由此出现了守正不挠、守正不回、守正不阿等成语。

历史车轮滚滚向前,守正意蕴与时俱进。在新时代,我们所说的守正创新,就是在积极应变、主动求变的创新中,坚持正确的方向、站稳正确的立场、恪守正确的原则。习近平总书记在 2012 年 12 月广东考察时旗帜鲜明地指出:"我们的改革开放是有方向、有立场、有原则的。"所谓有方向,就是坚持社会主义的方向;所谓

有立场，就是站牢一切以人民利益为中心的立场；所谓有原则，就是恪守"四项基本原则"。习近平总书记在庆祝改革开放40周年大会上指出："牢牢把握改革开放的前进方向。改什么、怎么改必须以是否符合完善和发展中国特色社会主义制度、推进国家治理体系和治理能力现代化的总目标为根本尺度，该改的、能改的我们坚决改，不该改的、不能改的坚决不改。"其中关于改与不改的明确阐述，为我们理解守正与创新的辩证统一关系提供了范本、确立了圭臬。

万物并作，变化有则。事物不断发展，世界充满变化，技术变革一日千里、形势变幻云诡波谲。但是，无常有常历历分明。《老子》云："知常曰明。不知常，妄作凶。""常"者，不变也。只要事物的本质不变，其发展演变规律也是永恒常在的。对于富有智慧者而言，必须深刻认识这些不变的东西，按照事物本质要求应变，遵循事物发展规律创新。否则，胡变、乱变、盲目变，就属于"妄作"，结果是变出灾难、酿成祸患。

守正创新的重大命题深刻揭示了变与不变的辩证关系。守正属于该不该的价值向度，是本体、根本依托、前提条件、保障机制；创新属于怎么做的技术向度，是功用、前进动力、竞争能力、生命活力。守正与创新表里互依、辩证统一。单讲守正而不求创新，守正就会陷于故步自封的抱残守缺；只重创新而罔顾守正，创新难免滑向毫无底线的恣意妄为。坚持守正，创新才能保证正确方向、拥有光明未来；不断创新，守正才能获得强大动力、焕发旺盛生机。创新与守正并不矛盾，而是一个事物的整体，因为任何创新本质上都属于人有意识的活动。马克思在《资本论》中指出："最蹩脚的建筑师从一开始就比最灵巧的蜜蜂高明的地方，是他在用蜂蜡建筑蜂房以前，已经在自己的头脑中把它建成了。"从技术向度看，创新取决于灵感和勤奋，具有不确定性，其结果难以事先确知。从价值向度看，创新取决于激情、梦想、雄心和愿景，离不开创新者固有的价值观、人生观、事业观。

现实关切决定了创新必须守正

创新是个中性词。在当下中国的习惯语境中，"创新"似乎是一个颇有正能量的褒义词。但严格说来，关于"创新"不同学科有不同界定，概念上并不统一。在语言学和经济学等领域，创新基本属于一个中性词，并无特别明显的褒义。例如，《现代汉语词典》解释创新有二层含义，一是抛开旧的、创造新的；二是有创造性、有新意。英语"innovate"（创新）最早出现于16世纪中期，来自拉丁文的"innovatus"（创新）一词，意为"重建、改变"。

马克思认为创新具有二重性特征。在经济学领域，一般认为熊彼特构建了创新理论，实际上马克思才是创新理论最早、最系统的提倡者。熊彼特认为，用创新解释经济发展的"新陈述同马克思的陈述更加接近"，但他只涉及了马克思的"研究领域的一小部分"。确实如此，马克思关于创新的思想并不局限于经济领域，而是涵盖人类社会的方方面面及演变历史，更重要的是马克思对创新活动做了客观辩证的分析。一方面，马克思高度评价资本主义通过创新取得的巨大进步。《共产党宣言》指出："资产阶级在它的不到一百年的阶级统治中所创造的生产力，比过去一切世代创造的全部生产力还要多，还要大。"资产阶级除非对生产工具，进而对生产关系以及全部社会关系不断革命，否则就不能生存下去。生产不断变革、一切社会状况不停地变动，这是资本主义时代不同于以往时代之处。"一切固定的僵化的关系以及与之相适应的素被尊崇的观念和见解都被消除了，一切新形成的关系等不到固定下来就陈旧了。"另一方面，与后来的熊彼特等人的根本区别在于，马克思理性而深刻地剖析了资本主义制度下的创新所产生的严重负面问题。"机器的日益迅速和继续不断地改良，使工人的整个生活地位越来越没有保障。"创新的收益越来越集中到资本家手中，收入分配差距愈益扩大，生产过剩和广大劳动大众有效需求不足的矛盾不断激化，经济危机周期性爆发。1856年马克思在《人民报》创刊纪念会上发表演说进一步雄辩地指出："在我们这个时代，每一种事物好像都包含有自己的反面。我们看到，机器具有减少人类劳动和使劳动更有成效的神奇力量，然而却引起了饥饿和过度的疲劳。"财富的新源泉，在资本的魔力下变成了贫困之源。技术的胜利往往伴随着道德的败坏。"我们的一切发现和进步，似乎结果是使物质力量成为有智慧的生命，而人的生命则化为愚钝的物质力量。"

技术新旧无善恶，创新应用有是非。马克思批判的并非创新本身，而是资本逻辑对创新的裹挟。创新带来的生产力巨大发展本来应该造福人类，有助于人类的自由解放和全面发展，但创新被资本捆绑在追逐利润的战车上，其结果反而与创新的真正价值背道而驰。每一次革命性的技术进步，都程度不同地导致人被物质的异化。单纯从资本所有者的利益出发、完全以资本增值为导向、一味服从资本的逻辑，其实质是有创新而无守正。马克思的创新思想把人的自由全面发展作为创新活动的终极目标，以是否满足劳动大众的利益为标准评价创新，以兼顾社会发展与个人发展、效率与公平的统一规定创新，构建了科学社会主义的创新理论体系。

守正创新是中国共产党根本宗旨和社会主义制度根本使命的内在要求。带领广大人民群众创造幸福美好生活，是我们党建设社会主义、搞改革、谋发展矢志不渝的奋斗目标。邓小平同志指出，社会主义的本质，就是解放生产力，发展生产力，消灭剥削，消除两极分化，最终达到共同富裕。习近平总书记指出,公平正义是中国特色社会主义的内在要求,共同富裕是中国特色社会主义的根本原则,必须使发展成果更多更公平惠及全体人民,朝着共同富裕方向稳步前进。他在《关于坚持和发展中国特色社会主义的几个问题》中深刻指出:解放和发展社会生产力,建设社会主义的市场经济、民主政治、先进文化、和谐社会、生态文明,促进人的全面发展,逐步实现全体人民共同富裕等,这些都是在新的历史条件下体现科学社会主义基本原则的内容,如果丢掉了这些,那就不成其为社会主义了。党的十八届五中全会创造性地提出坚持以人民为中心的发展思想,把增进人民福祉、促进人的全面发展、朝着共同富裕方向稳步前进作为经济发展的出发点和落脚点。要求我们坚持人民主体地位,顺应人民群众对美好生活的向往,不断实现好、维护好、发展好最广大人民根本利益,做到发展为了人民、发展依靠人民、发展成果由人民共享。通过深化改革、创新驱动,提高经济发展质量和效益,生产出更多更好的物质精神产品,不断满足人民日益增长的物质文化生活需要。这进一步明确了创新的方向、立场和原则。

在中华民族源远流长的历史上,我们的优秀传统文化也早就认识到了创新必须守正的道理。中华民族从来都主张适时而变,反对墨守成规。我们耳熟能详的"苟日新，日日新，又日新"（《礼记·大学》），"日新之谓盛德，生生之为易"（《周易·系辞上》），"明者因时而变，知者随事而制"（《盐铁论》）等，无不张扬着勇于创新、积极求变的民族精神。但如果说创新者智、求变者勇，那么我们的民族文化同时又主张智而有则、新而合宜、勇而有节、变而适度，绝非无原则地一味求新、无条件地盲目改变。例如，道家对智者的界定是"知可否，知也"（《庄子·胠箧》）。儒家用仁规范智与勇，如"知、仁、勇三者，天下之达德也"（《中庸》）。兵家用信、仁制约智、勇、严，如"将者，智、信、仁、勇、严也"（《孙子兵法·计篇》）。卓越企业家必须具备的素养是"智足与权变、勇足以决断、仁能以取予、强能有所守"（《史记·货殖列传》）。这里的"强"，即强大；"有所守"者不是别的，规矩、法度也。诸子百家何以主张给创新的智者、探索的勇者施加限制？《荀子·儒效》道破了奥秘："人无师无法而知，则必为盗；勇，则必为贼。"如果没有老师的道德教化、无视法度规矩，有了智慧，却可能变成强盗；勇敢了，却可能沦为贼寇。缺乏"仁"的道德修养、"信"的契约精神、"守"的规则约束，"智""勇"就可能变成狡猾奸诈和胡作非为。"举而措之天下之民谓之事业。"（《周易·系辞上》）只有对广大人民群众有益的，才称得上事业，才是有价值有意义的创新。正是因为有了"仁"的友爱、"信"的践诺、"守"的自律,中华民族才得以一直生生不息、绵延不绝地走在人类文明的坦途正道上。

守正创新是对新一轮科技革命背景下一系列重大现实关切的回应。以信息技术、人工智能、生命科学、新材料、新能源等为代表的新一轮科技革命,呈现出智能化、虚拟化、分散化、高速化等新特征,在多数时候发挥积极作用、极大提高生产力水平、改变生产方式和生活方式乃至世界面貌的同时,也衍生出了许多新弊端,深化了社会矛盾,增添了人类困扰。创新目的的错位性,为资本增值服务,以钱为本而不是以人为本;创新行为的失序性,利用技术迭代迅速、监管规制滞后,无序扩张,野蛮生长;创新收益的失衡性,从世界范围来看,财富占有的马太效应呈加速态势,愈益向少数资本所有者和技术精英集中。还有老百姓深恶痛疾的隐私泄露、数据造假、算法宰熟、过度消费、网游丧志;一些本该便于人们沟通的创新,反而疏淡了人间温情;不少黑暗肮脏的货色,凭借新技术手段而魔力剧增;等等。这些问题的严重程度都超过了人类历史上的所有时代。尤其是霍金深感忧虑的:"人工智能的成功有可能是人类文明史上最大的事件。但是人工智能也可能是人类文明史的终结,除非我们学会如何避免危险。"这都对人类的伦理道德和治理能力构成了严峻考验。如何消弭这些问题,让创新更好地服务于人类全面自由发展,是摆在全人类面前重大而又紧迫的课题。

面对新一轮科技革命带来的这些挑战，受马克思创新思想启发，现代西方创新理论也意识到了创新是一把双刃剑。例如美国经济学家威廉·鲍莫尔把创新区分为"生产型创新"和"分配型创新"两种类型，这两种创新活动都具有创造性，但结果迥异。前者具有建设性，能够创造价值，把社会财富蛋糕做大，为社会福利提供增量，是经济发展的动力；后者具有破坏性，只是通过寻租、行贿、利用制度漏洞乃至违法等行径，在已有的社会财富存量蛋糕上多切一块，没有创造任何价值，是经济发展的阻力。人们不乏聪明才智，人的创新力也像劳动、资本、技术、土地等要素资源一样，在不同的盈利领域配置。

爱因斯坦说："科学只能确定是什么，不能确定应该是什么。"显然，解决新一轮科技革命伴生的上述问题，单靠科技创新本身是远远不够的。现代西方创新理论虽然揭示了创新力配置的机理，却没有阐明如何引导创新力向生产型创新配置的路径原则和实施政策。况且新古典经济学基于科学主义的理念，囿于实证分析旨趣，亦难以在应然向度的规范分析方面有所作为。爱因斯坦说的"应该是什么"的问题，只能仰仗于唤醒人性良知、点燃理性光芒，把创新纳入守正的轨道。守正创新，通过构建行之有效的制度体系，激励生产型创新，抑制分配型创新,因而比现代创新理论更富有伦理性和实践性。

坚持守正与创新相统一的当务之急

加大教育和科技投入,加速人力资本积累。一个民族创新力的大小与人力资本积累高度正向关联,而人力资本积累主要依靠教育。改革开放以来,我国的各级各类教育事业取得巨大发展,但国民总体受教育水平仍需提高、教育的地域结构和门类结构尚待优化。我国每百万人口中的R&D("研究与开发")人员数与世界先进国家相去甚远。创新靠人力资本支撑,是不断试错的过程,研发人员数量少,构成制约自主创新的瓶颈。所以,应该加大教育和科技投入及结构调整,尽快弥补这个短板。

切实发挥企业的创新主体作用,调动企业家创新积极性。现代创新理论认为,只有将一个伟大的创意商业化,它才能算得上是一项真正的创新成果,才能直接促进经济发展。因此创新实际上是一种市场行为,企业是创新的主体,企业家发挥关键作用。当前,民营经济贡献了70%以上的自主创新成果,保护和激发企业家特别是民营企业家创新积极性尤为重要。这就要求必须完善市场经济的基本制度，强化财产权和知识产权保护，借《民法典》实施契机稳定民营企业家的政策预期。加强对企业家的培训教育，引导他们把个人理想和企业愿景融入民族复兴的伟大实践。

构建公平竞争的市场环境，激发企业家创新创造才能。公平竞争是市场经济的灵魂。没有竞争压力就没有创新动力。在公平竞争的驱迫下，企业家的创造才能、拼搏干劲、开拓精神才会迸发出来。当前十分迫切的是，打破某些互联网巨头借数据、技术、资本等优势形成的垄断，反对不正当竞争，防止资本无序扩张。同时，破除体制机制障碍，真正打破各种各样的"卷帘门""玻璃门""旋转门"，在市场准入、审批许可、经营运行、招投标、军民融合等方面，为民营企业发展及其创新营造公平竞争环境、提供充足市场空间。

深化结构性改革，切实扭转脱实向虚。实体经济结构性供需失衡、金融和实体经济失衡、房地产和实体经济失衡是我国经济的沉疴，不仅阻碍了经济协调健康稳定发展、加剧了系统性金融风险，而且形成了扭曲错位的创新力配置导向，把大量宝贵的创新资源特别是人才、资金吸引到了金融、房地产、虚拟经济等领域。对中国这样一个仍属于发展中国家的人口和经济大国而言，必须深刻认识"去工业化"的严重危害，不能任由炒房囤地、金融泡沫自我循环之类的分配型创新兴风作浪。在以推动高质量发展为主题，以改革创新为根本动力的"十四五"时期，继续牢牢抓住深化供给侧结构性改革这条主线，采取行之有效的措施，加大对实体经济创新和基础研究创新的扶持激励力度。建设知识产权交易市场等，促进创新成果外溢。强化对金融创新的监管，促使金融业积极服务实体经济，推动创新力资源向生产型创新领域配置。

守正创新的重大命题，站在新时代的历史高度审视创新，从事物本质的深度辨析创新，从人类命运的广度观照创新，从实践原则的角度规范创新，富有立意高远的思想性、针砭时弊的现实性、兴利除害的实践性，是对马克思主义创新理论的新发展，是中华优秀传统文化的新境界，是现代创新理论的新突破，是习近平新时代中国特色社会主义思想的有机组成部分，为促进创新活动健康发展、惠及广大人民群众提供了保障，为实施创新驱动战略、建设创新型强国指明了方向。

【参考文献】

①《十八大以来重要文献选编》（上），北京：中央文献出版社，2014年。

②《马克思恩格斯文集》（第一卷），北京：人民出版社，2009年。

③《马克思恩格斯文集》（第五卷），北京：人民出

版社，2009年。

④［美］约瑟夫·熊彼特：《经济发展理论》，何畏、易家详译，北京：商务印书馆，1990年。

中国古代究竟有没有企业、企业家、企业家精神？

——基于马克思主义经济学的思考

《企业史评论》2022 年第 4 期

党的"十八大"以来，发挥企业家作用、弘扬企业家精神已经上升为党和国家的大政方针，在我国经济从要素驱动转向创新驱动、从高速增长转为高质量发展的宏伟进程中，企业家和企业家精神的重要性日益显著。从理论上搞清楚什么是企业，中国历史上（尤其是古代）究竟有没有企业、企业家、企业家精神等问题，对于切实发挥企业家作用、弘扬企业家精神是一个十分必要的基础性工作。正如习近平总书记 2020 年 7 月 21 日在企业家座谈会上的重要讲话中指出："企业营销无国界，企业家有祖国。"企业是社会的产物，社会是历史发展的结果，企业家精神也深深地打着民族文化传统的烙印。

一、关于"企业"的困惑

不搞明白企业，就说不清楚企业家和企业家精神。然而，究竟什么是企业呢？理论研究和现实中却存在诸多歧异。

"经济学中对'企业'一词的使用与'一般人'对该词的使用可能有所差异。"[①] 这是 1991 年诺贝尔经济学奖获得者罗纳德·科斯在发表于 1937 年的经典论文《企业的性质》开篇第一段中的一句话。

事实确是如此。什么是企业？现实生活中，这个问题似乎不难回答。至少在中文语境中，企业这个当今社会上大多数人就业的"工作单位"，与党政部门、军队、学校等"机关事业单位"还是容易区分清楚的。

但在异于"一般人"看法的经济学研究中，究竟什么是企业、究竟应该按照什么标准界定企业，却莫衷一是、远远没有达成共识。

企业是按照资源配置方式界定的吗？科斯等西方新古典经济学家就是这样认为的："企业的显著特征就是

---

① ［美］罗纳德·科斯：《企业的性质》，载奥利弗·威廉姆森、西德尼·温特编：《企业的性质·起源、演变和发展》，北京：商务印书馆，2007年，第 22 页。威廉姆森引用科斯这句话时表述为"企业的区分标志是对价格机制的替代"（见同书第 6 页）。

替代价格机制。"① 企业和市场都属于资源配置方式，企业是服从命令，市场是依靠价格信号。企业的出现和本质特征在于其配置资源的交易成本低于市场的讨价还价。

企业是根据是否使用机器及管理方式定性的吗？有的管理学研究者就持这种看法："从企业诞生之日起，从工厂制代替家庭手工业作坊之日起，企业在改变社会形态与性质的同时获得了自身的性质。"② 工厂制和家庭手工作坊的主要区别就在于使用机器及管理模式。

企业是依凭历史阶段或社会性质判定的吗？有的中国学者就秉持此类观念，这很典型地体现在《中国企业史·古代卷》的矛盾态度上。该书主编郑学檬教授在前言中说：一方面，《中国企业史》应该包括中国企业的萌芽史，即企业发展的"雏形"阶段的历史，应该把中国古代自商、周至明、清的那些经营生产或流通业务，向社会提供产品（商品）或劳务的"独立经济单位"的发展情况写进去，以便了解中国近代企业是怎样从中国古代社会的母胎中孕育并产生出来的（袁宝华在该书总序中亦持此说）。另一方面又坚称，"企业原为近代工业社会中的'独立经济单位'或'经济组织'。照这一定义，中国古代（即前近代）是没有这样的企业的"。虽然书中把中国古代的"独立经济单位"也叫作企业，但

---

① ［美］罗纳德·科斯：《企业的性质》，载奥利弗·威廉姆森、西德尼·温特编：《企业的性质：起源、演变和发展》，北京：商务印书馆，2007年，第24页。

② 包政，《企业的本质》，北京：机械工业出版社，2018年，第2页。

是"它的含义不同于近代企业";所以本卷研究的作场、作坊、工场、商号等"有具体的内涵,不是一般意义上的企业,而是近代企业的前史"。"因此,恳请专家、读者切勿望(企业)名生疑"。[①]另外在具体写作上,商周春秋战国时期的叫"作场"、秦汉魏晋南北朝及以后的叫"工商企业"或"企业"。诸如此类的矛盾现象,无非因为受到了用历史阶段、社会性质或生产关系判定企业等固有观念的困扰。

企业是依据法律规定辨别的吗?我国现行的市场管理法规政策就如此处理:《中华人民共和国市场主体登记管理条例》第二条称,"本条例所称市场主体,是指在中华人民共和国境内以营利为目的从事经营活动的下列自然人、法人及非法人组织",包括(1)公司、非公司企业法人及其分支机构,(2)个人独资企业、合伙企业及其分支机构,(3)农民专业合作社(联合社)及其分支机构,(4)个体工商户,(5)外国公司分支机构,(6)法律、行政法规规定的其他市场主体。2022年10月12日国家市场监管总局宣布,截至2022年8月底,我国登记在册的市场主体达1.63亿户。其中,企业5100多万户,个体工商户1.09亿户,农民专业合作社222.5万户。2022年8月,财政部、国家发改委发布《关于缓缴涉及企业、个体工商户部分行政事业性收费的公告》。

[①] 郑学檬主编:《中国企业史·古代卷》,北京:企业管理出版社,2002年,第1—4页。

可见，在我国现行法规政策中，"市场主体"是属概念、"企业""个体工商户"是并列的种概念。其区别在于：企业需要1-50个投资人、具备法人资格、承担有限责任、缴纳企业所得税等，个体工商户是一个自然人、不具备法人资格、承担无限责任、缴纳个人所得税等。

凡此种种表明，究竟什么是企业、按什么标准界定企业的问题，不仅是学术理论问题，而且是企业史研究者绕不开的现实问题。

在企业史研究的具体工作中，这类基本理论问题实实在在地困扰着人们。诸如：什么是企业？企业的职能是什么？企业的本质特征是什么？在人类满足自身经济需要的历史长河上，为什么会出现企业这种社会组织形式？同样属于生产单位，为什么有的可以被定性为企业，有的不能呢？认定一个生产单位是不是企业的标准，究竟是规模（例如员工数量、产值）呢，还是技术或工具（例如是否使用机器）呢，是历史阶段（例如古代、中世纪抑或近代、现代）呢，还是生产关系（例如奴隶制、封建制、资本主义）或劳动关系（简单协作抑或复杂协作）呢？是产权结构（例如独资、合伙、股份、国有）呢，还是资源配置方式或者生产经营方式呢？在中国，是否只在近现代（1840年正月初一以后）才有企业，而除夕之夜以前的古代社会就不存在企业呢？相应地，中国古代是否只能有商人、商人精神？不存在企业家、企业家精神呢？西方的研究者可以把世界上的企业家精神追溯到公元前 3500 年至公元前 1200 年的古巴比伦的美索不达米亚。对此结论，迄今没有发现中国的研究者提出任何异议，但为什么有中国学者坚称中国的企业家精神只有在 1840 年以后才可能出现呢？难道学术上也要搞外国可以有、中国不能有的中外有别的双标吗？或者说，有一条按照国别或地域判别企业与否的标准吗？在国外，是否如某些管理学研究者宣称的，只有工业革命以后才出现企业？甚至如一些美国学者一度主张的，只有公司才构成企业史的研究对象，公司制之前的、之外的经济组织不属于企业呢？等等。

二、马克思主义经济学关于企业的基本理论

本文认为，上述令人困惑纠结的问题，单靠罗纳德·科斯、奥利弗·威廉姆森等代表的用交易成本、生产成本和企业替代市场等解释企业起源、边界和职能的所谓现代企业理论难以得到满意答案。相反，马克思主义经济学不仅围绕企业的起源、演变形态、本质特征等进行了经济思想史上最早的系统性、全方位、多层次、长时段、广视阈的阐述，通过历史和逻辑的统一构建了系统完整的企业理论体系，而且其深刻性和科学性迄今无出其右，其理论体系的多向度、立体化所产生的解释力，亦非西方新古典经济学主要依靠逻辑演绎构建的、

从交易费用角度解释企业的单维度、平面式所能比拟的。从某种意义上，把马克思和恩格斯誉为有史以来最伟大的企业理论家、企业史学家，似无不妥。熊彼特谈到理论与事实材料的辩证关系时有云：日益丰富的事实材料必定不断地启示新的理论模式，但在任何给定的历史阶段，具有一些理论知识则是处理新的事实材料，也就是处理尚未体现在现有理论中的事实的一个先决条件。可以肯定地说，马克思用商品交换、生产劳动分工、成本效率和利润等解释企业的起源、演变、职能和本质的理论思想，是指导我们打开上述学术困惑之锁的有效钥匙。

比如说，企业的具体形态是否只有基于机器大生产的工厂制和基于现代企业制度的股份公司呢？马克思的回答是否定的。他既从业务内容上区分了工业企业、商业企业、农业企业、金融企业等，从技术和组织形式上分析了企业的四种形态，即小业主企业（原初形态）、工场手工业企业（典型形态）、工厂制企业（高级形态）、公司制企业（现代形态），① 也从资本形式上分析了业主独资企业、合伙制企业、公司制企业，还从生产关系上分析了家庭作坊（家庭成员简单协作）、奴隶制企业（劳动力等于物质资料，如美洲奴隶主种植园、英

---

① 列宁从资本主义劳动生产率提高的角度，认为马克思阐述的企业形态有三个历史阶段："马克思分析相对剩余价值的生产时，考察了资本主义提高劳动生产率的三个基本历史阶段：1. 简单协作；2. 分工和工场手工业；3. 机器和大工业。"（列宁：《卡尔·马克思：传略和马克思主义概述》，《马克思恩格斯选集》第一卷，人民出版社，1972年，第17页）。

国使用童工奴隶的企业）、封建制企业（基于人身依附关系或曰"宗法关系"的行会作坊等）、资本主义企业（基于劳动力自由买卖的雇佣关系或曰"金钱关系"）等。企业形态多彩多姿，远远不限于工厂制企业和公司制企业。

当代的一些研究者之所以怀有把现代公司制度、顶多再加上工业革命以后的工厂制度视作企业唯一形态的执念，固然有注重现实问题的合理性，但按照马克思的说法，无非是因为已经发育的身体比身体的细胞容易研究些。生命的成长终究不能割裂，现代公司制度和机器大生产时代的工厂制度，毕竟只是企业史上的阶段性表征，是以往企业形态的遗传和变异。

再比如说，工业革命以前的古代和中世纪，存在企业吗？马克思的回答是肯定的。小业主和工场手工业这些生产方式，就被马克思明确无疑地界定为企业。

小业主企业就是个体经营的小商品生产，它以生产资料分散在无数独立经营的小生产者手中为基本特征。有时是小业主个人单干，有时雇佣一二个帮工。马克思表述为"单个业主"、"单干的独立劳动者"、只雇用2个人的"小业主"、"一个独立的、织布者带两个帮工做工"等。无论有没有帮工，小业主都必须亲自参与生产劳动。这种小业主企业无论在历史上还是逻辑上，都构成企业的原初状态，这是因为它与分工协作的大规模生产并无本质区别。就劳动过程是纯粹个人的劳动过程来说，同一劳动者的单干，无非是把后来彼此分开的一切职能结合在一起罢了。

小业主企业古已有之，马克思在《资本论》第一卷引用色诺芬（economic 这个概念的最早使用者）的说法，证明早在古希腊时期小业主企业就为数不少：在当时的大城市里，每一个独立的手工业者都能找到许多买主，只从事一种手艺就足以养家糊口。有时甚至不必制作多种产品。例如，一个人只做男鞋，另一个人只做女鞋。有的人单靠缝鞋为生，另一个人唯以切鞋底为业；有的人专事裁衣，有的人独擅缝纫，等等。马克思评论说，色诺芬已经明白分工的规模取决于市场的大小。把这些可以找到许多买主、专门为市场生产的个体小生产者定性为小业主企业，是没有任何异议的。同样道理，欧洲中世纪的行会师傅即使规模略有扩大，亦大致可以归于小业主企业行列。

马克思之所以把工场手工业视为企业的典型形态，是从资本主义生产关系角度着眼的。他指出：资本主义生产实际上是在同一个资本同时雇用人数较多的工人，因而劳动过程扩大了自己的规模并提供了较大量的产品的时候才开始的。人数较多的工人在同一时间、同一空间（或者说同一劳动场所），为了生产同种商品，在同一资本家的指挥下工作，这在历史上和概念上都是资本主义生产的起点。工场手工业就属于这种情况，人数较多的工人受同一资本指挥，既是一般协作的自然起点，也是工场手工业的自然起点。

与小业主企业相比，工场手工业的特点是：第一，小业主企业的社会分工是以生产资料分散在许多互不依赖的商品生产者中间为前提的，工场手工业的分工以生产资料集中在一个资本家手中为前提。第二，牧人、皮匠、鞋匠之类的小业主企业，他们各自的产品都作为完整的商品而存在。但工场手工业的分工，使每一道工序上的工人变成了"局部工人"，他们不生产完整的商品，只生产商品的某一部分，商品是"局部工人"协作生产的共同产品（尽管随着社会分工进一步细化和深化，特别是在全球化时代，"局部工人"的产品也往往变成完整商品，但这不过是分工协作的新境界而已）。第三，小业主企业是各自独立的，他们不承认任何别的权威，只承认竞争的权威。手工工场的资本家对于雇佣工人却享有绝对的权威。

纵观企业演进历史轨迹，可以清晰发现无论企业具体形态如何变换，表现形式怎样不同，其内在基本特征并无差异。商品生产和商品流通是所有企业都具有的现象，尽管它们在范围和作用方面各不相同。在商品生产和商品流通中，所有企业都必须从事和解决三个基本问题：

第一，任何形态的企业都要生产具有交换价值的使用价值，要生产用来出售的物品——商品。

第二，各种形态的企业都追求生产出来的商品的价值，大于生产该商品所需要的各种生产资料和劳动力的价值总和。也就是都追求利润，都把获得利润作为自己的生产经营目标。

第三，由于社会分工使商品占有者的劳动成为单方面的，又使他的需求成为多方面的。卖一次商品就要买许多次各种各样的其他商品。因此他的产品对他来说仅仅是交换价值。这个产品只有在货币上，才取得一般的社会公认的等价形式。而货币又在别人的口袋里。为了把货币吸引出来，商品首先应当对于货币占有者具有使用价值。要完成这个使用价值与交换价值的华丽转身，所有企业都必须在市场上进行"惊险的跳跃"，也就是"商品价值从商品体跳到金体上"。这个跳跃如果不成功，摔坏的不一定是商品，但一定是商品占有者。此时企业就无利可图，就可能破产倒闭。

正是围绕商品生产、获得利润、完成"惊险的跳跃"这些基本任务，衍生出了与企业生产、经营、管理相关的几乎所有课题。例如，对外，货币所有者需求的变化、市场行情之波动、竞争状况的判断等等；对内，决策的制定、要素的配置、经营之模式、创新之策略、盈亏之核算等等。

总之，马克思主义经济学的企业理论告诉我们，企业的故事，是从基于社会分工和商品交换的专业化商品生产开篇的；以商品生产的方式、通过满足消费者的需要而获得赢利，是企业最本质的表现，是所有企业一以贯之的共性特征，具备了这个特质的生产单位就是企业，否则属于其他性质的生产方式。

马克思主义经济学一方面把企业形态及其演变，视为技术、协作、市场需求、竞争状况等基本经济条件变化的必然反映，社会生产力和生产关系不断发展和相互作用的历史结果。另一方面，生产规模大小、劳动者人数多少、劳动者自由程度、经营模式怎样、分工协作如何、手工抑或机器、技术先进与否、资本结构状况、生产关系的差异等等，虽然都从不同角度形塑着企业形态，决定了企业形态的嬗变，但都不属于企业最本质的特征，亦不构成一种生产方式是不是企业的判断标准。至于历史阶段，原本是后人根据某些标准人为划分出来的，将之反过来作为界定企业的标准，似有本末倒置之嫌。

三、中国古代有企业、有企业家、有企业家精神

行文至此，回眺来路，不难发现，掌握了马克思主义经济学企业理论之精髓，不仅足以帮助我们打开本文篇首列举的一系列学术困惑之锁，即透过马克思的双眼看世界，那些困惑之事根本就不成问题，而且能够为更多具体历史资料的解读提供理论依据。

例如，公元前十九世纪商族部落先人的"亥作服牛"，亥驯服了野牛，用牛拉车，带领牛车商队到有易氏部落做买卖。亥的做法，和现代商贸公司利用飞机、高铁、巨轮搞物流贸易有何区别呢？亥前无古人地利用了牛的畜力，不是熊彼特意义上的生产方法或工具的创新吗？当代许多工商企业的领导人被誉为企业家，《史记·货殖列传》记载的春秋战国时代的子贡、范蠡（陶朱公）、白圭等不是企业家吗？养殖专业户乌氏倮卖掉牛羊，换成罕见丝织品献给戎王，一笔交易，家产骤增十倍，其绩效逊色于眼下资本市场的 IPO 吗？寡妇清继承祖业，开采丹穴，礼抗万乘，没有资格被誉为我国有史记载的最早的女企业家吗？如今一些互联网大佬把国外的技术手段、经营模式移植运用于中国市场属于企业家的创新，卓王孙、程郑的祖先，在秦朝把中原一带成熟的冶铁技术推广到西南少数民族地区、促进了那里的经济开发，不属于企业家的市场创新吗？其"富至僮千人"，不相当于规模庞大的工场手工业企业吗？当今的移动支付属于企业家创新，北宋前期四川成都的 16 户富商联合发行世界上最早的纸币交子，不属于企业家的货币制度创新吗？等等。完全可以肯定地说，中国古代有企业、有企业家、有企业家精神。

更加重要的是，企业是社会形态的产物，社会是历史发展的结果，掌握了马克思主义经济学企业理论之精髓，深入结合中国历史和经济社会发展的具体实际，才有可能用中国的话语讲好中国的故事,才有可能基于历史、文化和社会的连续性构建中国自主知识体系的企业理论、企业家理论,从而更好地发挥企业家作用、弘扬企业家精神。

(本文由原刊于《企业史评论》2022年第4期的2篇文章整合而成,一篇是该杂志"什么是企业?"笔谈的《编者按》,另一篇是《中国古代究竟有没有企业、企业家、企业家精神——基于马克思主义经济学的思考》。收入本书时做了部分修改)

《史记·货殖列传》原文

《老子》曰:"至治之极,邻国相望,鸡狗之声相闻,民各甘其食,美其服,安其俗,乐其业,至老死不相往来。"必用此为务,挽近世涂民耳目,则几无行矣。

太史公曰:夫神农以前,吾不知已。至若《诗》、《书》所述虞、夏以来,耳目欲极声色之好,口欲穷刍豢之味,身安逸乐,而心夸矜势能之荣使,俗之渐民久矣。虽户说以眇论,终不能化。故善者因之,其次利道之,其次教诲之,其次整齐之,最下者与之争。

夫山西饶材、竹、榖、纑、旄、玉石;山东多鱼、盐、漆、丝、声色;江南出楠、梓、姜、桂、金、锡、连、丹沙、犀、玳瑁、珠玑、齿革;龙门、碣石北多马、

《史记·货殖列传》译文

《老子》说:"天下大治到了最高的境界,邻国的百姓能相互望见,鸡鸣狗吠的声音能彼此听到,人们都吃自认为最美味的食物,穿最漂亮的衣服,安安稳稳照自己的习惯生活,从事自己最喜欢干的工作,直至老死,都互不来往。"到了近代如果一定按照这种说法去做,那么除非先堵塞人们的耳目,否则是绝对行不通的。

太史公说:神农以前的历史,我不得而知。至于《诗经》《尚书》记载的虞舜、夏朝以来的情况,则是人们的耳目要赏尽妙音美色,嘴巴要尝遍山珍海味,身体安于闲逸享乐,心思都用在炫富逞能、夸耀权势、显摆尊荣。人们受这种风气熏染,积久成习,即使用《老子》那套精妙的理论挨门逐户地去劝说,也终究不能转化改变了。所以最好的政策是顺应人们的本能,其次是用利益诱导人们的取向,再其次是教诲人们如何去做,又其次是整顿干预、损有余补不足,最糟糕的做法是凭借权力与民争利。

崤山以西地区出产很多的木材、竹子、穀树、麻类、旄牛、玉石等;崤山以东地区则多鱼、盐、漆、丝和乐工美女;江南一带出产楠木、梓木、姜、桂、金、锡、铅矿石、朱砂、犀牛、玳瑁、各种珍珠以及象牙皮革等;龙门和碣石以北牛、羊、旃裘、筋角；铜、铁则千里往往山出棋置：此其大较也。皆中国人民所喜好，谣俗被服饮食奉生送死之具也。故待农而食之，虞而出之，工而成之，商而通之。此宁有政教发征期会哉？人各任其能，竭其力，以得所欲。故物贱之征贵，贵之征贱，各劝其业，乐其事，若水之趋下，日夜无休时，不召而自来，不求而民出之。岂非道之所符，而自然之验邪？

《周书》曰："农不出则乏其食，工不出则乏其事，商不出则三宝绝，虞不出则财匮少。"财匮少而山泽不辟矣。此四者，民所衣食之原也。原大则饶，原小则鲜。上则富国，下则富家。贫富之道，莫之夺予，而巧者有馀，拙者不足。

故太公望封于营丘，地潟卤，人民寡，于是太公劝其女功，极技巧，通鱼盐，则人物归之，繦至的地方多产马、牛、羊、毛毡皮裘以及各种动物的筋角等；铜和铁则是千里之内就有出产，山间矿冶星罗棋布。以上所说的，是物产的大概情形。这些东西都是中原人民所喜爱的，俗话所说的用于衣着饮食、奉养生者、葬送死者的民生物资。这些物资必须要依靠农夫牧民种植养殖，要依靠管理山泽的虞人开采开发，要依靠工匠制作成品，要依靠商人贸易流通。这难道需要发号施令、诱导教诲才能征发收集、限期汇聚的吗？人们自然而然地都会尽其能、竭其力，满足自己的欲望。所以某一物品价格低贱了，就有可能转而上涨，某一物品价格高昂了，就有可能转而下跌，大家各自致力于自己的事业，乐于从事自己的工作，就像水往低处流一样，昼夜不会停息，物品会不用召唤自然而来，不必求取老百姓也会自动生产出来。这难道不是符合客观规律，与自然法则相验证的吗？

《周书》说："农夫不生产就会缺乏食物；工匠不做工就会缺乏用具；商人不贸易，那么粮食、用具、财货这三种宝贵物资就会断绝来源；虞人不开采，人们就会财货匮乏。"财货匮乏，山林川泽就得不到开发。农工商虞这四个方面，是人们衣食的源泉。源泉大，资财富饶；源泉小，资财短缺。广开财源，上可以富国，下能够富家。贫富变化的法则，并非是外在条件所决定的，而取决于人自身的因素，智巧的人总是有余，愚拙的人往往不足。

当年姜太公被分封到营丘，建立齐国，那里都是盐碱地，居民稀少，于是姜太公就鼓励百姓从事纺织、缝纫、编结、刺绣等工作，讲究技巧，做工精良；姜太公又利用当地出而辐凑。故齐冠带衣履天下，海岱之间敛袂而往朝焉。其后齐中衰，管子修之，设轻重九府，则桓公以霸，九合诸侯，一匡天下；而管氏亦有三归，位在陪臣，富于列国之君。是以齐富强至于威、宣也。

故曰："仓廪实而知礼节，衣食足而知荣辱。"礼生于有而废于无。故君子富，好行其德；小人富，以适其力。渊深而鱼生之，山深而兽往之，人富而仁义附焉。富者得势益彰，失势则客无所之，以而不乐。夷狄益甚。谚曰："千金之子，不死于市。"此非空言也。故曰："天下熙熙，皆为利来；天下攘攘，皆为利往。"夫千乘之王，万家之侯，百室之君，尚犹患贫，而况匹夫编户之民乎！

昔者越王句践困于会稽之上，乃用范蠡、计然。计然曰："知斗则修备，时用则知物，二者形则万产的鱼、盐进行商业贸易。结果人才和物资都从四面八方汇聚辐辏而来，别处的百姓甚至扶老携幼移民到齐国。所以齐国出产的衣服鞋帽畅销天下，东海到泰山之间的诸侯也都恭恭敬敬地前来齐国朝拜。后来齐国一度衰落，管仲重新整顿治理，设置九府管理经济事务，齐桓公因此得以成为春秋第一位霸主，多次集合诸侯会盟，把天下纳入正道。而管仲本人也因功得到了市场税收三成的奖赏，虽居于陪臣地位，却比各国的诸侯还要富有。齐国也因而保持富强直至后世威王、宣王的时代。

所以正如《管子》所说："粮仓充实了才会懂得遵守礼节，衣食丰足了才会注重荣辱。"礼义产生于财富充裕之处，贫困之时就遭废弃。因而贤德君子富有之后，就可以凭借财产广施仁德；普通百姓富有之后，就能凭借财产展现自己的力量。水深了，鱼类就会在里面生长；山林茂密，鸟兽就会前往繁衍；人富了，才有条件去讲究仁义道德。富人得势了，名声地位就更加显赫；一旦失势，无人理会，门可罗雀，难免郁闷不乐。这类情况，在没有开化的蛮夷之地尤其明显。民谚说："千金富豪的儿子，不会在闹市上被处决。"这并非空话。所以说："天下人吵闹喧嚷，都是为求财而来；天下人奔走纷乱，都是为谋利而往。"就连那些拥有兵车千辆的国王、食邑万户的列侯、受封百家的封君，尚且都担心钱财不够花销，何况被编入户籍，要负担租税徭役的平头百姓呢！

从前越王勾践兵败困守在会稽山上，于是就任用范蠡和计然。计然说："知道有战争，就必须提前整治军备；

货之情可得而观已。故岁在金,穰;水,毁;木,饥;火,旱。旱则资舟,水则资车,物之理也。六岁穰,六岁旱,十二岁一大饥。夫粜,二十病农,九十病末。末病则财不出,农病则草不辟矣。上不过八十,下不减三十,则农末俱利,平粜齐物,关市不乏,治国之道也。积著之理,务完物,无息币。以物相贸,易腐败而食之货勿留,无敢居贵。论其有馀不足,则知贵贱。贵上极则反贱,贱下极则反贵。贵出如粪土,贱取如珠玉。财币欲其行如流水。"修之十年,国富,厚赂战士,士赴矢石,如渴得饮,遂报强吴,观兵中国,称号"五霸"。

要懂得同一物品在不同时候有不同用途，就必须认识事物的本质与规律。这两方面的工作都做完备了，那么经营任何货物都可以洞若观火了。每逢岁星（即木星）运行到五行的金位，这一年会是丰年；运行到水位，这一年会有水灾；运行到木位，这一年会有饥荒；运行到火位，这一年会有旱灾。大旱之年要准备好船只，大涝之年要准备好车辆，这是预先应对事物变化的基本原理。每六年一个丰年，每六年一次大旱，每十二年就有一次大饥荒。出售粮食，每斗价格跌到二十钱，就会伤害农民，每斗涨到九十钱，就会伤害工商业者。工商业者受到伤害，工具的生产和财货流通就会受影响，农民受到伤害，土地就得不到开垦。如果粮价上涨每斗不超过八十钱，下跌不低于三十钱，那么农民和工商业者双方都能得利。官府以平价出售粮食，干预市场，调节物价，使异地物流和市场商品都不匮乏，这是治理国家必须遵循的原则。商业经营的基本原理是，货物必须要求完好，资金应该周转不息。在商品交易中，容易腐败的货物和食品切勿久留。千万不要坚信物价会涨势无边而囤积居奇。探究清楚商品的供求状况，就可预知其价格涨落；涨价到了极点就会下跌，跌价到了极点就会上涨。涨价到一定程度，要把存货像粪土一样坚决抛掉；跌价到一定程度，要像抢夺珠宝玉石一样坚决买进。货物、资金都应该像流水一样不停地周转"。勾践采用"计然之策"，励精图治十年，越国财力富裕，能够优厚地犒赏战士，战士们冒着敌人的飞箭投石，奋勇前进，就像渴极了的人想得到饮水一样，终于报仇雪恨，打败了强大的吴国。兵威直震中原，跻身"春秋五霸"。

范蠡既雪会稽之耻，乃喟然而叹曰："计然之策七，越用其五而得意。既已施于国，吾欲用之家。"乃乘扁舟浮于江湖，变名易姓，适齐为鸱夷子皮，之陶为朱公。朱公以为陶天下之中，诸侯四通，货物所交易也。乃治产积居。与时逐而不责于人。故善治生者，能择人而任时。十九年之中三致千金，再分散与贫交疏昆弟。此所谓富好行其德者也。后年衰老而听子孙，子孙修业而息之，遂至巨万。故言富者皆称陶朱公。

子赣既学于仲尼，退而仕于卫，废著鬻财于曹、鲁之间，七十子之徒，赐最为饶益。原宪不厌糟糠，匿于穷巷。子贡结驷连骑，束帛之币以聘享诸侯，所至，国君无不分庭与之抗礼。夫使孔子名布扬于天下者，子贡先后之也。此所谓得势而益彰者乎？

白圭，周人也。当魏文侯时，李克务尽地力，而白圭乐观时变，故人弃我取，人取我与。夫岁熟范蠡辅佐勾践洗雪了"会稽之耻"后，长叹道："'计然之策'有七条，越国只用了五条就能反败为胜。既然它在治国上已收奇效，我也用来治家吧。"于是范蠡就乘一艘小船离开了越国，漂荡江湖，改名换姓，到齐国，自称"鸱夷子皮"，到了陶改称"朱公"。朱公认为陶这个地方位于天下的中心，与各诸侯国四通八达，是商业贸易的集散地。于是就在陶定居下来，置办产业，积聚货物。他主要利用时势的变化追逐利润，并不过分苛求所任用的人。所以说擅长经营的人，必定能善于用人、并能把握时势的波动规律。范蠡在十九年的时间里数次赚取了数以千计的黄金，又先后数次把财产分给了贫穷的朋友和远房兄弟。范蠡就是前面所说的富有之后又喜欢广施仁德的贤德君子啊！后来他年老力衰，就把家族产业委托给子孙经营。在他的子孙主持下，范家的产业不断增殖生息，最终累财亿万。因而人们议论起富豪，都要推崇陶朱公。

子赣（即子贡，端木赐）求学于孔子，之后返回卫国做官，他又囤积货物，在曹、鲁一带转运倒卖。孔门弟子七十余人，最富有的是子贡。原宪（孔子弟子之一）穷得连酒糟米糠都吃不饱，隐居于陋巷之中。子贡则车马成群，以若干匹锦帛作为礼物，去交结诸侯，所到之处，各国的国君无不待为上宾。孔子之所以能够名扬天下，子贡前前后后发挥了很大的支持作用。子贡不就是前面所说的富人得势了，名声地位会更加显赫的典型吗？

白圭是周（洛阳）人。正当魏文侯在位时，李克（李悝）在魏国推行尽地力政策、发展农业，而白圭却善于观取谷，予之丝漆；茧出取帛絮，予之食。太阴在卯，穰；明岁衰恶。至午，旱；明岁美。至酉，穰；明岁衰恶。至子，大旱；明岁美，有水。至卯，积著率岁倍。欲长钱，取下谷；长石斗，取上种。能薄饮食，忍嗜欲，节衣服，与用事僮仆同苦乐，趋时若猛兽挚鸟之发。故曰："吾治生产，犹伊尹、吕尚之谋，孙、吴用兵，商鞅行法是也。是故其智不足与权变，勇不足以决断，仁不能以取予，强不能有所守，虽欲学吾术，终不告之矣。"盖天下言治生祖白圭。白圭其有所试矣，能试有所长，非苟而已也。

猗顿用盬盐起。而邯郸郭纵以铁冶成业，与王者埒富。

乌氏倮畜牧，及众，斥卖，求奇缯物，间献遗戎王。戎王什倍其偿，与之畜，畜至用谷量马牛。

测和利用市场形势的变化经营商业。别人不要的东西他要，别人要的东西他给。在谷物成熟农民卖粮的时候，他收购粮食，出售丝、漆；在蚕茧收成时则收购缯帛和丝绵，出售粮食。白圭观察，每逢太阴运行到卯位之年，农业丰收，但翌年必定有灾荒。而太阴运行到午位之年，必遇旱灾，但翌年会有好收成。当太阴运行到酉位之年，又是丰收，但翌年又是灾荒。当太阴运行到子位之年，会遭遇大旱，但翌年收成较好，雨水偏多。当太阴又回到卯位之年，他所囤积的粮食就比往年成倍增加。白圭认为，想要增加钱财，就经营下等的谷物；想要增加粮食的产量，就经营上等的种子。白圭能够粗茶淡饭，克制享受的欲望，没有嗜好，穿衣服也很节俭，常年与手下的奴仆同甘共苦，但他抓住时机就像饿兽猛禽扑向猎物似的迅捷果断。因此白圭说："我经营产业，就像伊尹、吕尚筹划谋略，孙武、吴起用兵作战，商鞅严行法令。所以如果一个人没有权宜变通的智慧，勇气不足以果敢决断，交易之中缺乏仁爱之心，不能做到严于自律坚守原则，即使想学习我的致富本领，我也终究不会教给他的。"天下做生意经营产业的人都把白圭奉为祖师。白圭的理论是经过实践检验的，并且在实践中获得了成功，并非随随便便臆造出来的。

猗顿靠经营河东池盐发家，邯郸的郭纵靠开矿冶铁致富，他们的财富都可与一国之君相比。

乌氏倮本来是一个牧民，他在牲畜繁殖多了之后就全部卖掉，然后求购华美珍稀的高档丝织品，献给西域戎王。作为补偿，戎王则用相当于原价十倍的牲畜回赠给他，牛秦始皇帝令倮比封君，以时与列臣朝请。而巴蜀寡妇清，其先得丹穴，而擅其利数世，家亦不訾。清，寡妇也，能守其业，用财自卫，不见侵犯。秦皇帝以为贞妇而客之，为筑女怀清台。夫倮鄙人牧长，清穷乡寡妇，礼抗万乘，名显天下，岂非以富邪？

汉兴，海内为一，开关梁，弛山泽之禁，是以富商大贾周流天下，交易之物莫不通，得其所欲，而徙豪杰诸侯强族于京师。

关中自汧、雍以东至河、华，膏壤沃野千里，自虞、夏之贡为上田。而公刘适邠，大王、王季在岐，文王作丰，武王治镐，故其民犹有先王之遗风，好稼穑，殖五谷，地重，重为邪。及秦文、（孝）[德]、缪居雍，隙陇、蜀之货物而多贾。献孝公徙栎邑。栎邑北卻戎、翟，东通三晋，亦多大贾。（武）[孝]、昭治咸阳，因以汉都，长安诸陵，四方辐辏并至而会，地小人众，故其民益玩巧而事末也。南则巴蜀。

羊多得用山谷来计量。秦始皇令乌氏倮享受列侯封君的待遇，可以按时同贵族朝臣们一起进宫谒见皇帝。巴郡有个寡妇名字叫清，她的祖先发现了朱砂矿，一连几代独擅其利，家财也多得无法计量。清，不过是一位寡妇，能够守住祖先留下的产业，靠财产来保护自己，不受人欺侮侵犯。秦始皇认为她是个有节操的贞妇而尊敬她，以客礼相待，并为她修筑了一座女怀清台。乌氏倮只是西域边地的牧民首领，清则是穷乡僻壤的寡妇，却受到天子的礼遇，名扬天下，不都是因为财富超群吗？

大汉兴起，四海之内归于统一，开放关隘津桥，放宽了禁止民间开发山泽资源的法令，因此富商大贾得以周游天下，各种商品可以随意流通，供需双方都能得到满足。朝廷还将各诸侯国的遗老遗少、豪门望族等迁居京师长安。

关中地区自汧、雍两地以东，一直到黄河、华山，膏壤腴土，沃野千里，从虞舜、夏朝实行贡赋制度以来，这里就被列为上等土地。后来公刘率领周人到邠地开荒安居，大王、王季又迁居到岐山，周文王修筑丰邑，周武王兴建镐京，所以当地的百姓长期保留着先王的遗风，擅长农耕，善植五谷，秉性稳重厚道，不轻易做违法的事。等到秦文公、秦德公、秦穆公定都于雍，这里是关陇和巴蜀货物周转的集散地，产生了不少商人。秦献公迁都于栎，因为这里北临戎、狄等游牧民族，东通三晋，所以大商人也很多。秦孝公、秦昭襄王兴建新都咸阳，以后汉朝也定都于此，长安一带皇族陵墓集中，各地富豪、物资也都辐辏汇聚而来，地狭人众，因此当地百姓愈益崇尚玩巧弄智，热衷从事工巴蜀亦沃野，地饶卮、姜、丹沙、石、铜、铁、竹、木之器。南御滇、僰，僰僮。而近邛、笮，笮马、旄牛。然四塞，栈道千里，无所不通。唯褒斜绾毂其口，以所多易所鲜。天水、陇西、北地、上郡与关中同俗，然西有羌中之利，北有戎、翟之畜，畜牧为天下饶。然地亦穷险，唯京师要其道。故关中之地，于天下三分之一，而人众不过什三，然量其富，什居其六。

昔唐人都河东，殷人都河内，周人都河南。夫三河在天下之中，若鼎足，王者所更居也，建国各数百千岁。土地小狭，民人众，都国诸侯所聚会，故其俗纤俭习事。杨、平阳陈西贾秦、翟，北贾种、代。种、代，石北也，地边胡，数被寇。人民矜懻忮，好气，任侠为奸，不事农商。然迫近北夷，师旅亟往，中国委输时有奇羡。其民羯羠不均，自全晋之时固已患其剽悍，而武灵王益厉之，其谣俗犹有赵之风也。故杨、平阳陈掾其间，得所欲。温、轵西贾上党，北贾赵、中山。中山地薄人众，犹有沙丘纣淫地余民，商业了。关中南通巴蜀，巴蜀之地也是沃野千里，盛产卮草、姜、朱砂以及石、铜、铁、竹、木等器具。巴蜀向南，就是滇、僰地区，僰盛产奴隶。巴蜀的西面靠近邛、笮地区，盛产笮马、牦牛。不过巴蜀地区四面环山，交通不便，只能通过千里栈道连接四面八方，汉中的褒斜是出入巴蜀的命脉要道，通过这里可以用巴蜀本地富余物品换来匮乏之物。天水、陇西、北地、上郡等地与关中的风俗大体相同，不同的是由于西面有羌族的特产，北面有戎、狄的畜牧，所以畜牧资源是天下最富饶的。虽然这里土地贫瘠险恶，但却处于首都长安通往西北的要道之上。所以关中地区虽然仅占全国土地的三分之一，人口不过十分之三，但是要依其财富来说却占全国的十分之六。

  从前唐尧建都于河东，殷商人建都于河内，周人建都于河南。这三河之地，位于天下中心，如同三足鼎立，所以王室轮番定都于此，立国有的数百年，有的上千年。这里空间狭小，居民众多，都邑密布，诸侯汇聚，所以这一带民俗节俭，而小气精于世故。杨、平阳向西可以与秦、狄通商，向北可以与种、代贸易。种、代地处石邑以北，毗邻匈奴，经常遭到掳掠。所以当地居民崇尚强悍凶猛，喜欢意气用事，行侠仗义，触犯法禁，却不肯从事农业和工商业。但因为这里靠近匈奴，经常有军队前往驻扎，从中原运输货物到这里有时也能获得意外的收益。当地民风执拗强悍，桀骜不驯，早在晋国的时候统治者就怵其剽悍，到了战国赵武灵王时，更加激发了当地人的尚武精神，所以那里迄今仍有赵国遗风。杨和平阳等地的商人往来其间做生意，常可随心如愿。温、轵两地向西可以与上党贸易，民俗懁急，仰机利而食，丈夫相聚游戏，悲歌慷慨，起则相随椎剽，休则掘冢作巧奸冶，多美物，为倡优。女子则鼓鸣瑟，跕屣，游媚贵富，入后宫，遍诸侯。

然邯郸亦漳、河之间一都会也。北通燕、涿，南有郑、卫。郑、卫俗与赵相类，然近梁、鲁，微重而矜节。濮上之邑徙野王，野王好气任侠，卫之风也。

夫燕亦勃、碣之间一都会也，南通齐、赵，东北边胡。上谷至辽东，地踔远，人民希，数被寇，大与赵、代俗相类，而民雕捍少虑，有鱼、盐、枣、栗之饶。北临乌桓、夫余，东绾秽貊、朝鲜、真番之利。

洛阳东贾齐、鲁，南贾梁、楚。故泰山之阳则鲁，其阴则齐。

齐带山海，膏壤千里，宜桑麻，人民多文綵、向北可以与赵、中山通商。中山这个地方土地瘠薄，人口众多，沙丘一带还聚居着商纣王肆意妄为的后裔，民风急躁，靠着智巧谋生。这里的男人经常凑到一起游戏玩耍，要么扯着脖子引吭高歌，要么吹胡子瞪眼地侃大山，白天则常常成群结伙杀人劫财，夜晚则挖坟盗墓，制作奇巧，私铸铜钱，所以当地有很多精美物品，也有不少戏子倡优。这里的女子则鼓琴弄瑟，踮起脚拖着鞋，招摇于市，设法献媚于贵族富豪，所以不少人被招进了各地贵族诸侯的后宫。

邯郸也是漳河、黄河之间的一大都会。北通燕、涿，南连郑、卫。郑、卫两地的风俗与赵差不多，只是因为靠近梁、鲁等地，民风稍微稳重且崇尚气节。后来卫国的都城从濮阳迁到野王，野王的居民争强好胜又好打抱不平，这正是卫国的遗风。

燕都蓟县则是渤海与碣石之间的一大都会，南通齐、赵，东北面与匈奴接壤。从上谷至辽东，地域辽阔，人烟稀少，多次遭到匈奴侵扰劫掠，所以民风与赵、代大体相似，人们凶猛强悍，头脑简单。当地盛产鱼、盐、枣、栗。这一地区北边与乌桓、夫余毗邻，东边又连通秽貊、朝鲜、真番等地的贸易。

洛阳向东与齐、鲁通商，向南与梁、楚贸易。泰山的南面是鲁，北面是齐。

齐襟连泰山与东海，膏壤沃土，方圆千里，适宜种植桑麻，人民多从事刺绣、布帛、鱼盐的生产。临淄也是泰布帛、鱼盐。临菑亦海岱之间一都会也。其俗宽缓阔达，而足智，好议论，地重，难动摇，怯于众斗，勇于持刺，故多劫人者，大国之风也。其中具五民。

而邹、鲁滨洙、泗，犹有周公遗风，俗好儒，备于礼，故其民龊龊，颇有桑麻之业，无林泽之饶。地小人众，俭啬，畏罪远邪。及其衰，好贾趋利，甚于周人。

夫自鸿沟以东，芒、砀以北，属巨野，此梁、宋也。陶、睢阳亦一都会也。昔尧作游成阳、舜渔于雷泽、汤止于亳。其俗犹有先王遗风，重厚多君子，好稼穑，虽无山川之饶，能恶衣食，致其蓄藏。

越、楚则有三俗。夫自淮北沛、陈、汝南、南郡，此西楚也。其俗剽轻，易发怒，地薄，寡于积聚。江陵故郢都，西通巫、巴，东有云梦之饶。陈在楚、夏之交，通鱼盐之货，其民多贾。徐、僮、取虑，则清刻，矜已诺。

彭城以东，东海、吴、广陵，此东楚也。其俗类徐、山与东海之间的一大都会，当地居民心胸宽阔，从容豁达，足智多谋，好高谈阔论，秉性稳重，难以轻易改变主意，怯于聚众斗殴，勇于只身行刺，所以杀人劫财者不少，这是大国风尚啊。临淄城中各色人等都有。

邹、鲁位于洙水、泗水之滨，迄今仍保留着周公时代的遗风，民俗崇尚儒学，礼仪制度完备，所以人们行为比较拘谨。虽然桑麻之业颇为发达，但是缺乏山林川泽等资源。地狭人多，民风俭朴吝啬，害怕犯罪，远离邪恶。等到鲁国衰落以后，当地人经商牟利的劲头，超过洛阳一带的周人。

自鸿沟以东，到芒、砀以北，属于巨野，这里是梁国、宋国的故地。陶、睢阳是这一带的两大都市。过去尧兴起于成阳、舜捕鱼于雷泽、商汤居住于亳等故事，都发生在这一地区。当地民俗仍有先王之遗风，稳重厚道多君子，擅长农业。所以虽然没有山川资源，但百姓节衣缩食，也能有所积蓄。

越、楚地区有好几种不同的风俗。淮河以北的沛、陈、汝南、南郡等地，属于西楚。当地民俗强悍轻率，容易发怒，秉性刻薄，居民少有积蓄。江陵就是过去的郢都，西通巫、巴，东有富饶的云梦泽。陈在楚、夏交界之处，有鱼盐等物资流通之便，当地百姓经商者很多。徐、僮、取虑等地的人，清高刻薄，但信守诺言。

彭城以东的东海、吴、广陵等地，属于东楚。其风俗僮。朐、缯以北，俗则齐。浙江南则越。夫吴自从阖庐、春申、王濞三人招致天下之喜游子弟，东有海盐之饶、章山之铜、三江五湖之利，亦江东一都会也。

衡山、九江、江南、豫章、长沙，是南楚也，其俗大类西楚。郢之后徙寿春，亦一都会也。而合肥受南北潮，皮革、鲍、木输会也。与闽中、于越杂俗，故南楚好辞，巧说少信。江南卑湿，丈夫早夭，多竹、木。豫章出黄金，长沙出连、锡，然堇堇物之所有，取之不足以更费。九疑、苍梧以南至儋耳者，与江南大同俗，而杨越多焉。番禺亦其一都市也，珠玑、犀、玳瑁、果、布之凑。

颍川、南阳，夏人之居也。夏人政尚忠朴，犹有先王之遗风。颍川敦愿。秦末世，迁不轨之民于南阳。南阳西通武关、郧关，东南受汉、江、淮。宛亦一都会也。俗杂，好事业，多贾。其任侠，交通颍川，故至今谓之"夏人"。

夫天下物所鲜所多，人民谣俗，山东食海盐，山西食盐卤，领南、沙北固往往出盐，大体如此矣。

与徐、僮等地大致相仿。朐、缯以北，风俗则与齐相同。浙江以南是越国故地。吴这个地方自从吴王阖闾、春申君和汉朝的吴王刘濞先后广招天下喜欢游荡的人士前来开发，凭借东边丰富的海盐资源、章山的铜矿、三江五湖的富饶，也成为江东的一大都会。

衡山、九江、江南、豫章、长沙等地，属于南楚，其风俗大致与西楚相似。楚国后来从郢都迁到寿春，寿春也成为一大都会。合肥与南北的长江、淮河通航，是皮革、鲍鱼、木材等物资的集散地。由于南楚混杂着闽中、吴越多种习俗，所以南楚人好卖弄口舌，花言巧语，很少讲实话。江南地区低洼潮湿，男子往往短命。盛产竹子、木材。豫章出产黄金，长沙出产铅、锡，但是储量很少，开发的收益抵不上费用。九嶷山、苍梧以南直至儋耳，风俗与江南大体相同，杨越人很多。番禺也是这个地方的一个都市，是珍珠、犀角、玳瑁、水果、布料等商品的汇聚之地。

颖川、南阳是夏朝后裔的聚居之地。夏朝为政崇尚忠诚朴实，所以这一带的人至今仍保留着先王遗风。颖川人敦厚朴实。秦朝末年，把外地的一些不法之徒迁移到了南阳。南阳西通武关、郧关，东南面向汉水、长江、淮河。宛也是一个都市。当地民俗杂而好事，经商者很多。一些好行侠仗义的人，经常与颖川人来往，所以至今还被称为"夏人"。

天下的物产有少有多，因而居民的习俗也各不相同，山东一带吃海盐，山西一带吃池盐，岭南、漠北等地原本也往往有地方出产盐，情况大体如此。

总之，楚越之地，地广人希，饭稻羹鱼，或火耕而水耨，果隋蠃蛤，不待贾而足，地势饶食，无饥馑之患，以故呰窳偷生，无积聚而多贫。是故江、淮以南，无冻饿之人，亦无千金之家。沂、泗水以北，宜五谷、桑麻、六畜，地小人众，数被水旱之害，民好畜藏。故秦、夏、梁、鲁好农而重民。三河、宛、陈亦然，加之商贾。齐、赵设智巧，仰机利。燕、代田畜而事蚕。

由此观之，贤人深谋于廊庙，论议朝廷，守信死节隐居岩穴之士设为名高者，安归乎？归于富厚也。是以廉吏久，久更富，廉贾归富。富者，人之情性，所不学而俱欲者也。

故壮士在军，攻城先登，陷阵却敌，斩将搴旗，前蒙矢石，不避汤火之难者，为重赏使也。其在闾巷少年，攻剽椎埋，劫人作奸，掘冢铸币，任侠并兼，借交报仇，篡逐幽隐，不避法禁，走死地如骛者，其实皆为财用耳。今夫赵女郑姬，设形容，揳鸣琴，揄长袂，蹑利屣，目挑心招，出不总之，楚越之地，地广人稀，居民以稻米、鱼羹为食物，有的地方刀耕火种，用灌水的办法耨田。瓜果、螺蚌等物到处都有出产，不需要依靠贸易就能自给自足，地理条件决定那里土地肥沃、物产富饶，不必担心发生饥荒，正因为如此，人们都得过且过，没有积蓄，大多数比较贫困。所以，江、淮以南，虽无冻馁之人，但也无千金之家。沂河、泗水之北，适宜桑麻、五谷、六畜，地少人多，经常遭遇旱涝灾害，百姓喜欢积攒储藏。所以秦、夏、梁、鲁等地崇尚农耕，重视农民。三河、宛、陈等地也是这样，但同时还重视商业。齐、赵地区的人心灵手巧特别热衷经商牟利。燕、代地区的人种田、畜牧又养蚕。

由此看来，无论是那些在朝廷上处心积虑地建言献策、议论国家大事的贤能之士，还是那些恪守信义、为节操隐居山中的自命清高之人，他们的目的究竟是什么呢？都是为了财富优厚啊！这是因为廉洁的官吏才能久居官位，在位时间长了，自然就富裕了，这个道理就如同不过分追求暴利的商人，最终反而能获得更大财富一样。渴慕富有，是人的本性，是不需要学习就人人都有的天生欲望。

因此壮士们从军作战，攻城时冒险先登，野战时冲入敌阵，迫使敌军退却，斩杀敌人的将领，夺取敌人的军旗，冒着飞箭滚石，赴汤蹈火，不避危难，是受了重金悬赏的驱使啊。乡里市井的不法少年，斗殴剽掠，杀人埋尸，抢劫财物，掘坟盗墓，私铸钱币，以行侠为名恃强凌弱，兼并他人的土地财产，替朋友报复私仇，然后逃到偏远的地方躲藏起来，这样的不顾法律禁令，像快马狂奔一样飞速扑向死亡的深渊，其实也都是为了财利罢了。现在赵、郑远千里，不择老少者，奔富厚也。游闲公子，饰冠剑，连车骑，亦为富贵容也。弋射渔猎，犯晨夜，冒霜雪，驰坑谷，不避猛兽之害，为得味也。博戏驰逐，斗鸡走狗，作色相矜，必争胜者，重失负也。医方诸食技术之人，焦神极能，为重糈也。吏士舞文弄法，刻章伪书，不避刀锯之诛者，没于赂遗也。农工商贾畜长，固求富益货也。此有知尽能索耳，终不馀力而让财矣。

谚曰："百里不贩樵（一作"薪"），千里不贩籴。"居之一岁，种之以谷；十岁，树之以木；百岁，来之以德。德者，人物之谓也。今有无秩禄之奉，爵邑之入，而乐与之比者，命曰"素封"。封者食租税，岁率户二百。千户之君则二十万，朝觐聘享出其中。庶民农工商贾，率亦岁万息二千（户），百万之家则二十万，而更徭租赋出其中。衣食之欲，恣所好等地的年轻女郎，腰肢款款浓艳妆，素手抚琴歌绕梁，舞鞋尖尖赛芭蕾，振臂水袖轻轻飏，挤眉弄眼挑逗，费尽心机招诱，外出献艺，不远千里，伺候客人，不拘老幼，何事使之如此？唯有赚钱念头！那些游手好闲的公子哥儿，头戴华丽的冠帽，腰佩名贵的宝剑，随从的车马成群结队，前呼后拥，也只不过是为了摆阔炫富。那些钓鱼射猎的人，起早贪黑，顶霜冒雪，蹲守于深坑，驰骋在幽谷，不避猛兽的伤害，为的是得到好吃的野味。那些赌棋赛戏、斗鸡走狗的人，故作姿态自相夸耀，力争优胜，无非是为了赢钱而已！医生、方士等各种靠技艺为生的人，之所以费尽心机，施展绝活，是为了获取丰厚的报酬。衙门里的官吏舞文弄墨，玩弄法律，私刻公章，伪造文书，不畏遭受刀砍锯割的严刑惩罚，还不是为了收受巨额的贿赂吗？而从事农、工、商、畜牧等业的人，本来就以追求资财、增殖金钱为目的。这说明人只要活着就会尽一切力量去求取财富，不会留有余力而把发财机会让给别人的。

俗话说："百里之外不贩柴，千里之外不贩粮。"在某地如果住上一年，就种植谷物；住上十年，就要种植树木；住上一百年，就要积德行善。所谓积善行德，离不开人才和物资。现在那些既没有官职俸禄，也没有爵位封邑的收入，却能够在生活享乐上与之相似的富人们，可以称之为"素封"。封君享用租税，如果每户百姓每年缴纳二百钱，那么食邑一千户的封君每年的收入总数是二十万钱，朝觐天子、访问诸侯王和祭祀的开支都从这里面出。而平民百姓无论经营农业，还是工商等业，如果以一万钱本金每年能获得两千的利息计算，拥有百万之产的人家，每年的收美矣。故曰陆地牧马二百蹄，牛蹄角千，千足羊，泽中千足彘，水居千石鱼陂，山居千章之材。安邑千树枣；燕、秦千树栗；蜀、汉、江陵千树橘；淮北、常山已南，河济之间千树萩；陈、夏千亩漆；齐、鲁千亩桑麻；渭川千亩竹；及名国万家之城带郭千亩亩锺之田，若千亩卮茜，千畦姜韭：此其人皆与千户侯等。然是富给之资也，不窥市井，不行异邑，坐而待收，身有处士之义而取给焉。若至家贫亲老，妻子软弱，岁时无以祭祀进醵，饮食被服不足以自通，如此不惭耻，则无所比矣。是以无财作力，少有斗智，既饶争时，此其大经也。今治生不待危身取给，则贤人勉焉。是故本富为上，末富次之，奸富最下。无岩处奇士之行，而长贫贱，好语仁义，亦足羞也。

入也可以达到二十万，除去缴纳赋税、徭役等等费用，其衣食享受方面就十分美好和阔绰了。所以说如果在陆地牧马五十匹，或养牛一百六十七头，养羊二百五十头，在水边养猪二百五十头；或者居住在靠水的地方，拥有池塘养鱼一千石；居住在山中，拥有上千棵成材的大树；在安邑有上千棵枣树；在燕、秦等地有上千棵栗树；在蜀、汉、江陵等地有上千棵桔树；在淮北、常山以南，黄河、济水之间有上千棵萩树；在陈、夏等地有上千亩漆树；在齐、鲁有上千亩桑或麻；在渭川有一千亩竹子；以及在居民万户以上的都会城市的近郊，有一千亩亩产一钟粮食的良田，或者有上千亩可制作染料的卮草、茜草，或者有上千畦姜、韭之类的蔬菜——那么这种人的收入都可以与千户侯相同。而这些能够让人过上富足生活的资财，既用不着亲自去市场交易，也不必奔走各地，即可坐享其成，这种人可以说是既拥有"处士"的美名，也享有丰厚的收入。至于那些家境贫寒、父母老迈、妻儿瘦弱、逢年过节无力置办祭祀用品、衣食住行都捉襟见肘，到了这种地步如果还不知道惭愧和羞耻的人，也就没有什么值得同情的了。因此没有财产的时候要只得拼力气；稍有积蓄了就要靠智慧去赚更多的钱；富足了之后，既要善于审时度势把握周期性波动的规律，这是财富人生的正道坦途。现在通过经营产业，不必冒险犯难，就能够过上富足的日子，因此贤能之士都致力于这种正道坦途。所以说，同样致富，最值得称道的是从事农牧业，经营工商业就差一点了，靠坑蒙拐骗、伤天害理而富者是最可鄙的。当然，一个人如果没有深山隐士的清高德行，长期贫贱却空谈道德，也是可羞可耻的。

凡编户之民，富相什则卑下之，伯则畏惮之，千则役，万则仆，物之理也。夫用贫求富，农不如工，工不如商，刺绣文不如倚市门，此言末业，贫者之资也。通邑大都，酤一岁千酿，醯酱千瓨，浆千甔，屠牛羊彘千皮，贩谷粜千钟，薪稿千车，船长千丈，木千章，竹竿万个，其轺车百乘，牛车千两，木器髹者千枚，铜器千钧，素木铁器若卮茜千石，马蹄躈千，牛千足，羊彘千双，僮手指千，筋角丹沙千斤，其帛絮细布千钧，文采千匹，榻（一作"荅"）布皮革千石，漆千斗，糱曲盐豉千荅，鲐鮆千斤，鲰千石，鲍千钧，枣栗千石者三之，狐鼦裘千皮，羔羊裘千石，旃席千具，佗果菜千锺，子贷金钱千贯，节驵会，贪贾三之，廉贾五之，此亦比千乘之家，其大率也。佗杂业不中什二，则非吾财也。

请略道当世千里之中，贤人所以富者，令后世得以观择焉。

普通百姓，对财富比自己多十倍的人，就会感到卑微；对多一百倍的人就会对他心存畏惧；对多一千倍的人，就会被他役使；对多一万倍的人，就甘做他的奴仆；这是世间人情之常理。穷人要发家致富，从事农业不如从事工业，从事工业不如从事商业，女子与其纺织刺绣，不如在市场做买卖赚钱多。意思是从事工商业，是穷人快速致富的捷径。在四通八达的大都市中，一年之内酿酒一千瓮，或醋、酱一千缸，清酒类饮料一千坛，屠宰牛、羊、猪一千头，贩卖谷物一千钟或柴草一千车，或者拥有船只总长一千丈，有成材的大树一千株或竹竿一万棵，有小型马车一百辆或牛车一千辆，有上漆的木器一千件或铜器总重一千钧，未上漆的木器以及铁器、卮草、茜草等总重一千石，有马七十七匹或牛二百五十头、猪羊二千头，有奴仆一百人，有筋角、朱砂一千斤，有帛絮及细布总重一千钧或带图案花纹的彩色丝织品一千匹，有粗布、皮革总重一千石，有漆一千升，有酒曲、豆豉一千罐，有鲐鱼、刀鱼一千斤，有小杂鱼一千石，有腌鱼一千钧，有枣子、栗子三千石，有狐皮、貂皮一千张，有羔羊皮总重一千石，有毡或席一千具，有其他杂果干菜总重一千钧，有放债取息的本钱一千贯，或者在市场上居间当掮客，过分追求暴利的商人最终得三成利润，薄利多销的商人最终得五成利润。符合上述条件之一的人家，富裕程度都能与拥有上千辆战车的诸侯相似，这是大致的情况。其他各种杂业，如果利润率达不到十分之二，就不是我所说的致富之业了。

下面就简单介绍一下如今方圆千里之内，那些贤能之士的致富之道，让后世的人们有所借鉴。

蜀卓氏之先，赵人也，用铁冶富。秦破赵，迁卓氏。卓氏见虏略，独夫妻推辇，行诣迁处。诸迁虏少有馀财，争与吏，求近处，处葭萌。唯卓氏曰："此地狭薄。吾闻汶山之下，沃野，下有蹲鸱，至死不饥。民工于市，易贾。"乃求远迁。致之临邛，大喜，即铁山鼓铸，运筹策，倾滇蜀之民，富至僮千人。田池射猎之乐，拟于人君。

程郑，山东迁虏也，亦冶铸，贾椎髻之民，富埒卓氏，俱居临邛。

宛孔氏之先，梁人也，用铁冶为业。秦伐魏，迁孔氏南阳。大鼓铸，规陂池，连车骑，游诸侯，因通商贾之利，有游闲公子之赐与名。然其赢得过当，愈于纤啬，家致富数千金，故南阳行贾尽法孔氏之雍容。

鲁人俗俭啬，而曹邴氏尤甚，以铁冶起，富至巨万。然家自父兄子孙约，俯有拾，仰有取，贳贷蜀郡卓氏的祖先，本是赵国人，靠冶铁成为富豪。秦始皇灭赵国，强迫卓氏离开故土，迁居他乡。卓氏的家财被劫掠一空，只有夫妻二人推着小车前往被流放的地方。那些同时被流放的富豪也都一贫如洗了，但仍然拿出剩下的一点钱财，争着贿赂负责押送的秦国官吏，请求安排在较近的地点，他们都定居在葭萌。唯独卓氏说："葭萌这地方空间狭小、土地瘠薄。我听说汶山之下，沃野千里，盛产大芋头，到死都不会发生饥荒挨饿。居民擅长做生意，是经商的好地方。"于是要求迁的更远一些。结果被迁到了临邛，卓氏心中大喜，就前往山里开矿铸铁，经过运筹策划，成为滇蜀地区的首富，拥有奴仆上千人，还拥有大片田园池林，卓氏在里面射猎享乐，过上了足以与皇帝媲美的日子。

　　程郑也是从山东地区被强迫迁来的俘虏，也从事开矿冶铁，与西南夷和南越地区通商。他的财富与卓氏相等，都住在临邛。

　　宛地孔氏的祖先，是梁人，以冶铁为业。秦军攻伐魏国时，被迁到南阳。孔氏大规模地开矿铸铁，整治沼泽，兴建园林，又车马成群地往来各地，结交诸侯。以经商所得巨利，孔氏出手阔绰结交了一批游手好闲的阔公子，赢得赫赫名声。故他所得的赢利远远比送出去的多得多，反而胜过了那些锱铢必较的吝啬鬼。孔氏家有黄金数以千计，所以南阳商人都效法孔氏慷慨大方的雍容气度。

　　鲁人风俗俭朴吝啬，曹地的邴氏尤其是这样。邴氏靠冶铁起家，财富达亿万之多。但他们家中父子兄弟订下家规，俯有所拾，仰有所取，即一举一动都要获得利益。他们的行贾遍郡国。邹、鲁以其故多去文学而趋利者，以曹邴氏也。

齐俗贱奴虏，而刀閒独爱贵之。桀黠奴，人之所患也，唯刀閒收取，使之逐渔盐商贾之利，或连车骑，交守相，然愈益任之。终得其力，起富数千万。故曰"宁爵毋刀"，言其能使豪奴自饶而尽其力。

周人既纤，而师史尤甚，转毂以百数，贾郡国，无所不至。洛阳街居在齐秦楚赵之中，贫人学事富家，相矜以久贾，数过邑不入门，设任此等，故师史能致七千万。

宣曲任氏之先，为督道仓吏。秦之败也，豪杰皆争取金玉，而任氏独窖仓粟。楚汉相距荥阳也，民不得耕种，米石至万，而豪杰金玉尽归任氏，任氏以此起富。富人争奢侈，而任氏折节为俭，力田畜。田畜人争取贱贾，任氏独取贵善。富者数世。然任公家约，非田畜所出弗衣食，公事不毕则身不得饮酒食肉。以此为闾里率，故富而主上重之。

放债和贸易遍及天下。邹、鲁地方之所以有许多人弃学经商，就是因为受到邴氏家族的影响。

齐地有歧视奴仆的社会风气，唯独刀閒爱惜并看重他们。桀骜不驯生性狡诈的奴仆，让很多主人感到头疼，只有刀閒收留并重用他们，派他们出去经营渔盐等业或从事商业活动。刀家的奴仆车马成群地往来于各地，有的甚至与郡守、国相结为好友，刀閒对这些人更加信任重用，最终得力于他们而拥有数千万的家产。所以有一种说法："宁愿拒绝爵位，也不要拒绝刀閒。"这说明刀閒善于发挥奴仆的聪明才智使自己富裕起来。

周人比较小气，师史更是如此。他拥有运货车数百辆，往来于天下各郡国经商贸易，到处都有他们的足迹。洛阳位于齐、秦、楚、赵的中间，那里的穷人也竞相效法富家，都以常年在外经商为荣，许多人屡过住邑而不入家门。师史巧妙地任用这样的人，所以能积聚财产七千万。

宣曲任氏的祖先，原来是督道地方管粮仓的小吏。秦朝败亡的时候，天下大乱，那些身强力壮的豪杰们都去抢夺仓库里的金玉珍宝，只有任氏把仓库中的粮食运回家藏在地窖里。刘邦和项羽的军队在荥阳相持对抗，附近的百姓无法耕种，粮价暴涨到每石上万钱，任氏把窖藏的粮食拿出来卖，结果豪杰们的珠宝金玉悉数落进了任氏的口袋，任氏就这样发了大财。宣曲富人好炫富奢侈，唯独任氏低调做人，勤俭持家，全家老小都亲自种地养牲畜。土地和牲畜，一般人都拼命杀价，抢购廉价的，唯独任氏不惜高塞之斥也，唯桥姚已致马千匹，牛倍之，羊万头，粟以万钟计。吴楚七国兵起时，长安中列侯封君行从军旅，赍贷子钱，子钱家以为侯邑国在关东，关东成败未决，莫肯与。唯无盐氏出捐千金贷，其息什之。三月，吴楚平，一岁之中，则无盐氏之息什倍，用此富埒关中。

关中富商大贾，大抵尽诸田，田啬、田兰。韦家栗氏，安陵、杜杜氏，亦巨万。

此其章章尤异者也。皆非有爵邑奉禄弄法犯奸而富，尽椎埋去就，与时俯仰，获其赢利，以末致财，用本守之，以武一切，用文持之，变化有概，故足术也。若至力农畜，工虞商贾，为权利以成富，大者倾郡，中者倾县，下者倾乡里者，不可胜数。

价收买品质优良的。任氏接连富了好多代。这是因为任氏发家的那位祖先曾经订下家规：不是自家亲手生产的东西不吃不穿，赋税徭役没完成不得饮酒食肉。他家因此成为乡间的表率，所以世代富裕并且得到皇上的敬重。

在开拓边塞的人中，桥姚是最富裕的，他拥有马一千匹、牛二千头、羊一万头、粟米数以万钟。吴、楚七国之乱的时候，长安城中的列侯封君都要从军出征，为了准备武器行装等开销，纷纷借贷，经营借贷业的人认为这些列侯封君的封邑封国都在成为战场的关东地区，而汉军与叛军胜负难料，都不敢放贷。唯独无盐氏拿出一千金放贷，利息比平常高出十倍。三个月以后，吴楚七国之乱被平定。一年之中，无盐氏获得了比本金多出十倍的利息，一下子让他成为关中地区的最大富豪。

关中的富商大贾，不少人出自田氏家族，如田啬、田兰等。此外韦家地方的栗氏家族，安陵及杜县的杜氏家族，家财也值亿万。

上面列举的都是赫赫有名的佼佼者，这些人都不是有爵位封邑俸禄收入的人，也不靠违法犯罪、伤天害理的手段致富，全都是聚焦主业、精进深入、有所为有所不为，又能审时度势、抓住时势波动的机遇而获得赢利。他们凭借经营工商业发财致富，又靠购置土地经营农业守住财富；把出奇招、敢冒险作为发家敛财的一时权宜之计，而把有原则、重文化作为持家传业的长久守成之道。其手段的变化有章可循，所以值得记载和效法。至于其余那些或者致力于农耕畜牧，或者开发山林、经营工商等业，或者仗财弄权从而成为富豪的人，大的富甲一郡，中等的富甲一县，夫纤啬筋力，治生之正道也，而富者必用奇胜。田农，掘（一作"拙"）业，而秦扬以盖一州。掘冢，奸事也，而田叔以起。博戏，恶业也，而桓发用之富。行贾，丈夫贱行也，而雍乐成以饶。贩脂，辱处也，而雍伯千金。卖浆，小业也，而张氏千万。洒削，薄技也，而郅氏鼎食。胃脯，简微耳，浊氏连骑。马医，浅方，张里击钟。此皆诚壹之所致。

由是观之，富无经业，则货无常主，能者辐凑，不肖者瓦解。千金之家比一都之君，巨万者乃与王者同乐。岂所谓"素封"者邪？非也？

最少的富甲一乡一里，那就不胜枚举了。

　　生活尽量节俭，劳动不怕艰苦，这是谋生持家的常规正道，但富人也必定有出奇制胜的过人之处。耕田务农，是很笨的人也能干的事情，但秦扬靠此成了一州的首富。盗掘坟墓，是犯法的勾当，但田叔靠此起家。赌博是恶劣的行径，但桓发靠此发财。奔波外地跑买卖，为身强力壮的男子汉所不屑，但雍乐成靠此富裕起来。贩卖动物的油脂不太光鲜体面，但雍伯靠此得到数以千计的黄金。贩卖浆水，不过是利润微薄的生意，但张氏家族靠此坐拥千万家财。磨剪子锵菜刀，是微不足道的技术，但郅氏家族靠它过上像王公贵族一样列鼎而食的日子。卖熟羊肚，既简单又不起眼，但浊氏家族靠它能够拥有豪华的车队。马医，不需要多高明的医术，但张里靠它能够家办乐团。这全都是因为他们能够"诚壹"——专心致志、持恒精进，把一件事做到极致的结果。

　　由此看来，致富并没有特定的行业，资财金钱也没有永恒不变的主人。按照规律做事的贤能之士，财富会源源不断汇聚而来；而愚蠢之人，可能一夜归零。家有千金，比得上一城封君，资财亿万，不亚于一国帝王。这些富豪不就是所谓的"素封"吗？难道不是这样吗？

主要参考文献

司马迁著:《史记》,中华书局,1959年版。

司马迁著:《史记》(点校本二十四史修订本),中华书局,2014年版。

吴慧主编:《中国商业通史》第一卷,中国财政经济出版社,2004年版。

赵靖主编:《中国经济思想通史》(修订本)第一卷,北京大学出版社,2002年版。

李埏等著:《〈史记·货殖列传〉研究》,云南大学出版社,2002年版。

胡寄窗著:《中国经济思想史简编》,中国社会科学出版社,1981年版。

吕庆华著:《货殖思想论略》,中国言实出版社,2009年版。

陈书仪著:《管子大传》,齐鲁书社,2008年版。

晋文著:《桑弘羊评传》,南京大学出版社,2005年版。

南怀瑾著:《漫谈中国文化——金融、企业、国学》,东方出版社,2008年版。

丹尼尔·A.雷恩著,李柱流等译:《管理思想的演变》,中国社会科学出版社,1997年版。

彼得·德鲁克著,慕凤丽译:《公司的概念》,机械工业出版社,2006年版。

上海大学、江南大学《乐农史料》整理研究小组选编:《荣德生与企业经营管理》,上海古籍出版社,2004年版。

新版后记

在农历甲辰年明媚春光里，这本小书迎来了它的第三版。

此次新版，保留了前两版的主要内容，修改和增订者共有三个方面。

一是书名的副标题由"中国古代的商业智慧"，改为"中国历史上的商业智慧"。这是因为陆续增补的许多内容，不限于中国古代，较多涉及现代。即使迄止昨日，已然走进历史。所以"历史上"这种表述更加贴切。

二是增加了近几年应约发表的几篇理论文章。其中，《弘扬中华优秀传统商业文化》，原刊《红旗文稿》2022年第9期，因为与本书整体内容颇为契合，所以用作第三版的前言。《新时代中国企业家精神：特点与培育》，原刊《人民论坛》2020年11月总第687期；《守正创新的内在关系与文化渊源》，原刊《人民论坛》2021年6月总第707期；《中国古代究竟有没有企业、企业家、企业家精神——基于马克思主义经济学的思考》，原刊《企业史评论》2022年第4期。这些文章的内容或多或少都与本书主题有一定联系，收入本书，意在体现中国历史上的商业智慧是中华优秀传统文化的重要组成部分，经过创造性转化和创新性发展，完全能够为中国式现代化建设添砖加瓦、为中国自主知识体系构建贡献力量。

三是订正了个别文字和资料。

本书第二版自2019年付梓后，承蒙广大读者特别是企业家朋友厚爱，数度印刷；华夏出版社主动规划再版事宜；责任编辑赵楠老师为此次新版精心筹划，提出了许多宝贵意见；美编殷丽云老师对封面装帧等做了重新设计。值此第三版问世之际，爰志于兹，以示感荷！